Aus dem Amerikanischen übersetzt
von Marei Portele, Hamburg.

ISBN 3-921648-44-0

Umschlaggestaltung: Hilke Peters, Hamburg.
Druck: Alsterdruck E.Schlecht, Hamburg.

WEISSE INDIANER

ENTWICKLUNGEN IN DER GESTALTTHERAPIE

Gesammelte Aufsätze

Herausgegeben von

Eric Marcus

Erste Auflage, September 1981

ISKO–PRESS

INHALT

Seite

GESTALTTHERAPIE UND VERÄNDERUNG

Edwin Greenberg

In diesem Aufsatz geht es vor allem um das Prinzip der Veränderung. Ich will insbesondere darüber sprechen, welche Sichtweise Gestalt von der Veränderung hat (nämlich die paradoxe These der Veränderung a la Beisser), und über die klassische analytische Vorstellung von Veränderung, über die Sichtweise nach Rogers und schließlich über die Vorstellung des Tao-Buddhismus, die ich mit Zen bezeichnen will.

Es ist notwendig, gleich zu Beginn klarzustellen, daß eine Psychotherapie wie Gestalt, Psychoanalyse usw. aus weit mehr besteht als aus einer Theorie der Veränderung. Eine Psychotherapie ist notwendigerweise vieldimensional. In jedem therapeutischen Ansatz ist folgendes repräsentiert:

- eine Theorie der Dynamik der Persönlichkeit,
- eine Theorie der Psychopathologie, z.B. Neurose, Psychose,
- eine Theorie der Widerstände,
- eine Metatheorie über die Realität und wie die Realität verstanden wird, z.B. die Beziehung zwischen Körper und Geist,
- eine Theorie über die psychologische Energie und/oder eine Theorie der Aggression,
- eine Theorie der Ethik,
- eine Theorie der Veränderung,
- eine Theorie über das zwischenmenschliche Verhalten und
- ein Anwendungsstil und Technologien, in welchen alle diese genannten Aspekte vereinigt sind.

Beisser sagt: „Veränderung findet statt, wenn man wird, der man ist, und nicht, wenn man versucht zu werden, was man nicht ist." Diese Aussage der paradoxen Theorie der Veränderung besteht aus vier grundlegend miteinander verbundenen Prinzipien.
Erstens: Es gibt einen der Existenz innewohnenden natürlichen Selbstregulierungsprozeß, d.h. der menschliche Organismus, der ohne Einengung und Unterbrechung leben darf, sorgt selbst bestens für sich und achtet auch auf die Bedürfnisse anderer.

Zweitens: Für-sich-Sorgen beginnt damit, die Verantwortung dafür zu übernehmen, wie man nicht für sich sorgt.
Drittens: Der menschliche Organismus bildet mit seiner Umwelt ein Ganzes, und so ist der Friede mit uns selbst zum Teil eine Funktion des Akzeptierens dessen, was uns das Schicksal gibt; dazu gehört auch unsere Unfähigkeit, uns in die vorgestellten Idealpersonen zu verwandeln.
Viertens: Der menschliche Organismus ist in der Lage, das Wissen um seine Erfahrung und um sein Verhalten zu verleugnen, mißzuverstehen oder zu verzerren.

Für viele scheint der Gestaltansatz zur Veränderung paradox, weil die Menschen das Vertrauen zur Selbstregulierung und den Kontakt zur Selbstverantwortlichkeit verloren haben. Sie glauben, daß sie ihre Ideale sein könnten und sollten. So kommt es zum Beispiel vor, daß ein Patient, der von seiner Ängstlichkeit berichtet und dem wir als Gestalttherapeut vorschlagen, mit seiner Ängstlichkeit Kontakt aufzunehmen und zu schauen, wie er sich selbst ängstlich macht, daß dieser unerfahrene Patient Überraschung, Bestürzung und Verwirrung zeigt. Mit anderen Worten: Viele meinen, Veränderung sollte daraus resultieren, daß man versucht, sich weniger ängstlich zu machen anstatt zu sehen, daß Veränderung das direkte und wirksame Ergebnis davon ist, sich im Jetzt dem zu stellen, was man tut, um die Ängstlichkeit zu produzieren — oder in den Worten von Beisser: „zu werden, der man ist".

Wenn ein Therapeut sich die paradoxe Theorie der Veränderung zu eigen macht, gerät er automatisch in Widerspruch zu dem sogenannten medizinischen Modell. Das medizinische Modell setzt eine objektive Autorität voraus, die weiß, was das Beste ist für den Ratsuchenden; und die Funktion dieser 'objektiven Autorität' ist es, für den Klienten den pathogenen Bestandteil oder Mechanismus auszutreiben. Klassische Psychoanalyse war und ist eine Therapie, in welcher der Therapeut das medizinische Modell übernimmt. Es scheint mir klar zu sein, daß die freie Assoziation, die Interpretation der Abwehrmechanismen, der Fixierung, der Übertragung und der Träume vor allem dazu dienen, den Patienten auseinanderzunehmen und dann wieder besser als zuvor zusammenzusetzen. So übernimmt also in der Psychoanalyse der Therapeut in Relation zum Patienten die Hauptverantwortung, die Problembereiche zu erkennen und zu identifizieren und die Persönlichkeit des Patienten umzugestalten.

Psychoanalytiker waren sich praktisch von Anfang an darüber klar, d.h. seit der gemeinsamen Arbeit Freuds und Breuers mit Anna, daß der Therapeut nicht die absolute Gewalt über die Erfahrungen des Patienten hat und daß der Patient kooperieren und das Hier und Jetzt akzeptieren muß, damit Veränderung stattfinden kann. Wenn die bedeutsamste Veränderung im Verhalten eines Patienten daher rührt, daß er akzeptiert, was tatsächlich ist, dann ist Psychoanalyse vielleicht in dem Ausmaß erfolgreich, wie sie implizit zu dieser Sorte von Selbstakzeptierung ermutigt und unterstützt. Wenn andererseits ein großer Teil der Psychoanalyse darin besteht, alte und weniger brauchbare Introjekte durch neue, brauchbarere Introjekte zu ersetzen, die vom Therapeuten vermittelt werden, könnte zwar eine Veränderung zum 'Besseren', d.h. Anpassung, stattfinden, nicht aber notwendigerweise Selbstaktualisierung, d.h. Wachstum. Da die Psychoanalyse eine beträchtliche Menge an Interpretationen beinhaltet (d.h. die Warums des Verhaltens und des Erlebens), führt sie den Patienten davon weg, die Verantwortung für den sogenannten pathogenen Prozeß zu übernehmen, obwohl so manches davon in der therapeutischen Situation allemal vorkommt.

Es besteht wenig Zweifel, daß die psychoanalytische Sicht von Veränderung (Veränderung kommt danach zustande als eine Funktion des Verstehens der eigenen Widerstände und der frühen Kindheitserfahrungen) sich höchstens neutral, aber ziemlich wahrscheinlich negativ verhält zu der Ansicht, daß der Mensch von Natur aus gut sei.
Mit anderen Worten: Zum Durcharbeiten in der Psychoanalyse mit dem anerkannten Zweck, ein konfliktfreies Ego zu entwickeln, gehört theoretisch die Sublimation der aggressiven Impulse. Daher umfaßt die Veränderung des Klienten innerhalb des psychoanalytischen Rahmens mehr als nur das Entwickeln von Einsichten, weil dem Patienten gelehrt wird, daß bestimmte natürliche Impulse nicht ausgelebt werden dürfen.

Meiner Meinung nach durchzieht das Thema der Kontrolle die psychoanalytische Sichtweise von Veränderung insofern, als die Psychoanalyse behauptet, daß man ein starkes Ego brauche, um die aggressiven Triebe in Schach zu halten. Und diese Philosophie der Kontrolle steht im Widerspruch zu dem Ziel der Gestalttherapie, dem Patienten den Prozeß zu ermöglichen, mehr der zu werden, der er ist, wovon vielleicht einige Aspekte in unserer Kultur nicht akzeptabel sind. Wie ich am Anfang sagte, besteht eine Therapie aus mehr als aus einer Theorie der Veränderung. Deshalb wäre mehr als das, was ich zu diesem Punkt sagte, erforderlich, um die Unterschiede und Ähnlichkeiten zwischen Psychoanalyse und Gestalttherapie ganz zu verstehen. Ich hoffe dennoch, daß auf der Grundlage des Gesagten ein wenig von diesen Unterschieden — und Ähnlichkeiten — sichtbar geworden ist.

Ich möchte jetzt über die Sichtweise Rogers' vom Prozeß der Veränderung sprechen und sie mit dem Gestaltansatz vergleichen. Die Therapie nach Carl Rogers hat, wie die Gestalttherapie auch, eine phänomenologische Basis. Damit ist gemeint, daß das menschliche Erleben so organisiert ist, daß es niemals als bloße Addition seiner einzelnen Teile verstanden werden kann. Eher ist der natürliche menschliche Zustand ein aktiver Prozeß kontinuierlich auftauchender, ganzheitlicher Wahrnehmungen, die in einzigartiger Weise dadurch strukturiert sind, daß jeder Organismus von Moment zu Moment ein bißchen anders wird, je nach dem augenblicklichen Bedarf. Deshalb ist es unmöglich, einen anderen zu verstehen, weil vollständiges Verstehen nur in den einzigartigen Akten des In-der-Welt-Seins gefunden werden kann. Am weitesten kann ein Phänomenologe im Verstehen eines anderen durch Empathie kommen (Rogers Anspruch). Das heißt: Indem man eine dem Patienten ähnliche Haltung einnimmt und ein stellvertretendes Gefühl dafür bekommt, wie der Patient seine Existenz erlebt.

Rogers Schüler arbeiten mit einer Theorie der Veränderung, die – oberflächlich betrachtet – Ähnlichkeiten mit der Gestalttherapie hat. Für einen 'Rogeraner' geschieht Veränderung, wenn der Patient mehr sein tatsächliches Potential lebt und aufhört, ein idealisiertes Potential zu werden, was eine Fehlanpassung wäre. Die Veränderung jedoch, d.h. von Inauthenzität zur Authenzität, wird von ihm vor allem als Resultat dessen betrachtet, daß der Therapeut die schlecht zusammenpassenden Verhaltensweisen des Patienten bedingungslos akzeptiert und zu ihm eine empathische Beziehung hat. Das heißt, daß der Patient sich verändert, wenn er keine Bestrafung bzw. keinen Sekundärgewinn für seine Inauthenzität bekommt, und das befähigt ihn zur Unterscheidung zwischen dem, was seinem organismischen Erleben am besten entspricht und jenen falschen Werten, die er verinnerlicht hat. So wird in Rogers System, das von einem angeborenen Gut-Sein in der menschlichen Natur ausgeht, das unangemessene Verhalten sozusagen automatisch aufhören, wenn es nicht verstärkt wird.

Für mich führt der Ansatz von Rogers zu folgendem: Versuchen, sich selbst mehr zu akzeptieren oder versuchen, die ursprünglich 'gute Person' zu werden, die man geworden wäre, wenn nicht jene Sinn- und Wertbedingungen entstanden wären.

Gestaltanhänger andererseits sind anscheinend nicht interessiert an Selbstakzeptierung als Resultat, sondern an Selbstakzeptierung als Prozeß. Der Gestaltansatz sagt sinngemäß: Sei wirklich dein mißbilligendes Selbst, sensibilisiere dich für das, was du tust, und wenn dir das Ergebnis nicht ge-

fällt, dann tu etwas anderes.
Dich zu mißbilligen, ist eine Abweichung von deiner eigentlichen Natur. Du brauchst dein wirkliches Selbst nicht mehr zu mißbilligen, und ich werde dir das beweisen, indem ich dich akzeptiere, wie auch immer du bist.
Daraus folgt, daß Gestaltarbeit Wert darauf legt, den Patienten mit seinem Tun in Kontakt zu bringen, während der Rogers-Ansatz darauf Wert legt, zu betonen, wie überholt oder unnötig die neurotischen Verhaltensweisen sind. Außerdem gibt es im Gestaltsystem Gelegenheit zur Selbstakzeptierung in allem, was man tut, inklusive die Selbstmißbilligung, während für Rogeraner Selbstakzeptierung das Ergebnis dessen ist, daß bestimmte kognitive Vorgänge gelöscht werden. So kann Gestalt als der wahrhaft ganzheitliche und integrierte Ansatz zur Veränderung gesehen werden. Er betont Selbstakzeptierung als Prozeß, ist stärker am Verhalten orientiert (der Patient agiert den abgelehnten Prozeß aus) und weniger idyllisch oder wertbeladen als die Therapie nach Rogers.

An dieser Stelle möchte ich über Veränderung von einem Tao-buddhistischen Standpunkt aus sprechen.
Das Grundaxiom von Zen ist, daß grundsätzlich kein einzelnes Ding als solches existiert. Die Kosmologie des Zen spricht von einer Ganzheitlichkeit, die den vernünftig denkenden Geist verblüfft, weil die Idee von:'Kein Ding getrennt für sich' unserer Erfahrung der Individualität zuwiderläuft. Die Lösung dieser offensichtlichen Diskrepanz zwischen unserer Erfahrung der Individualität auf der einen Seite und der Zen-Idee der 'Nicht-Dingheit' auf der anderen Seite hat Ähnlichkeit mit der Lösung der paradoxen Theorie der Veränderung in Gestalt, die behauptet, daß Veränderung stattfindet, wenn wir mehr das werden, was wir sind. Zen sagt uns: Wenn ein sogenanntes Individuum mehr das wird, was es ist, wird es weniger ein separates Ding werden und mehr ein reiner Prozeß des Bewußtseins, der Frieden kennt und in der Bestimmtheit des Augenblicks fühlt.

Deshalb spricht die Kosmologie des Zen über eine die Umgebung einschließende Ganzheit, in der die innerorganismischen Entscheidungen dem Willen des Ganzen untergeordnet sind. Wenn die sogenannte Individualität nachgibt oder sich ihrem Augenblick überläßt, wird das Erleben deutlicher gefühlt, ohne daß es einen davon unterschiedenen Fühlenden oder Tuenden oder einen Zeugen all dessen gibt. Zen kann leicht dahingehend mißverstanden werden, daß es behauptet, das menschliche Sein sei konfluent mit dem Willen des Ganzen, aber nichts könnte weiter von dem entfernt sein, was die Zenliteratur meint. Das Erleben des Satori ist beabsichtigte Selbstverwirklichung im wahrsten phänomenologischen Sinn. So ist Satori nicht die Abwesenheit einer klar gegliederten Figur-Grundgegebenheit. Satori ist eher die Abwesenheit eines separaten bewertenden Zeugen, und es ist dieser Akt des Zeuge-Seins, der zur einer Reduktion der Verfilzung der Figur-Grund-Beziehung führt. Entsprechend ist es dieses Zeuge-Sein, durch das die Kategorien Gut–Böse, Richtig–Falsch, Topdog–Underdog etc. konstruiert werden.

So ist in Zen die Veränderung vom Unwissen zur Erleuchtung die phänomenologische Wirkung einer höheren oder realistischeren Gestalt, und diese Veränderung ist erwartungsgemäß die so unmittelbare und automatische Konsequenz auf das völlige Zu-eigen-Machen des Zeuge-Seins. Der Zen-Prozeß, sich das Zeuge-Sein zu eigen zu machen, entspricht, wie ich es sehe, dem Prozeß des Zu-eigen-Machens, über den in Gestalt gesprochen wird. Zu-eigen-Machen heißt in Gestalt, gänzlich in dem zu sein, was geschieht, ohne Bruch im Bewußtsein. Ähnlich meint in Zen das Zu-eigen-Machen das Zeugen, daß man gänzlich Zeuge ist, ohne Zeuge des Zeugen. Wenn man das tut, ist das Selbst theoretisch in einer direkten selbstverständlichen Verwirklichung des Sinnes seiner Existenz begriffen, und dies geschieht ohne einen Zeugen hinter der Szene, der nach gesellschaftlich bedingtem Sinn und Wert abwerten und wertschätzen könnte.

Darüberhinaus könne, so sagt uns Zen, das, was zutiefst in uns angelegt ist, als vollkommen erlebt werden, wenn die Illusion des Getrenntseins verschwindet. Das heißt, daß wir ganz und gar genug sind und daß unser Genug-Sein gleichzeitig verwirklicht ist, wenn wir uns gleichzeitig das Zeuge-Sein und das Bewerten zu eigen machen.
In einfachen Worten gesagt, ist das Erleben von 'Ich bin nicht genug' oder von 'Das ist nicht genug' ein Kopf-Trip. Die Abwesenheit des Kopf-Trips ist mit Frieden des Geistes verbunden oder – um puristischer zu sein – der Friede des Nicht-Geistes.

Zusammengefaßt: Meine Analyse des Zen-Ansatzes zur Veränderung zeigt, daß er eine paradoxe Position einnimmt, die der der Gestalttherapie sehr ähnlich ist. Vielleicht ist der einzige Unterschied zwischen den beiden Schulen die breitere oder engere Sichtweise der Realität, die der jeweilige Therapeut, Lehrer, Guru etc. hat, der gerade die paradoxe Theorie der Veränderung anwendet. Typischerweise ist für einen Zen-Meister die pragmatische Frage, wie Veränderung zustandekommt, nicht unabhängig von den Antworten auf die Fragen: „Wie wird Realität verstanden?" - „Kann Realität uns wissen?" und: „Wie ist die Realität beschaffen?" Ich bin überzeugt, daß jeder Therapeut – meistens nicht bewußt – in bezug auf diese Fragen eine bestimmte Vorstellung hat. Und da Veränderung und Beschaffenheit der Realität einander ergänzend verbunden sind, ist es notwendig, daß der Therapeut sich seinen metaphysischen Rahmen genauer betrachtet. Vielleicht müssen die ganzheitlichen Annahmen der Gestalttherapie nicht gar zu sehr vergewaltigt werden, um mehr mit der Metaphysik des Zen übereinzustimmen, die meiner persönlichen Ansicht nach sowohl starke nützliche als auch spirituelle Implikationen hat.

DAS ARBEITEN 'ÜBER'

Rohe N.Esbaugh

'Arbeiten' ist in der Gestalttherapie ein vielbenutzter Ausdruck. Er bedeutet, daß die Zeit und die Aufmerksamkeit des Therapeuten dem Patienten zur Verfügung stehen, um Wachstum und Awareness weiter zu entwickeln. Die Worte: „Ich möchte arbeiten" bilden den elementaren expliziten Kontrakt in der Gestalttherapie.

Der Arbeitskontrakt verhindert zu meinen, daß jedermann schon wisse, was in der Therapie geschehen solle, und er unterstreicht die persönliche Verantwortlichkeit für Wachstum oder Veränderung. In einer Therapiesitzung explizit zu äußern, daß man jetzt arbeiten will, ist zugleich Ausdruck der Entscheidungsfreiheit des Teilnehmers. Beide – Therapeut und Patient – akzeptieren die offene Interaktion miteinander, die das Wachstum des Teilnehmers erleichtert. Zugleich erlaubt der Kontrakt anderen Gruppenmitgliedern, in ihrem eigenen inneren Raum gleichzeitig zu arbeiten. Das heißt, ein Teilnehmer kann die Anregung der Gruppe mit den Regeln der Gestalttherapie aufgreifen, ohne vom Therapeuten bedrängt zu werden.

Nach meiner Erfahrung ist der Kontrakt: „Ich will arbeiten" einzigartig in der Gestalttherapie. Nicht alle Gestalttherapeuten bestehen auf dem verbalen Kontrakt. Aufzustehen und zum 'heißen Stuhl' oder zu einem anderen Arbeitsplatz zu gehen, stellt auch einen expliziten Kontrakt dar. Manche Patienten fangen einfach an zu arbeiten, und es ist für den Therapeuten und für den Patienten klar, daß ein therapeutischer Kontrakt läuft. Dieses Vorgehen ist besonders wichtig für spontanes Handeln, das von sehr verschlossenen Teilnehmern ungern akzeptiert wird.

Es gibt jedoch auch Therapeuten, die dem Arbeitskontrakt kritisch gegenüberstehen. Sie gehen davon aus, daß jeder Teilnehmer arbeiten will, wenn er durch die Tür des Gruppenraumes gekommen ist. Ich glaube, daß diese Annahme nicht nur falsch ist, sondern daß sie auch mehr Nachteile als Vorteile bringt.

Ein erster Nachteil liegt darin, daß die Grenze zwischen persönlicher Freiheit und Zurückgezogenheit verwischt wird. Ich denke nicht, daß jemand alles sagen und immerfort offen sein muß, nur weil er in eine Gruppe oder in eine Einzeltherapie gekommen ist. Das hält mich aber andererseits nicht davon ab, auf seine Bewegungen oder seinen emotionalen Ausdruck einzugehen. Ich halte mich auch nicht zurück, jemanden einzuladen, etwas von sich zu geben. Wenn ich eindringe, ist das jedoch meine Angelegenheit, und ich schiebe die Verantwortung nicht ab, indem ich etwa sage:„Das ist gut für dich" oder: „Es ist gut für die Sache".

Ein zweiter Nachteil führt zur Einbuße an Effizienz. Ich glaube, daß der explizite Kontrakt zu einer – zumindest vagen – Identifikation des Problems führt. Es wird wahrscheinlicher, daß die Arbeit einen Schwerpunkt hat und daß der Patient ein Gefühl für einen Abschluß entwickeln kann. Kontrakte wie:„Ich möchte herausfinden...",– „Ich möchte erfahren, erleben..." oder:„Ich möchte sehen, wie es sich anfühlt, auf dem heißen Stuhl zu sitzen", sind offene und legitime Kontrakte, die klarlegen, was der Patient will, und die es ihm ermöglichen, selbst zu entscheiden, wann die Erfahrung beendet ist. Die Therapie wird mit einem expliziten Arbeitsvertrag schneller und solider vorankommen als ohne.

Eine dritte Belastung durch den fehlenden Arbeitsvertrag besteht darin, daß der Therapeut möglicherweise einen neurotischen, passiven Verhaltensstil verstärkt und daß er in ein Spiel oder in eine 'Bärenfalle' gerät. Der Therapeut übernimmt dann die Verantwortung für das Wachstum des Klienten, und die Aktivität ähnelt einem Verstecken und Suchen. Im Sinne von Verantwortlichkeit wird sie dann zum absurden Paradox.

Der 'Ich will arbeiten'–Kontrakt klärt die Verantwortlichkeit, erleichtert die Identifikation des Problems, respektiert die persönliche Freiheit und verringert die Gefahr oberflächlicher Interaktion.

Unglücklicherweise drängt sich gelegentlich unsere Arbeitsethik in den Vordergrund und formt den 'Ich will arbeiten'–Kontrakt um in einen 'Ich will arbeiten über'–Kontrakt. Ich weiß nicht, ob das wirklich aus unserer Arbeitsethik stammt oder ob das meine eigene Projektion ist.
Mit einem Kontrakt zu arbeiten, der 'Arbeiten über' heißt, führte dazu, daß ich viele Stunden mit vielen Patienten zubrachte, nur um schließlich wieder am Anfang zu landen. Der arbeitende Klient weiß, daß er wirklich hart gearbeitet und alle 'Regeln' schön befolgt hat, aber am Ende der Therapiesitzung bleibt er verwirrt zurück. Ich habe auch hart gearbeitet, fühle mich müde und ausgelaugt und bin leicht verwirrt, daß sich aus all der

schweren Arbeit kein neues Lernen, keine neue Awareness, kein neuer Anreiz entwickelt haben. Der Ausdruck 'Arbeiten über' führt zu ernsthafter Hochdruckarbeit, ohne daß dabei notwendigerweise etwas zustande oder in Bewegung kommt. Der Gebrauch dieses Ausdrucks ist raffiniert, er scheint im zweiten Stadium einer Therapie aufzutauchen. Das heißt, neue Klienten haben den Jargon noch nicht aufgeschnappt, sie sind eifrig dabei, sich der anfänglichen Aufregung zu erfreuen. Wenn sie sich neuen und vielleicht intensiveren Erfahrungen nähern, rechtfertigen sie ein Vermeiden mit 'Arbeiten über'.

Oft ist der Wunsch, über etwas zu arbeiten, ein Zeichen für irgendeine Vorführung, ein Programm, das der Patient benutzt, um Awareness, Veränderung oder Kontakt zu vermeiden. Manchmal ist das 'Arbeiten über' einfach eine motorische 'bullshit'–Produktion. Anstatt über etwas zu reden, arbeiten wir über etwas. Das Verhalten des Patienten und das Ergebnis seiner Arbeit legen nahe, daß Klient und Therapeut auf der zweiten Schicht der Neurose agieren, wie Perls es nennt, selbst wenn ein expliziter Kontrakt besteht.
Sagt jemand:„Ich möchte arbeiten über...", höre ich die Tür zur Bärenfalle aufgehen oder die deutliche Botschaft, daß eine Spielinteraktion bevorsteht. Während der Arbeitende arbeitet und arbeitet und arbeitet, hilft der Therapeut und hilft und hilft. „Ich habe nichts davon gehabt", bedeutet am Ende das Zuschnappen der Bärenfalle und der Therapeut jammert: „Ich habe ja nur versucht zu helfen."

Ich habe so manchen Trick und so manche List probiert, um 'andere dazu zu bringen', die Phrase 'arbeiten über' nicht mehr zu gebrauchen. Ich habe über das 'Darübern' gelehrt, ich habe mein eigenes Gelangweiltsein bei dieser Arbeiterei übertrieben. Ich habe vorgeschlagen, die Worte 'erleben', 'spielen', 'erforschen' und 'spielbeiten'* zu benutzen. Aber leider bleibt eine Bärenfalle eine Bärenfalle." Im Grunde ist eine Bärenfallen-Interaktion oder eine Spieltransaktion ein Ersatz für wirklichen persönlichen Kontakt zu sich selbst oder zu anderen. Sie ist definiert als 'ohne Awareness sein' (außer sich selbst sein). Es gibt Formeln und Diagramme, mit deren Hilfe ein anderer Spiele erkennen kann, aber das Gewahrsein von

----

*Spielen-arbeiten. Im Englischen:'plork', eine von Mary Goulding vorgeschlagene Verbindung von 'play' und 'work'.
** Ich mag den Ausdruck 'Bärenfalle' nicht, da er zum diagnostischen Begriff wurde. Bärenfallensteller — das nimmt dem Therapeuten die Verantwortlichkeit, auf eigenen Füßen zu stehen. Bernes Spiele zeigen eine Anzahl von Interaktionen und klären die Rolle beider Beteiligten.

sich selbst ist kennzeichnenderweise ad hoc. Durch schlechte Gefühle, die ich jetzt habe, weiß ich, daß ich in einem Spiel war. In der Literatur konnte ich nichts darüber finden, wie man ein gerade stattfindendes Spiel erkennen kann.

Die Gestaltregeln des Was und Wie und des Ich und Du im Hier und Jetzt sind frei von Spielen und können Spieltransaktionen verhindern. Wenn ich mir mein Jetzt bewußtmache, kann ich ein Spiel verhindern und direkter mit meinen Wünschen umgehen. Meiner selbst im Jetzt gewahr zu sein, kann verhindern, daß ich ins 'Arbeiten über' gerate. Meine Meldung an mich beginnt häufig mit einer Spannung im Schläfenbereich. Wenn ich diese Anspannung ignoriere, mache ich mir Kopfweh. Ich vermeide den Kopfschmerz, indem ich sage:

> „Ich verspanne mich da, und ich strenge mich sehr an, herauszufinden, was mir helfen könnte. Ich will darauf achten, was ich spüre."

Ich bin nicht dauernd im Hier und Jetzt, und ich möchte Spieltransaktionen erkennen und vermeiden, indem ich mit dem Hier und Jetzt und darauf zu arbeite. Es gibt weitere Hinweise, die bei mir selbst und bei dem anderen mit dem Zaunpfahl winken und sagen: „Vorsicht Spiel!"

Ich bin davon überzeugt, daß Spiele mit Ambivalenz beginnen. Diese kann beim Therapeuten oder beim Patienten, der arbeiten will, auftreten. Wenn ich meiner eigenen Zwiespältigkeit bei einer Entscheidung bewußt werde, entscheide ich mich jetzt automatisch für ein Nein, bis ich mir darüber klar bin, was ich will oder was der andere will. Erscheint mir der andere unentschlossen, frage ich ihn. Wenn diese Ambivalenz deutlich wird, sage ich ihm, daß ich im Moment nicht arbeiten möchte. Eine andere Möglichkeit besteht darin, nichts zu sagen und einfach zu warten, bis ein besonderer Ausdruck oder ein besonderes Verhalten in den Vordergrund rückt. Die Ambivalenz, die ein Spiel einleitet, kann ganz anders sein als die Verwirrung, zu der es in der therapeutischen Arbeit kommen kann und die darauf hinweist, daß der Patient in eine Blockierung geraten ist.

Y: Ich möchte arbeiten... Ich weiß noch nicht, worüber ich arbeiten will. Ich weiß, daß ich irgend etwas mit meinen Schmerzen mache, aber ich habe schon darüber gearbeitet und bin sie nicht losgeworden. Ich weiß nicht.... (Pause, schaut mich an)

R: Ich möchte etwas klarkriegen mit dir. Ich höre dich sehr unentschlossen.

Y: Jaah, schon, ich habe schon darüber gearbeitet.

R: Ich schlage vor, deiner Ambivalenz nachzugehen. Im Moment möchte ich nicht mit dir arbeiten.

Ich arbeite dann mit einem anderen Patienten. Ich schätze es nicht besonders, auf diese Weise mit Ambivalenz umzugehen. Der Klient hat nicht meine Informationen, er kennt meine Gedanken über Ambivalenz nicht. Wenn ich auf diese Weise das Arbeits-Spiel vermeide, übernehme ich den größten Teil der Verantwortlichkeit, d.h. ich erkenne die Situation und stoppe den Prozeß. Das kann den Klienten im Unklaren darüber lassen, was eigentlich los ist. Anstatt die Auswirkungen seines Verhaltens zu erkennen, verliert er sich darin, auf den Therapeuten zu achten.

Um das Spiel zu vermeiden und die Arbeit zu erleichtern, ziehe ich es vor, auf den 'Arbeiten über'—Kontrakt einzugehen und die Verantwortlichkeit bei dem Patienten zu belassen. Die Arbeit, die weiter unten dokumentiert wird, fand während eines Workshops statt, in dem ich diesen Artikel schrieb. Mir war bewußt geworden, daß ich hart arbeitete, außerdem hatte ich mit einer jungen Frau einige Interaktionen ins Nirgendwohin gehabt. Ich hatte festgestellt, daß sie auf meine scharfsinnigen, kreativen und hilfreichen Vorschläge, wie sie Awareness entwickeln könnte, selten einging. Zudem redete sie lieber über zurückliegendes Gewahrsein, und als eine Sitzung gerade beendet war, wollte sie über ihre Magenschmerzen sprechen. Etwa eine halbe Stunde vor der unten beschriebenen Arbeit hatte sie angefangen mit: „Ich möchte über etwas arbeiten. Ich bin nicht sicher, was es ist." Sie war in dem schon beschriebenen Zustand der Unklarheit.

Diesmal sagte sie, sie wolle arbeiten mit (statt über), und ich ging auf den Kontrakt ein, wissend, daß der Workshop fast zu Ende war und daß sie mir einen 'Arbeiten über'—Kontrakt anbot.

Y: Ich will mit meinem Schmerz arbeiten.
R: (beiläufig zwei Stühle aufstellend) Mach weiter!
Y: (geht zu den Stühlen, setzt sich auf den einen und schaut mich erwartungsvoll an)
(Pause)
Y: Mehr sagst du mir nicht?
R: (wartet)
Y: ... Ich weiß nicht, was ich mit dir machen soll, du irritierst mich wirklich ganz schön... (Pause, schaut mich an, um eine Weisung zu bekommen.)
R: Fang ein paar Sätze an mit: „Du bist ein Schmerz..."
Y: Du bist ein Schmerz im Hintern... Du bist ein Schmerz im Magen... Du bist ein Schmerz in meinen Eingeweiden... Du bist ein großer Schmerz... (Pause, merkt, daß sie sich selbst tätschelt.)
(Gelächter in der Gruppe)

Y: Ich habe nie gesagt, daß ich mich darum kümmere... (unverständlich)

R: Gib dem Tätscheln Worte.

Y: (lachend) Ich will mich um dich kümmern... Puh, auch wenn ich lache... (kichert, Pause, wartet auf Anweisungen.)

R: Ich merke, daß du jetzt das gemacht hast, was du vorhattest.

Y: Ich wollte meinen Schmerz loswerden.

R: O ja, okay. Dann wollen wir jetzt damit anfangen.
(Pause)

Y: Irgendwie...
(Die Gruppe lacht.)
... Ich möchte Kontakt dazu bekommen, wie ich mich behindere, ihn loszuwerden.

Das ist jetzt der therapeutische Kontrakt für mich. Wir werden nicht weiter darüber arbeiten, wie der Schmerz weggeht. Loswerden des Schmerzes war nie ein explizites Ziel, sondern ein unterstelltes. Das heißt, die Patientin redete davon, darüber zu arbeiten, ihn loszuwerden. Aber mit der Formulierung, ihn 'loszuwerden', machte sie zum ersten Mal die Erfahrung, daß sie das ansprach, was sie wirklich wollte. Nachdem sie diese Aussage einmal gemacht hatte, konnte sie sie verwerfen, auch wenn das Gegenteil vielleicht verrückt klingen könnte.
Sie hatte eine gründliche medizinische Untersuchung hinter sich und etliche Male über den Schmerz gearbeitet. Ich werde auf den Awareness-Kontrakt eingehen, weil ich weiß, daß ich meinen Teil des Kontraktes einhalten werde.

LÜCKEN IN GESTALT

Stephan A. Tobin

(Im Jahre 1979 beschäftigte sich eines der monatlichen Treffen des Gestaltinstituts in Los Angeles mit den 'Lücken in Gestalt'. Dieser und der folgende Aufsatz von G.Yontef sind zwei Beiträge zu dieser Tagung.)

Ich möchte in meinem Vortrag über zwei wichtige Bereiche sprechen. Zunächst will ich darüber sprechen, welchen Stellenwert zwischenmenschliche Beziehungen in der Gestalttherapie haben. Dabei denke ich besonders an das Problem, dem Patienten zu helfen, nicht nur zutiefst allein zu sein, sondern auch dazu, mit anderen zu verschmelzen, wenn es an der Zeit ist. Ich möchte auch darüber sprechen, daß dieses Verschmelzen wie das Gefühl sein kann, Teil des Universums zu sein oder nicht. Außerdem möchte ich etwas zu dem meiner Ansicht nach unangemessenen Verständnis des Körpers in der Gestalttherapie sagen.

In Perls erstem Buch 'Das Ich, der Hunger und die Aggression' beleuchtet er nicht nur die aggressive Funktion, sondern auch die vereinigende, das, was ich als eintauchende, verschmelzende Funktion des Menschen verstehe. Ich glaube, daß wir Gestalttherapeuten unserer aggressiven Seite zu viel Aufmerksamkeit geschenkt haben und nicht genügend darauf achteten, uns und unseren Patienten dort zu helfen, wo wir nicht nur unterschiedlich zu anderen und allein sind und uns behaupten müssen, sondern wo wir verschmelzen oder eintauchen, wenn es an der Zeit ist. Ich persönlich denke, daß der Grund vorwiegend darin zu sehen ist, daß Fritz ein Mensch war, der selbst eine Menge Schwierigkeiten hatte, in anderen aufzugehen.

Ich glaube, Gestalttherapie zog tendenziell Menschen an, die sich wohler fühlten, wenn sie allein und unabhängig sein konnten, und die nicht so bewandert waren im Umgang mit Menschen, die wirklichen Kontakt suchten. Die meisten Gestalttherapeuten scheinen 'Alleiner' zu sein – ich zähle mich selbst zu ihnen. Ich bin davon überzeugt, daß diese Tendenz in mancherlei Weise in der Art unserer Therapie sichtbar wird. Zuallererst: Nach allem, was ich bisher gesehen habe, haben Gestalttherapeuten das Gefühl, starke Leitfiguren sein zu müssen, wenn sie mit Patienten in Gruppen arbeiten. Nur wenige der mir bekannten Gestalttherapeuten sind bereit, sich ihren Klienten gegenüber schwach oder unzulänglich zu zeigen. Ich glaube, das führt Patienten und sogar Ausbildungskandidaten zu dem Verhaltensmodell einer starken, mächtigen Figur, die unfähig ist, anderen gegenüber als ein unvollkommenes menschliches Wesen zu erscheinen. Und ob wir wollen oder nicht: Klienten formen sich nach dem Therapeuten, bei dem sie in Therapie sind.

Eine andere Folge dieser Tatsache ist darin zu sehen, daß in der Gestalttherapie gerade diejenigen am meisten profitieren, die bereits zu Beginn am gesündesten sind. Das trifft natürlich auf jede andere Therapie gleichfalls zu, doch glaube ich, daß es besonders für die aggressive und aktive Person in der Therapiegruppe gilt, die eindrucksvoll genug ist, um die Aufmerksamkeit des Therapeuten zu erregen. Es ist die Person, die aufstehen und sagen kann: „Ich will arbeiten".
In jeder orthodoxen Gestaltgruppe gibt es einige Patienten, die nicht aggressiv sind, die keine Aufmerksamkeit und Hilfe vom Therapeuten bekommen und die dann die Therapie beenden, ohne wirklich viel profitiert zu haben. In diesen Fällen gilt der Anspruch der Gestalttherapie, daß keine Verantwortung für den Patienten übernommen wird. Aber das geht zu Lasten des Klienten, der vielleicht sogar bestätigt, daß er für sich keine Verantwortung übernimmt, und dem es dadurch nicht besser geht. Es handelt sich um den ziemlich passiven Teilnehmer, der Angst hat und zu scheu ist, um in der Gruppe zu arbeiten.
Auch der Bärenfallensteller, d.h. einer, der sich zwar beklagt, aber keine Hilfe annimmt, profitiert nicht allzu sehr von der Gestalttherapie. In gar zu vielen Gestaltgruppen ist ein solcher Klient aggressiv, hat jedoch die Gestaltregeln nicht gelernt und spielt eine Menge Spiele mit dem Therapeuten. Die meisten Gestalttherapeuten sind auf der Hut, und so habe ich oft erlebt, daß die Fallensteller lächerlich gemacht wurden vom Therapeuten oder daß sie von der Gruppe zum Sündenbock gestempelt wurden. Vielleicht ist es dem Fallensteller nicht gelungen, den Therapeuten in die Falle zu locken, aber er wird die Therapie verlassen, ohne etwas für sich gelernt zu haben, möglicherweise geht es ihm sogar schlechter als vorher. Ich denke, dies ist eine weitere Folge des Arbeitsstils von Fritz Perls, und ich fürchte, daß nicht viele Gestalttherapeuten es geschafft haben, dieses Verhalten zu überwinden. Ich beziehe mich dabei auf seine sarkastische, treffende, lächerlich machende Art, mit manchen Leuten umzugehen.

Die einzige Möglichkeit, mit diesen Spielemachern zu arbeiten, ohne in ihre Bärenfalle zu tappen, besteht meiner Meinung nach darin, mit der Tatsache des Fallenstellens selbst zu arbeiten. Ich habe das ausführlich dargestellt in meiner Arbeit 'Gestalttherapie mit frustrierten Patienten'. Jede Art von Spielen, das Frustrationsspiel, das Sabotagespiel, das Ich-lasse-dich -nicht-helfen-Spiel sind geeignet, daß man auf diese Art daran arbeitet. Ich finde es falsch, diesen Patienten zu sagen: „Ich will nicht mit dir arbeiten, ehe du nicht anfängst, direkt und ehrlich zu sein", noch schlimmer ist, sich über sie lustig zu machen.

Als ich anfing zu praktizieren und versuchte, Fritz Perls und Jim Simkin in ihrer Arbeitsweise zu kopieren, fand ich ziemlich schnell heraus, daß die meisten meiner neuen Patienten nicht allzu lange bei mir 'herumhingen'. Ich war zu streng, zu wenig fürsorglich. Ich versuchte wirklich so angestrengt, von diesen Patienten nicht gefangen zu werden, daß oft ein Machtkampf zwischen dem Patienten und mir stattfand. Wenn ich einen Klienten verloren hatte, sagte ich häufig zu mir: „Na ja, wenigstens bin ich von diesem Patienten nicht manipuliert worden."
Als ich mehr Erfahrungen gesammelt hatte, wurde ich sanfter und fürsorglicher mit meinen Klienten und ich vertraute ihnen auch weit mehr. Ich fand heraus, daß sie sich umso vertrauenswürdiger verhielten, je mehr ich ihnen vertraute. Natürlich stimmt das nicht in jedem Fall, und noch immer bitte ich gelegentlich einen Patienten, mit der Therapie aufzuhören, wenn ich den Eindruck habe, daß er mir gegenüber unehrlich ist. Aber ich denke nicht mehr wie früher, daß mir eine Falle gestellt wird. Tatsächlich glaube ich, daß ich viel seltener in eine Falle tappe. Und ich fühle mich als Therapeut sehr viel seltener frustriert. Im Gegensatz zu früher sehe ich heute keine Notwendigkeit mehr, feindselig zu sein.

Viele, wenn nicht die meisten Gestalttherapeuten lassen sich nicht genügend intensiv auf die Patienten ein, mit denen sie arbeiten. Die Gestalttherapie hat für den ganzen Bereich der Psychotherapie einen enormen Beitrag geleistet, indem sie den Therapeuten nicht wie die Psychoanalytiker in jahrelanger, ergebnisloser Therapie einrasten läßt. Für diesen wichtigen Durchbruch ist nach meiner Meinung das Konzept verantwortlich, die Verantwortung beim Patienten zu belassen. Vielleicht jedoch sind wir zum Gegenteil umgekippt und haben das Sich-Einlassen verwechselt mit der Übernahme von Verantwortung für einen anderen. Wenn zum Beispiel ein Patient die Therapie aufgeben wollte und ich diese Idee nicht nützlich fand, habe ich mir bis vor kurzem immer gesagt: „Ich kann ihm meinen Kram nicht überstülpen. Er weiß, was am besten ist für ihn, ich sollte dann lieber nichts zu ihm sagen. Wenn ich sagen würde, er sollte die Therapie nicht aufgeben, würde ich ihm ja die Verantwortung abnehmen." Jetzt habe ich jedoch angefangen, den Patienten zu sagen, daß ich Bedenken habe, daß ich enttäuscht oder ärgerlich über sie bin, wenn sie die Therapie abbrechen wollen. Dabei geht es mir selbst viel besser, und einige Patienten blieben daraufhin nicht nur in der Therapie, sondern gaben mir auch zu verstehen, daß sie es schätzten, daß ich meine Gefühle gezeigt hatte. Niemals hatte ich den Eindruck, dem Patienten ein 'Sollte' vermittelt zu haben oder ihn zu bedrängen.

Ich könnte mir vorstellen, daß mir einige Gestalttherapeuten gerade diesen Vorwurf machen. Ich habe jedoch nur gesagt, was ich fühlte, ohne den Patienten zu manipulieren.
Viele Klienten scheinen zur Gestalttherapie zu kommen, einige Monate zu bleiben, dann aufzuhören oder eine andere Art von Therapie zu machen bzw. den Therapeuten zu wechseln. Manchmal hören sie auch für eine Weile auf und kommen dann zurück. Das Endergebnis ist wohl, daß sie vermieden haben, einige ihrer wirklich tiefverwurzelten Probleme anzugehen. Dieses Verhalten wird meines Erachtens durch die Einstellung der Gestalttherapie hinsichtlich des Engagements des Therapeuten begünstigt. Und obwohl einige behaupten, das sei der Gestalttherapie nicht inhärent, möchte ich doch darauf bestehen, daß es häufig Teil der praktischen Gestalttherapie ist.

Eine andere Facette des Problems der zwischenmenschlichen Beziehungen ist meiner Meinung nach, daß der Therapeut dem persönlichen Kontakt innerhalb der Therapiegruppe kaum Aufmerksamkeit schenkt. Ich glaube, daß in der typischen Gestaltgruppe der Therapeut oft zu viel vom Mittelpunkt der Bühne beansprucht. Wieder glaube ich, daß das vor allem durch Fritz' Beispiel kommt: Er stand gern im Mittelpunkt der Aufmerksamkeit, und möglicherweise hat die Gestalttherapie gerade solche Therapeuten angezogen, die ihrerseits gern im Mittelpunkt der Aufmerksamkeit stehen. Einige Ausbildungskandidaten in Los Angeles erzählten, daß es nur in der Pause Zeit für Kontakte untereinander gäbe. Dann könnten sie sich wirklich hinsetzen und reden. Einer beklagte sich, daß sich die Gruppe sogar erst einmal ohne Leiter treffen mußte, bevor sie anfangen konnten, Kontakte untereinander zu knüpfen und sich um die wirklichen zwischenmenschlichen Beziehungen in der Gruppe zu kümmern, um die Untergruppen, die sich gebildet hatten, um neue Mitglieder usw.

Zum Bereich der zwischenmenschlichen Beziehungen möchte ich als letzten Punkt das fehlende Gefühl, Teil des Universums zu sein, ansprechen. Es gab eine Zeit, in der ich dachte, ich wäre schon glücklich, wenn

ich nur mehr im Hier und Jetzt lebte. Ich würde eine Blume ansehen und wäre ganz in der Gegenwart mit dieser Blume, sie ganz erlebend, und dieses Erleben gäbe mir Kraft und meinem Leben Sinn. Dann brauchte ich nicht unbedingt irgend etwas anderes. Ich würde meine Sinne nutzen, ich sähe und hörte alles, alle diese wundervollen Dinge. Und das wäre alles, was ich brauchte. Aber entweder kam ich niemals zu dem Punkt, so ganz im Hier und Jetzt zu leben, oder das wird nie genug für mich sein. Ich habe noch immer das Gefühl, von der übrigen Welt getrennt zu sein, egal, wie gut ich in Kontakt komme mit meinen Sinnen, und ich merke, daß ich dieses Gefühl nicht mag. Gewiß, ich mache die Gestalttherapie nicht dafür verantwortlich, weil ich nicht glaube, daß je eine Therapie sich wirklich mit diesem Problem beschäftigt hat.
Freud hatte eine sehr pessimistische Einstellung zur Fähigkeit des Menschen, sich als Teil der Natur zu fühlen. Aber das ist etwas, mit dem sich verschiedene Religionen beschäftigt haben, vor allem die philosophischen Religionen des Ostens. Ich denke, es ist wirklich ein therapeutisches Ziel, mit Menschen zu arbeiten und ihnen zu helfen, zum Leben eine Beziehung zu entwickeln. Wir können das nach meiner Meinung durchaus in die Gestalttherapie integrieren. Diese Möglichkeit, einzutauchen, das Gefühl, ein Teil der Natur und der Dinge um uns herum zu sein, bedeutet meiner Ansicht nach nicht, abhängig oder konfluent zu sein. Es ist eine Tatsache, daß die Leute, die sich besonders intensiv als Teil des Universums fühlen, zugleich auch die unabhängigsten sind.

Ich möchte mich jetzt dem zweiten Gegenstand meiner Ausführungen zuwenden, nämlich der Frage: Wie wird der Körper in der Gestalttherapie betrachtet?
Die Gestalttherapie hat nach meiner Meinung sehr viel dazu beigetragen, daß im allgemeinen Feld der Psychotherapie dem Körper mehr Beachtung geschenkt wird. Wir machen keine Trennung zwischen Körper und Geist, und wir achten sehr auf die Körpersprache. Ich glaube aber nicht, daß wir hier schon weit genug gegangen sind. Ich glaube immer noch, daß wir eine implizite Spaltung zwischen Körper und Geist machen, und daß für zu viele Gestalttherapeuten die Gestalttherapie ein vorwiegend kognitives Unterfangen ist.
Wir tun zum Beispiel so, als sei alles damit getan, sich zu entscheiden, eine Sache jetzt anders zu machen als bisher und als sei nichts anderes nötig zur Veränderung. Es ist ein Klischee, den Patienten für ein 'Ich kann nicht' ein 'Ich will nicht' sagen zu lassen. Das zeigt nach meiner Auffassung einen Mangel an Verständnis für die Tatsache, daß gerade die physische Struktur eines Menschen es ihm unmöglich machen kann, in eine bestimmte Richtung zu gehen, selbst wenn er weiß, daß es gut wäre, sich zu

verändern. Ich bin davon überzeugt, daß einige Menschen wirklich eingeschränkt sind durch die Panzer und Blockaden, die sie in ihrem Körper mit sich herumschleppen. Ich sollte trotzdem eine flexible, lebendige und spontane Person sehen mit einem steifen, falsch atmenden Körper. Ich glaube nicht, daß jemand flexible Ideen über die Welt haben kann, ohne eine flexible Struktur zu haben. Ich selbst hatte mich mit der Idee zu heiraten intellektuell und rational angefreundet, aber meine Körperstruktur machte es mir unmöglich, Veränderungen zu akzeptieren, obwohl mir diese so völlig vernünftig erschienen. Ich gleiche diesen Mangel an Verständnis für und an Wissen über den Körper aus, indem ich mich mit Reichianischer Therapie und Ausbildung beschäftige und mehr über Anatomie und Physiologie lerne. Je mehr wir mit dem Körper arbeiten und je mehr Kenntnis wir darüber haben, wie die Körperstruktur eines Menschen seine ganze Seinsweise beeinflußt, umso bessere Therapeuten werden wir sein. Ich schätze an der Gestalttherapie ihre offene Haltung gegenüber neuen Erfahrungen. Das ist einer der Gründe, warum ich wirklich gern Gestalttherapeut bin. Ich fühle mich frei, mich neuer Erfahrungen zu bedienen, die mir helfen, meine Fähigkeiten zu erweitern.

Meine letzte Bemerkung gilt dem 'Wollen'. Ich denke, daß Wollen ein kognitiver, zweckgerichteter Aspekt des Menschen ist und das, was darüber entscheidet, was er tut. Das ist nicht allein sein Wille oder sein Entscheidungsapparat im Kopf, sondern sein ganzer Organismus. Ich vermute, je mehr ein Mensch seinem ganzen, gesamten Organismus glaubt, seine Entscheidungen zu fühlen, umso besser wird es ihm gehen. Natürlich ist auch sein Verstand einbezogen, doch ist es ein weitaus ganzheitlicherer Prozeß als der Denkprozeß, den die meisten durchlaufen, um Entscheidungen zu fällen.

LÜCKEN IN GESTALT

Gary Yontef

Der Standpunkt, von dem aus ich auf die Lücken der Gestalttherapie schauen möchte, ist der unserer eigenen Therapie. Anstatt uns also selbst mit anderen Theorien oder anderen Schulen zu vergleichen, möchte ich unsere Praxis und unsere Diskussionen über Gestalt mit unserer eigenen grundlegenden theoretischen Struktur vergleichen und schauen, wie wir unsere Prinzipien anwenden und wie konsequent wir sind. Ich möchte das Augenmerk auf einige Bereiche des Theoretisierens und/oder der Praxis lenken, in welchen wir meiner Ansicht nach nicht mit unseren Prinzipien übereinstimmend handeln.

Das erste Prinzip, an das ich dabei denke, ist das des kreativen Ausgleichens. Für mich bedeutet kreatives Ausgleichen eine Einheit aus dem Einbringen unserer Bedürfnisse, unserer eigenen Gedanken und unserer Energie, sowie aus dem Berücksichtigen dessen, was 'draußen' ist und dem Umgang mit der jeweiligen Situation.
Ich bin in einer Situation, ich erschaffe etwas, ich verhalte mich, füge etwas hinzu etc. Das Individuum befaßt sich mit seiner Situation, der Künstler mit seiner Leinwand. Wir sprechen oft darüber, wie der Patient mit seiner Umwelt zurechtkommt. Ich weiß nicht, wie wir Therapeuten mit unserer zurechtkommen hinsichtlich unseres eigenen Theoretisierens und Therapierens. Ich sehe, wie wir vieles nachahmen und wiederkäuen, bei Personen geht es dabei meistens um Fritz, bei Dingen um etwas, was zwar kreativ und neu ist, was wir aber zu den grundlegenden Gestaltprinzipien nicht in Beziehung setzen. Hier scheint die Botschaft zu sein: Alles geht.
Wir haben also zwei Extreme: Entweder ist alles Gestalttherapie, oder wir müssen das 'Richtige' machen, und jede neue Idee bedeutet eine Abweichung von der Gestalttherapie.

Wir verwechseln das Wesentliche mit der individuellen Anwendung. Viele theoretische Artikel und viele der Formen, die wir in der Therapie benutzen, sind einfache Nachahmungen, die wir uns nicht wirklich einverleibt haben. Die Kernprinzipien beinhalten zahlreiche tatsächliche und potentielle Anwendungsmöglichkeiten. Ich sehe in manchen Bereichen, zum Beispiel in einigen Artikeln von 'Gestalt Therapie Jetzt', daß Leute Ideen aufnehmen, sie unter die Rubrik 'Gestalt' bringen, ohne sie wirklich zu integrieren. Oder sie sehen nicht, daß eine Technik vielleicht in einem anderen Therapiesystem entdeckt worden ist und doch eine Anwendung der grundlegenden Gestaltprinzipien ist. Es sind einige Prinzipien da, aber Gestaltung und breite Variationen sind notwendig, um die Prinzipien anzuwenden. Was kreatives Ausgleichen sein kann, wird nach meiner Meinung gut durch das Buch der Polsters illustriert, die viel von sich selbst einbringen, die Therapie ein Stück weiter entwickeln und doch den vorhandenen, grundlegenden Rahmen berücksichtigen.

Lücken sehe ich auch im Bereich der Klarheit. Wir betonen die Entwicklung einer klaren Perspektive, wenn wir mit Patienten arbeiten und helfen, Awareness zu entwickeln. Unsere eigenen Ideen aber arbeiten wir oft nicht bis zu dieser Klarheit durch. Einige Begriffe, die wir zum Beispiel diskutieren, scheinen gut und klar zu sein, bei genauerem Hinsehen finden wir jedoch, daß sie nie definiert wurden — wirklich nie — oder daß es mehrere einander widersprechende Definitionen gibt, oder aber, daß sie zwar definiert, nicht aber mit anderen Konzepten verbunden worden sind. Hier zeigt sich die Schwäche unserer grundlegenden Theorie und die Schwäche der Personen, die die grundlegende Theorie diskutieren. Wir sagen zum Beispiel, daß unser ganzes System auf Awareness beruht, daß unser ganzes Tun dem Versuch gilt, Awareness zu schaffen, und doch gibt es meines Wissens keine Diskussion oder Definition des Gestaltkonzepts von Awareness. (Ich fange an, diese Lücke zu füllen in meinem Buch 'Gestalt Therapy: Clinical Phenomenology'.) Fritz selbst benutzte Awareness auf mindestens drei verschiedene Arten, mit drei verschiedenen Definitionen, die nicht miteinander übereinstimmten.
Wir benutzen Worte wie 'Manipulation' das in unserer Literatur zum Beispiel auf zwei verschiedene Weisen diskutiert wird. Wir reden über 'Kontakt' und meinen damit sowohl das, was ein Individuum tut („Ich nehme Kontakt auf"), als auch das, was zwischen zwei Personen geschieht. Beides ist richtig, aber nicht das gleiche Konzept.
Fritz benutzte andere Abstraktionen als die Polsters, und ich sehe nicht, daß irgendwo versucht würde, beide zu verbinden. Es wäre nötig, sie zu überarbeiten, damit sie klar werden.

Teilweise umfaßt unsere Vorstellung von Klarheit das Aufzeigen von Polaritäten; wir Gestaltleute zeigen aber häufig nur die Hälfte einer Polarität. Eine dieser für mich wirklich auffälligen Halb-Polaritäten ist die Vorstellung vom Alleinsein. In der grundlegenden Gestalttherapie ist Alleinsein gepaart mit dem Zusammensein, d.h. der Mensch ist beides: unausweichlich allein und nicht allein. Der Mensch lebt in einer Umgebung, lebt immer abhängig von anderen. Das ist eine grundlegende Aussage des Existentialismus und ein sehr wichtiger Teil der Gestalttheorie. Aber ich höre, wie viele gute Gestalttherapeuten, die es besser wissen 'sollten', über das Bedürfnis sprechen, allein zu sein, nicht aber das andere Bedürfnis hinzufügen, den sozialen Kontext, das Bedürfnis des Menschen nach Gesellschaft mit anderen Menschen.

Ein drittes grundlegendes Prinzip ist das Wort Gestalt selbst. Um das wirklich ganz zu erfassen und das Konzept ernstnehmen zu können, müssen wir das Individuum in Beziehung setzen zu seinen verschiedenen Kontexten. Wenn wir ein Individuum wirklich anschauen, sehen wir, daß die meisten unausweichlich Teil einer Familieneinheit sind, die ein System hat, Prinzipien der Dynamik, eigene Forderungen. Und doch handeln wir oft so, als wäre das Individuum eine von Familie und anderen Lebenskontexten losgelöste Einheit. So sehen wir zum Beispiel eine verheiratete Frau, die Kinder hat, und wir reden mit ihr über ihre individuelle Entscheidung, dies oder das für sich zu tun, ohne dabei zu berücksichtigen, daß sie drei kleine Kinder hat; oder wir vergessen den Widerstand ihrer Familie gegen jede Veränderung, die sie als Individuum vornehmen könnte. So wird die wirkliche Betrachtung des Ganzen vermieden.

Das gleiche Prinzip findet sich nach meiner Meinung in unseren Gruppen. Wenn wir versäumen, den Kontext der Gruppe in Betracht zu ziehen oder den Prozeß, der in der Gruppe stattfindet (sei es bei Reden über die Therapie oder beim Therapieren), dann mißachten wir ein Gestaltkonzept. Wir sprechen über das Ganze, und doch hören wir als oft geäußerte Kritik, daß alle Gestalttherapeuten Einzeltherapie in einer Gruppe machen und mit dem Gruppenprozeß nichts anfangen.
Ich reagiere auf diese Kritik mit gemischten Gefühlen. Meine Gestalttherapie ist mehr als das. Wenn es stimmt, daß wir Probleme des Gruppenprozesses nicht angemessen beschreiben oder im Auge haben, oder daß wir in der Therapie nur Einzeltherapie machen, dann kommt das daher, daß der Therapeut abschaltet oder einen blinden Fleck hat und nicht wahrnimmt, was zwischen den Teilnehmern geschieht. Ich denke, es hängt mit der Nachahmung des Perlsschen oder Simkinschen Stils zusammen, statt unser eigenes kreatives Ausgleichen in der therapeutischen Situation zu schaffen.

Ein anderer Kontext, den wir bedenken müssen, ist die Institution oder der Ort, an dem wir arbeiten. Eine Lücke in der Gestalttherapie ist der

Mangel an Diskussion darüber, was sich verändert, wenn man Gestalttherapie an einem Ort macht, an dem man die Atmosphäre nicht beeinflussen kann. Viele von uns machen Trainings oder Privattherapie und können eine gesunde Umgebung schaffen. Wir halten das für selbstverständlich. Wir handeln und reden, als könnten wir mit einer Dienststelle arbeiten und nicht Teil dessen sein, was da auch immer vorgeht. Meine Erfahrung und mein Gestaltprinzip lehren mich, daß das eine Illusion ist.
Nehmen wir an, ich arbeite als Psychologe für die Kriegsopferversorgung, leite eine Gruppe und mache auch Einzeltherapie. Kann ich das machen, wenn ich Teil eines Systems bin, daß zum Beispiel gut zahlt dafür, daß jemand krank bleibt und es so dem Klienten schwer macht, ehrlich zu erkennen ob er therapiebedürftig ist oder nicht? Wenn wir nicht berücksichtigen, wie unsere Klienten mit dem jeweiligen System interagieren, in dem wir arbeiten, dann haben wir mehr Fassade als Substanz für die Hier-und -Jetzt-Therapie. Ich finde, daß wir Unrecht tun, wenn wir diese Faktoren nicht berücksichtigen. Wenn wir sie ignorieren, haben wir einen blinden Fleck und geben ein Beispiel für Unverantwortlichkeit für das Feld, in dem wir arbeiten. Oft ist zu der Zeit, in der wir dem Klienten begegnen, bereits eine Einstellung etabliert — er hat schon eine 'Gehirnwäsche' hinter sich und ist auf eine Richtung festgelegt, d.h. darauf, 'krank' zu sein.

Ich möchte noch zwei andere Zusammenhänge erwähnen, die ich für wichtig halte. Aus Zeitgründen möchte ich aber nicht ausführlicher darauf eingehen. Eines ist der Kontext des 'Jetzt', das mehr in Beziehung gesetzt werden muß zu einer Bewegung in der Zeit, statt der Vorstellung, in einem Jetzt zu bleiben, das unabhängig ist von Vergangenheit und Zukunft, zum Beispiel zu sagen, was ich jetzt tun will, ungeachtet aller Verpflichtungen, die ich schon eingegangen bin, als hätten sie nie existiert, oder einfach jetzt etwas zu machen, ohne die Konsequenzen in der Zukunft zu bedenken — das stimmt nicht mit der Gestalttheorie überein. Und ich höre eine Menge solcher Rederei, als wäre das der Gestaltbegriff des Jetzt.

Eine weitere Sache ist der Umgang mit der Frustration. Ich würde die Strategie der Frustration gern verbunden sehen mit der Art von Beziehung, für die wir in Gestalt plädieren, nämlich eine Ich-Du-Beziehung, von der die Frustration ein Teil ist, und nicht Frustration um ihrer selbst willen. Ich finde, daß Fritz nicht gut daran tat, damit anzugeben, wie gut er Leute frustrieren konnte, und machmal imitieren wir diesen Aspekt seines Verhaltens, ohne ihn wirklich in den Gestaltkontext zu integrieren, d.h. ohne eine nicht-manipulierende Beziehung herzustellen.

Wenn wir einige dieser Konzepte zusammensehen, d.h. die Alleinsein-

Zusammensein-Polarität und die Bedeutung des Gestaltkontextes, dann kommen wir zu einer anderen Lücke. Ich glaube, wir sollten vorhandenen Beziehungen mehr Beachtung schenken und sie anerkennen. Das gilt sowohl für die bestehenden Beziehungen in der Therapie als auch für die Auswirkungen der außerhalb bestehenden Beziehungen auf die Therapie, d.h. für Ehe und Familie etc.

Die letzte Lücke, über die ich hier gern sprechen möchte (und es ist mir klar, daß ich mit dieser Ansicht wahrscheinlich allein stehe), ist die folgende: Wir sagen, daß wir wirklich darauf hinarbeiten, daß wir selbst und unsere Klienten wissen, was wir tun, und daß wir klare Vorstellungen haben und uns gewahr werden. Wir wollen, daß unsere Klienten die Folgen ihres Verhaltens kennen. Es ist nicht gut, daß wir in der Therapie versäumen, den gleichen Prozeß anzuwenden, nämlich Schritte zu unternehmen, die Folgen unserer Therapie kennenzulernen. Ich weiß nur von einer sehr wenig ausgeprägten Forschung in der Gestalttherapie, nur von sehr wenigen Bemühungen, hinzuschauen, wie die Ergebnisse sind – entweder durch Validierungsforschung oder durch Prozeßforschung. Von beidem sehe ich wenig, wenn auch das Interesse in jüngster Zeit zuzunehmen scheint. Wir sollten darüber diskutieren, welche Art von Untersuchung zu unserer Art des Denkens paßt. Es gibt einige Untersuchungsauswirkungen der Feldtheorie, die jedoch noch nicht klar erhellt sind. Lewins Bemühungen in dieser Richtung können nur als einfacher Anfang gelten. Ich denke nicht, daß jegliche Forschung dem Gestaltprinzip widerspricht. Ich denke jedoch, daß es unverantwortlich ist zu sagen: „Schließlich ist jedes Individuum für sich selbst verantwortlich, und wir brauchen uns nicht darum zu kümmern, ob wir effektiv sind oder nicht". Ich habe nicht den Eindruck, daß der größte Teil der Gestalttherapeuten das wirklich so unbesehen übernimmt. Es muß noch viel getan werden, um Kriterien für eine gute Forschung in unserem System zu entwickeln.

WEISSE INDIANER

Rohe N.Esbaugh

Es gibt Zeiten, in denen ich einen Schimmer dessen erlebe, was ich die Universalität des Menschen nenne. Wenn ich diese Ahnung spüre, erhasche ich einen Blick über eine Mauer und stelle fest, daß viele verschiedene Religionen, Philosophien und Psychologien der Welt ein gemeinsames Grundthema haben. Was wir für eine neue Entwicklung in der Philosophie und Psychotherapie halten, scheint Wurzeln zu haben, die Tausende von Jahren zurückreichen und grundlegenden Gesetzen und Beziehungen zu entsprechen, die bei früheren Zivilisationen beobachtet wurden, die ihre eigene einzigartige Metapher hatten für die Beschreibung des menschlichen Seins. Perls integrierte grundlegende Aspekte der Philosophie des Orients und des Mittleren Ostens in eine Philosophie und Psychotherapie, die für unsere Zeit von profunder Wirkung und Bedeutung ist. Seine Erfahrungen in Kuoto (Japan) und Elath (Israel) befruchteten eine Jetzt-Philosophie, die sich mit unserem humanistischen Zeitgeist, den Lehren des Orients und des Mittleren Ostens verband.

Ich war ganz aufgeregt, als ich eine Parallele zu einer Philosophie fand, die vielleicht hundert Jahre alt und in Amerika beheimatet ist. Diese Philosophie stammt von den Ureinwohnern Amerikas und wird in dem Buch 'Seven Arrows' (Sieben Pfeile, Storms 1971) dargestellt. (Mein Dank an Peter Lawson, der mich auf dieses Buch aufmerksam machte.) 'Seven Arrows' beschreibt eine hochentwickelte Wachstumspsychologie, die von einer als unzivilisiert und barbarisch geltenden Kultur entwickelt und gelehrt wurde, und die sich doch mit Konzepten beschäftigte, die heute als neue, den Menschen transzendierende und spirituelle Ansätze betrachtet werden. Es gibt interessante Beziehungen zwischen dieser Philosophie der amerikanischen Ureinwohner und einigen orientalischen Philosophien. Es gibt umwerfende Ähnlichkeiten zwischen manchen dieser ursprünglichen amerikanischen Wachstumskonzepte und den Konzepten, die Perls als für die Gestalttherapie ausschlaggebend herausfilterte. Ich möchte diese Parallelen aufzeigen und einige der Lehren der Bruderschaft des Schildes darstellen, wie sie in 'Seven Arrows' beschrieben sind.

Die moderne Psychologie benutzt das Symbol der Koordinaten, der Normalkurven und der mathematischen Modelle, um den Menschen zu verstehen. Die Bruderschaft des Schildes schlägt vor, den Menschen aus der Sicht des Zauberrades zu sehen. Das Rad ist rund und hat vier Grundpunkte für Osten, Westen, Norden und Süden. Jede dieser Richtungen stellt eine Möglichkeit dar, die Welt zu sehen. Das Zauberrad ist eine Darstellung all dessen, was wir sind und ist ein Spiegel der Welt. Alles, was wir in der Welt wahrnehmen, alles, was in der Welt existiert, wird als Spiegel für uns selbst erkannt.

Jeder Mensch ist ein einzigartiges lebendiges Zauberrad. Als Teil der natürlichen Harmonie entwickeln und erleben wir die vielen Arten des Wahrnehmens, um das Zauberrad vollständig zu machen, um 'ganz' zu werden. Unsere ursprüngliche Art der Wahrnehmung wird als Ausgangspunkt im Leben gesehen, und nach der Lehre bleibt diese ursprüngliche Art für das ganze Leben die vertrauteste. Wir werden nicht etwas, was wir nicht sind. Wir verändern uns nicht, um ein anderer zu sein.
Doch nur bei einer Art der Wahrnehmung zu bleiben oder sich dem 'anzupassen', wie wir sind oder damit umzugehen, bedeutet auch, daß wir unsere individuellen Zauberräder nicht entwickeln, unsere Einzigartigkeit und was wir gemeinsam haben in der allumfassenden Harmonie. Die Bruderschaft des Schildes meint, daß die Arten des Wahrnehmens ein Geschenk der Natur sind und daß sie Einfluß darauf nehmen, wie wir mit der Welt in Beziehung treten. (Unser modernes Bewußtsein geht davon aus, daß diese Arten der Wahrnehmung durch soziales Lernen und durch die Entwicklung beeinflußt sind.)

Es gibt vier grundlegende Arten des Wahrnehmens, sie sind durch die vier Richtungen repräsentiert.
Jede Art ist anders, aber keine ist von größerem Wert als die andere. Nur von einer Richtung aus wahrzunehmen heißt, wie einer der blinden Männer zu sein, der versuchte, einen Elefanten zu beschreiben, nachdem er lediglich den Rüssel berührt hatte. Er beschrieb etwas Richtiges, aber er beschrieb nicht das Ganze.

Der Norden-Mensch ist dargestellt durch den Büffel und versinnbildlicht das 'Hergeben', das natürliche Ausgleichen der natürlichen Harmonie. Der Büffel (Wild, Antilope) war eines der für das Überleben des Menschen wichtigsten Tiere. Alles vom Büffel wurde verwendet für solche Notwendigkeiten wie Kleidung, Nahrung, Waffen usw. Der Büffel gab den Indianern alles von sich. Das Hergeben ist der wichtigste Faktor für die Harmonie der Natur zwischen dem Tier und den Pflanzen. Jedes hat eine gewisse

Funktion beim Hergeben an einen anderen Teil der Harmonie des Universums. Der Mann und die Frau sind der Teil dieser Harmonie, die das Hergeben nicht von Natur aus kennen oder seine Bedeutung wieder neu lernen müssen. Der Norden-Mensch ist weise und nimmt mit Weisheit wahr; jeder Mensch muß den Norden erleben, um sich voller und ganzheitlicher zu entwickeln und der Harmonie des Universums teilhaftig werden zu können. Wir untersuchen den Zyklus der Natur und sehen, wie die Natur ein Gleichgewicht schafft und alles wieder in den Kreislauf aufnimmt, doch wir neigen dazu, das aus der Ferne zu betrachten wie der Adler, als wären wir nicht auch Teil des Zyklus.

Der Adler ist das Symbol des Ostens. Der goldene Osten ist die Erleuchtung. Der Adler (Falke) ist fern am Himmel, aber er kann über große Entfernungen blicken. Der Adler sieht von ferne und bekommt einen Überblick über die Dinge; der Mensch des Ostens ist jedoch entrückt, entfernt und erlebt keine Nähe.

Aus dem Osten wahrzunehmen wie der Adler, ist eine distanzierte Art der Wahrnehmung. Der Mensch kann viele Tatsachen über das Leben wissen, doch wenn er sich darauf beschränkt, wird er getrennt und hoch über dem Leben bleiben und niemals wirkliche Berührung erleben.
Storms Kommentar dazu: „Berühren und fühlen heißt erleben. Viele Menschen leben ihr ganzes Leben, ohne je wirklich zu berühren oder berührt zu werden. Diese Menschen leben in einer Welt des Geistes und der Vorstellung, die sie vielleicht zur Freude, zu Tränen, Fröhlichkeit oder Sorge bewegt. Aber sie berühren niemals wirklich. Sie leben nicht und werden nicht eins mit dem Leben."

Der Osten-Mensch erfährt keine Selbst-Awareness und besitzt nicht die Weisheit das anzuwenden, was er durch sein Wissen aus der Ferne erkennt. Ohne natürliche Weisheit mag er zur Prärie hinabsteigen und sich vollstopfen, so daß er sich nicht mehr vom Boden erheben kann in seine distanzierte Sicherheit.

Unten im Gras der Prärie sitzt die Maus. Das Gras ist hoch, und die Maus ist unfähig, über das Gras hinweg die Dinge zu sehen, die jenseits sind. Die Maus ist der Mensch des Südens, der nur von den Dingen weiß, die seine Nase direkt berühren. Er versinnbildlicht Naivität, Vertrauen und Unschuld. In seiner Art der Wahrnehmung liegen Reinheit und Freude. Da der Maus (dem Hasen) andere Arten der Wahrnehmung fehlen, wird sie mit Angst und Ahnungslosigkeit durch das Leben gehen. Die Farbe des Süden-Menschen ist grün.

Der Bär ist das Symbol der Introspektion, des Blickes nach innen. Die Farbe dieses Westen-Menschen ist schwarz. Der Blick nach innen ist notwendig, um die Aktualisierung oder das Potential für die Erfüllung seines Zweckes in der Harmonie der Dinge zu erreichen. Die Lehren des Zauberrades sagen, daß der Westen-Mensch, der nur aus dieser Richtung wahrnimmt, die gleiche Information immer wieder wiederholen wird, ohne je zu einer Entscheidung zu kommen oder zu handeln. Er hat keine Position 'außen vor', sondern sagt lediglich:„Das ist, wie ich innen bin".

Keine dieser vier Arten der Wahrnehmung ist besser als eine andere. Die Lehren des Zauberrades betonen die Einzigartigkeit jeder Person ebenso wie das Gemeinsame. Es gibt Bärenmenschen, Adlermenschen, Büffelmenschen und Mäusemenschen. Ein Bärenmensch mag vom Süden mit der Erleuchtung sein oder vom Norden mit der Ahnungslosigkeit. Seine Reise durch das Zauberrad würde dann die Entwicklung der anderen Wahrnehmungsarten umfassen.

Meine Lieblingsgeschichte über eine solche Reise ist die von der springenden Maus, die in 'Seven Arrows' erzählt wird. Diese Maus überließ sich nicht ihrer Angst und ihrem Unwissen in bezug auf den Klang des Flusses (Leben), sondern nahm sich ein Herz und schaute hinein. Nach der Ermutigung durch einen Frosch (Vertrauen) sprang sie hoch und erhaschte einen Blick auf den heiligen Berg. Von diesem Augenblick an konnte die Maus die vielen Dinge des Lebens nicht länger ignorieren. Sie hatte eine Ahnung über ihr Potential. Ihr Name verwandelte sich in 'Springende Maus', weil sie ein neues Bewußtsein entwickelt hatte. Als sie mit ihren Erkundungen begann, bekam sie beträchtlichen Druck von Alte Maus (Tradition), daß sie ja nicht weitergehen, sondern die Zufriedenheit des Lebens genießen und das beängstigende Unbekannte meiden solle, da es draußen in der Prärie große Gefahren gäbe für eine trippelnde Maus. Springende Maus ging ihren Weg jedoch weiter und begegnete einem blinden Büffel, der im Sterben lag. Sie schenkte ihm eins ihrer Augen und der Büffel, der nun wieder sehen konnte, führte sie sicher durch die Prärie zum Fuß des heiligen Berges. Die Maus hatte Angst, als sie so zwischen den Hufen des großen Tieres lief, aber der Büffel versicherte, daß sie nichts zu fürchten habe, der er Teil der allumfassenden Harmonie des Universums sei. Springende Maus traf dann auf den grauen Wolf (geleitete Introspektion). Wieder gab sie ein Teil von sich, wieder ein Auge, und nun war sie blind. Sie hatte den Süden, den Norden und den Westen erlebt, aber noch nicht den Osten. Springende Maus blieb zitternd zurück, als der Wolf zu den anderen Führern zurückkehrte. Da stieß plötzlich ein Adler herab. Springende Maus schlief ein. Als sie erwachte, konnte sie sehen und die Farben waren wunderschön. Die verschwommene Form des Frosches kam näher und lehrte sie, so hoch zu springen, wie sie nur konnte („Hänge dich an den Wind und vertraue!"). Springende Maus tat das, und je höher sie kam umso klarer wurde ihre Sicht. Der Frosch rief:„Du hast einen neuen Namen: Du bist Adler!"

Die Geschichte von der springenden Maus ist die Geschichte des Wachstums. Der Maus wird klar, daß es verschiedene Arten gibt zu sein, und sie beginnt das Abenteuer des Wachstums. Sie erlebt verschiedene Wahrnehmungsmöglichkeiten durch die Erfahrung des Hergebens, durch das Mitteilen des eigenen Selbst. Als Springende Maus sich immer weiter von ihrer gewohnten Umgebung entfernt, erfährt sie beides: Furcht und Aufregung. Als sie vom Wolf verlassen wird, erlebt sie die Blockierung, die Implosion – die tote Schicht und dann endlich die Explosion zu einer Geburt von helleren, klareren Wahrnehmungen. Sie erlebt die Welt aus einer Balance des Wahrnehmens, aus dem Erleben von Nähe und dem Teilen mit anderen.

Es gibt in dieser Geschichte eine Reihe von Führern. Jeder hat eine andere Art der Wahrnehmung. Wenn sich die Maus mit einem von ihnen trifft, findet ein Hergeben statt, ein Teilen der Erfahrung. Jeder wächst durch Kontakt und Teilen mit anderen. Jeder geht dann weiter auf seinem eigenen Zauberrad.

Perls (1969) drückt dieses Wachstum mit anderen Worten aus:
„Ich tue meine Sache, und du tust deine Sache.
Ich bin nicht in der Welt, um deinen Erwartungen gerecht zu werden,
und du bist nicht in der Welt, um den meinen zu entsprechen.
Du bist du, und ich bin ich.
Und wenn wir uns zufällig treffen, ist es wunderschön.
Wenn nicht, kann man auch nichts machen."

Die Aussage von Perls stellt grundlegende Leitlinien für das seelische Wachstum dar.

Eine Gruppentherapie, zu der unter anderem auch Selbstenthüllung gehört und das Rollenspiel der eigenen Träume, ist eng mit der Gestaltphilosophie verbunden.
Genau wie die Gestaltphilosophen Parallelen zu den Lehren der Prärie-Indianer herstellen, gibt es diese Parallelen auch in einigen Tätigkeiten.
Lame Deer, ein heutiger Sioux-Medizinmann, erzählt:„...Länger als irgend jemand erinnern kann, endeten viele Zeremonien der Sioux mit einer Art

indianischer 'Gruppentherapie', wobei jeder im Kreis der Reihe nach über seine Probleme sprach und darüber, was ihm fehlte. Und ein 'Heyoka', ein Donner-Träumer und Clown, mußte seine Träume immer öffentlich ausagieren..." (1972, S.173)

Die Geschichten von der Bruderschaft des Schildes, wie sie in 'Seven Arrows' erzählt werden, mögen universelle Geschichten der Jahrhunderte sein. Da gibt es zum Beispiel auch einen Hinweis auf die zwölf Stämme der Erde. Könnten das auch die zwölf Stämme Israels sein?
Sieben war eine magische Zahl des Symbolismus und sogar der wissenschaftlichen Forschung (Miller, 1956). In den Metaphern von 'Seven Arrows' stehen sie für die vier Richtungen sowie für die Erde, das Universum und den Geist der allumfassenden Harmonie. Storms setzt die Metapher der sieben Pfeile in Beziehung zu Schneewittchen (Weisheit) und den sieben Zwergen (die sieben Pfeile). Schneewittchen ist das junge Mädchen, das den 'Weg', die 'Art' repräsentiert, während die Zwerge mit ihren weissen Haaren der Norden-Weisheit des Hergebens entsprechen. Der Spiegel spiegelt die Welt für die Alten, die sich gegen Veränderung sträuben. 'Grüne Feuer-Maus', Haupterzähler von 'SevenArrows', benutzt die Geschichte von Schneewittchen als Hinweis darauf, daß es viele moderne Geschichten gibt, die die Metapher der Heiligen Pfeile widerspiegeln.

Eine etwas zeitgemäßere Geschichte gibt auch einige Konzepte des Zauberrades wieder. Ich erlebte 'Jonathan Livingston Seagull' (Bach 197o) zunächst an der Westküste. Es war der Westen, zu dem Jonathan floh, und wo er entdeckte:„Es gibt einen gewissen Grund zu leben". („Wir können uns aus dem Unwissen erheben. Wir können uns als vortreffliche, intelligente und fähige Wesen erleben. Wir können uns frei fühlen." S.27) Jonathan erlebte die Nacht (Introspektion) und traf dann die strahlend weiße Möwe, die ihm zeigte, daß es jetzt einen anderen Weg des Erlebens gibt. Jonathan, die Möwe, die in der Nacht flog, erlebte die strahlenden Möwen und wurde zudem von ihrem Führer ermahnt, „weiter an der Liebe zu arbeiten". Jonathan merkte, daß das hieße, etwas von der Wahrheit an jemanden zu geben, der nur um eine Chance gebeten hatte, selbst die Wahrheit zu sehen — das Weg-geben.

Die Lehrer des Zauberrades sagen, daß es nur die Einsamkeit ist, die allen Menschen gleich ist, und diese Einsamkeit ist die Basis vieler Kämpfe im Leben. Viscott (1973) stieß darauf bei seiner Entwicklung als Psychotherapeut. Als er nicht mehr wußte, was er tun sollte, begann er, über die Einsamkeit des Menschen nachzudenken und hatte dabei eine wachstumfördernde Begegnung.

Ich möchte gern zwischen Einsamkeit und Alleinsein unterscheiden. Wenn ich einsam bin, habe ich 'Sehnsucht nach...'. Ich bin vom Süden, unten, unter dem Gras, verängstigt, voller Sehnsucht bei den Süden-Menschen zu bleiben. Ich höre vielleicht das Getöse des Flusses, aber ich fühle mich wohl dabei, will nicht erkunden, nicht suchen, nicht zum Meer gehen.
Wenn ich allein bin, bin ich das ganze Zauberrad. Ich kann der weiße Adler der grünen Nacht sein, die gelbe Maus, die im Licht erscheint, der Nachtbulle des südlichen Goldes. Ich bin allein und gleichzeitig Teil eines jeden.

Steve Tobin (1975) beschreibt eine ähnliche Erfahrung: „Ich bin allein im Universum... paradoxerweise habe ich ein Gefühl der Gemeinsamkeit, ein Gefühl, Teil des ganzen Universums zu sein... Ich habe nicht das Gefühl eines vom Universum getrennten 'Ich'." Steve bemerkte, daß er in diesen Zeiten kein Allein-Sein spürte. In diesen Momenten hat man das Gefühl, einfach da zu sein, als Teil dieser allumfassenden Harmonie. Wir sind uns mit einer seltenen Lebendigkeit bewußt, 'nichts Besonderes' zu sein.

Es gibt eine alte Prophezeiung der Hopi, daß der Tag kommen wird, an dem die Kinder des weißen Mannes anfangen werden, sich wie Indianer zu kleiden und lange Haare, Bärte und Kopfbänder zu tragen (Boyd, 1974, S.44). Wenn das geschieht, können nach der Prophezeiung viele Geheimnisse des Indianers dem weißen Manne enthüllt werden. Rolling Thunder (Rollender Donner) sagt dazu, daß der Indianer der Wächter der Erde sei. Ich stelle mir den traditionellen Indianer vor als Kind der Erde, das vom Süden her forscht und mit Weisheit aus der Ferne schaut. Wenn der weiße Mann mehr als ein Erdenkind wird, natürlicher — oder ausgeglichener in der Wahrnehmung und in Einklang mit einer natürlichen Harmonie — werden viele Geheimnisse der Indianer durch unsere Selbst-Awareness realisiert werden (und andere müssen erst gelehrt werden).
Die Kultur der Blumenkinder, die humanistischen Bewegungen, die durch unsere Kultur gehen, die inneren Kämpfe, die auf einer nationalen wie auf einer individuellen Ebene erlebt werden, sind der Widerschein einer Bewegung, die neue Wege der Wahrnehmung und der Entwicklung erkundet.

Die Lehren der 'Seven Arrows' können für Nationen und für Gruppen von Menschen so gut wie für Individuen angewandt werden. Die Kämpfe eines Volkes mögen die beginnenden Unruhen der 'Suche nach dem Sehen' sein.

Auf dem individuellen Niveau ist die Suche nach dem Sehen das beginnende Streben, sich selbst zu entdecken. Durch diese Suche finden wir, wie wir uns selbst wahrnehmen und entdecken unsere Beziehung zur Welt um uns. Wenn wir die vier Arten der Wahrnehmung erleben, können wir auch Entscheidungen über den Ausgleich dieser vier Wahrnehmungsmöglichkeiten treffen. Das heißt, wir übernehmen die Verantwortung für unser Leben, unser Handeln und für unsere Gefühle als ganzer Mensch. Wie so viele es tun, könnte man durchs Leben gehen – ein Leben lang – ohne je mehr zu wissen als das, was als Grundausstattung vorhanden war. Um zu wachsen, muß man die anderen Arten des Wahrnehmens erfahren durch Erkunden, Riskieren und Lauschen.

Zur traditionellen Suche nach dem Sehen gehört auch, daß man seine sozialen Stützen aufgibt und einen Platz fern von allem findet, an dem man 'drei Tage allein' verbringt. Diese Reduzierung der alltäglichen Unterstützung ist den Teilnehmern der Primärtherapie der Form nach vertraut, und sie wird auch von jenen erlebt, die zu einem Growth-Center gehen, um neue Erfahrungen zu machen. Die Suche nach dem Sehen erinnert mich an van Dusens (1975) Überlegungen zur „fruchtbaren Lehre" der Gestalttherapie. Die Suche nach dem Sehen, der Anfang des Wachstums, der Anfang der Selbständigkeit, kann wohl abhängig sein vom einfach Dasein mit dem eigenen Selbst, ohne die gewohnheitsmäßigen Vermeidungen durch Handlungen, Spiele, Zeitvertreib und andere soziale Aktionen, die stimulierend und notwendig sind, Spaß machen, aber oft so viel von der Lebenszeit ausfüllen, daß keine Zeit für das Selbst bleibt. Das Bewußtseinskontinuum, die geleitete Phantasie, die Traumarbeit der Gestalttherapie sind ein Ausdruck der Suche des modernen Menschen nach dem Sehen. Durch diese Suche nach dem Sehen wird man gewahr, wie man lebt, Die fruchtbare Leere – die Suche nach dem Sehen – ist der Anfang der Reise, und der Weg zur Erleuchtung führt durch die Introspektion oder, wie van Dusen sagt: „Der Weg zum Tag führt durch die Nacht".

Das Zauberrad ist ein Spiegel, den wir hochhalten, um uns zu sehen. Jeder Aspekt der Natur oder unserer Welt, den wir wahrnehmen und auf den wir reagieren, ist ein Spiegel von uns selbst. In jedem von uns ist die Spiegelung des Gegenteils. Wenn wir ein Mann sind, sind wir die Spiegelung einer Frau. Wenn wir ein alter Mensch sind, sind wir die Spiegelung eines kleinen Jungen oder eines kleines Mädchens. Um unseren ganzen Kreis auszuführen, müssen wir mit allen unseren Bildern und Spiegelungen in Kontakt kommen.
Die Lehren des Zauberrades werden weitergegeben, um uns zu leiten, wenn wir in den Spiegel schauen. Viele Aussagen ähneln denen, die Perls gemacht hat, als er versuchte, die Philosophie der Gestalttherapie zu erklären. Viele Aussagen entsprechen auch der orientalischen Philosophie.

Das Zauberrad von 'Seven Arrows' ist auch das orientalische Ying-Yang-Symbol. Der Kreis stellt das Ganze dar, das aus den Gegensätzen gemacht ist. In jedem Teil des Unviersums ist der Kern für sein Gegenteil. Uns bewußt zu sein über unsere Gegensätze und über unser Widerspiegeln, ist ein wichtiger Teil unserer Reise durch unser Zauberrad.

Joselyn (1975) sagt dazu, daß eine Zen-Metapher eine Art von Aufmerksamkeit ist, d.h. der Spiegel, der alles widerspiegelt, und in allem, was er widerspiegelt, vorhanden und doch frei ist von allem, was er widerspiegelt. Der leere Stuhl, das Kunstwerk, der Traum, die Phantasie und der Körper sind das Zauberrad, der Reflektor, das Universum, welche den Anreiz liefern für unsere Projektionen und Attributionen. Jeder Aspekt unseres Universums zieht unsere Aufmerksamkeit an und spiegelt:„Hier ist eine Aussage über dich".

In allen Lehren von 'Seven Arrows' und von Perls und einigen orientalischen Philosophen gibt es keine Bewertung. Es gibt keinen 'guten' oder 'schlechten' Weg. Werte sind von jedem von uns in die Wahrnehmungsarten gelegt und oft zur Vermeidung des Lebensflusses benutzt. Da gibt es ein unterschwelliges Selbstkonzept, das überzeugend und stark ist, daß ich nämlich, wenn ich aufhöre, mich mit vorgestellten Katastrophenerwartungen zu plagen und einfach ich selbst bin, irgendeine erschreckende, gräßliche Kreatur sein werde.
Die Wahrnehmungen des Südens werden oft nicht mit der Weisheit des Nordens überprüft und auch nicht mit der Erleuchtung des Ostens, sondern bleiben Wahrnehmungen des Südens – die 'irrationalen Sätze' von Albert Ellis. Die Beurteilungen wie 'richtig' und 'falsch' können auch als Rechtfertigungen dafür benutzt werden, daß wir nicht auf eigenen Füssen stehen. Und oft sind sie eine Möglichkeit, die Verantwortung für unser Verhalten und unsere Entscheidungen zu vermeiden.

Gelbes Hemd (Storms, 1972, S.125 f.) diskutiert die gegabelten Pole des Großen Wigwam, wie wir die Topdog-Underdog-Polarität des Ying-Yang-Gleichgewichts diskutieren könnten. Die gegabelten Pole repräsentieren den gegabelten Baum des Lebens, der immer weiter wächst und Zweige bildet. Der Baum ist gegabelt, aber beide Enden bilden das Ganze. Das Universum des Verhaltens in Gut und Böse zu unterteilen, ist wie das Spalten des Baumes. Wenn die eine Hälfte von der anderen Hälfte des Baumes gespalten ist, wird der Baum verkrüppeln und sterben.
Pierrakos (1974), der von einer anderen Perspektive ausgeht, schreibt, daß das Böse gegen das Leben ist und daß es kein Böse gibt, es sei denn, daß Widerstand gegen das Leben besteht. Er sagt:„Böse ist also eine Verzer-

rung der Tatsachen, die an sich natürlich sind.“ Der Mensch ist gespalten, der Geist vom Körper und der Körper/Geist von den Gefühlen.

Gelbes Hemd sagt: „Besser als diesen unfruchtbaren Weg zu nehmen (den Baum mit einem Gesetz zu spalten) ist es, die Paradoxe unserer Zwillingsnatur mit den Dingen des Universums zusammenzufügen.“ Der gespaltene Baum kann ein Bild sein für die Gefahr, daß wir jegliche Dimension dichotomisieren und kann selbst der Beginn einer selbstzerstörerischen Wut des Menschen sein. Dieses Spalten ist die Grundlage dessen, was George Bach als ‘Verdinglichen’ bezeichnet und was er in Verbindung mit destruktiver Aggression bringt.

Gelbes Hemd sagt weiter: „Nein, mein Sohn, so etwas wie gut und böse gibt es nicht. Es gibt nur ein Werkzeug, das der weiße Mann benutzt, um Angst voreinander zu erzeugen. Nur der Mensch, der nach dem Guten sucht, wird das Schlechte wahrnehmen. Wenn dieser Mensch versucht, seine eigenen Wahrnehmungen über das, was gut ist, anderen zu verschreiben, wird er letztlich selbst ein schlechter Mensch werden.“
Und Gelbes Hemd fährt fort: „Der Mensch, der seine eigene Wahrnehmung dessen, was schlecht ist, anderen auferlegt, ist auch schlecht. Der eine spiegelt sich im anderen. Weil sie im Grunde von demselben gegabelten Pol sind und weil sie immer das gespiegelte Bild ihrer selbst wahrnehmen.“ (S.126)

Die obigen Kommentare spiegeln die Konzepte der Projektion, das Wieder-Aneignen und der Vermeidung der Urteile über ‘gut’ und ‘böse’, die Perls in seiner Formulierung der Gestalttherapie hervorhob. Die Kommentare deuten auch Dinge an auf einem allgemeinen Niveau.

Während ich diesen Artikel schrieb, bemerkte ich, daß ich angefangen hatte, die vier Arten des Wahrnehmens zu benutzen, um manche meiner persönlichen Erfahrungen in Begriffe zu fassen und um auch einige Ereignisse in der Geschichte der Psychologie zu verstehen. Mir wurde auch klar, daß es viele ‘weiße Indianer’ gibt und daß mehr Leute weiße Indianer werden und daß dieser Prozeß sowohl negative als auch positive Implikationen hat. Die positiven Implikationen werden von der Aufregung kommen, die man erfährt, wenn man an mehr und ungewohntes Potential rührt. Die negativen Implikationen werden etwa bei jenen Dingen auftreten, die mit der Kultur der Indianer und der Blumenkinder passierten.

Wenn man über das Leben der Indianer liest, kann man nicht umhin, die Zerstörung zu realisieren, die ihnen zugefügt worden ist. Und man kann

auch nicht umhin, in der neueren Geschichte eine Parallele zu dieser Zerstörung einer fremden Kultur zu sehen. Mir wurde besonders ungemütlich, als ich das Buch 'Bury My Heart at Wounded Knee' las und zur gleichen Zeit Filme über Vietnam sah, während mir die gegenwärtigen Schwierigkeiten und Kämpfe des modern-traditionellen Indianers bewußt waren. Ich mag unsere Identifikation mit der Zerstörungsgewalt nicht, und doch habe ich das Gefühl daran teilzunehmen und selbst fortzufahren mit einer solchen Zerstörung. Zugleich bin ich gern ich und habe noch niemanden gefunden, mit dessen Situation ich tauschen möchte. Ich habe die vielen Bequemlichkeiten, technischen Produkte und materiellen Güter unserer Gesellschaft gern. Ich spielte mit dem Gedanken einer Rekonstruktion meiner geneologischen Geschichte, um zu sehen, ob da ein anderer Weg sein könnte, auf dem ich zu dem Punkt kommen könnte, an dem ich jetzt bin. Es gibt keine andere Geschichte, die ich haben könnte außer meiner eigenen. Ich könnte mich in ein gewisses selbstaufopferndes Verhalten stürzen, um einem vagen Schuldgefühl zu begegnen, aber ich erfreue mich meiner Bequemlichkeiten und meiner Selbstsucht – also werde ich das nicht tun. In dem, was ich die negativen Aspekte unserer Kultur nenne, zu wohnen und sich zu verlieren, ist ein Spalten des gegabelten Baumes. Wenn ich meine negativen Aspekte verleugne oder ablehne, ob sie nun ganz persönliche oder kulturelle Merkmale sind, spalte ich meinen eigenen Baum und verliere mich in meinem eigenen Sumpf introspektiver, nirgendwohin führender Schuld.
Die Lehre der zwei Gabeln oder der Zweiheit ist eine große Lehre der Bruderschaft des Schildes (Storms, S.124). Gelbes Hemd sagt, daß der zweigeteilte Zauberpol des Menschen dort wirksam wird, wenn zum Beispiel die eine Hälfte von dir liebt und die andere haßt. Wenn das geschieht, muß man die 'andere' Hälfte verstehen, um sich nicht selbst zu zerreißen. Gelbes Hemd sagt dazu: „Es ist das gleiche mit der anderen Hälfte von Leuten, die zusammen leben. Einer muß den anderen verstehen oder sie werden einander zerstören. Aber: Beide Hälften müssen versuchen zu verstehen. Die meisten von uns würden sich nicht ihrer Fehler wegen töten, doch gibt es einige, die das getan haben, die sich selbst oder andere getötet haben. Das sind Menschen, die nichts gelernt haben. Ein ganzes Volk kann so sein. Diese Völker und Menschen sind nicht rund, sie sind nicht ganz."

Die Lehren der traditionellen Indianer, einige der östlichen Philosophien, das Neue und das Alte Testament sprechen von der destruktiven Kraft als von einer Kraft, die sich gegen den Sender richten wird. Zunächst sieht das aus wie Moral: Das Böse wird bestraft und das Gute wird triumphieren. Vielleicht ist es jedoch einfach ein Grundgesetz der menschlichen Energie, das wir nicht quantifizieren oder erforschen konnten. Das „letztlich erste"

Konzept von T'ai Chi Chuan fußt auf der Prämisse der Rückführung der Energie in den Kreislauf, wie es das Konzept der Machtpolitik des passiven Widerstands ist. Vielleicht war die Religion des weißen Mannes destruktiv, weil Paulus ein Zenturio war und nie ein Gleichgewicht der Polaritäten erreicht hatte. Die Aufmerksamkeit nur auf diese Zerstörungssucht zu richten, spaltet den Baum und kann andere Faktoren, die auch einwirken, überschatten.
In unserer heutigen Zeit müssen wir uns jedoch bewußt sein, daß die destruktive Kraft unserer Nation sich jetzt verwandeln kann in inneren Streß, Unruhe und Konflikt in der gleichen Weise, wie ein Individuum ein Ungleichgewicht der Energie erlebt. Unsere Macht und unsere technologische Entwicklung werden in dem Maße unausgeglichen sein, in dem das Stauen unserer Flüsse und das Nutzbarmachen der Energie sich im Kreislauf wiederfindet als ökologische Krisen und Umweltkrisen. Sich einseitig auf Geld und Macht zu konzentrieren, geht als Geldkrisen aus dem Kreislauf hervor, als Tumulte in den Städten, als Magengeschwüre, Herz- und Lungenleiden.

Der Teil unserer Kultur und unserer selbst, der so destruktiv ist, ist auch konstruktiv. In den frühen Tagen unseres Landes wurde diese besondere Sache als „offenkundige Bestimmung" erwähnt. Dieser Ausdruck war ein aufmunternder Ruf nach der Einheit der Zwecke und dem Sammeln der Energie. Unglücklicherweise sind unter dem Vorwand der offenkundigen Bestimmung viele geizig und destruktiv geworden, während andere die Augen und Ohren schlossen. Und doch ist es die Einheit der Zwecke und das Sammeln der Energie, welche für das konstruktive Wachstum benutzt werden können und zur Weiterentwicklung der latenten Kraft, sei es nun auf nationaler oder auf individueller Ebene. Die Energie für das Wachstum kommt aus dem Gleichgewicht der Wahrnehmung, und unsere Lektionen könnten von den Ureinwohnern Amerikas stammen.

Ich habe mich oft gefragt, was geschehen wäre, wenn sich die früheren eingeborenen Amerikaner gefragt hätten, wie der 'Große Weiße Vater' zum großen weißen Vater geworden ist. Zu jener Zeit hatten sie ihre Art wahrzunehmen, wie man ein großer Führer des Volkes wird, und sie waren sich der politischen Prozesse, die dabei eine Rolle spielen, ein großer weißer Vater zu werden, nicht bewußt. So nahmen sie vom Süden her wahr und wurden dauernd getäuscht und praktisch vernichtet. Durch die dauernde Täuschung verlor der Indianer seine Macht, sein Land, seine Freiheit und vieles von seiner Kultur. Ist das sehr anders als das, was in unseren modernen Zeiten vielen modernen Menschen geschieht? Wir sind durch eine Zeit der politischen Täuschung gegangen, die das Leben Hunderter und Tausender gekostet hat. Wir müssen kämpfen, um unsere eigenen Rechte und Freiheiten zu bewahren. Neulich wies eine Fernsehsendung, die 'Landnutzung' heißt, auf eine Vielzahl von Möglichkeiten hin, wie Leute ihr Land und ihr Eigentum im Namen des Fortschritts an die Regierung verlieren. Wenn wir weiße Indianer werden wollen, werden wir das durch Awareness und durch das Gleichgewicht des Wahrnehmens. Indem wir ein Gleichgewicht unserer vielen Arten der Wahrnehmung aus unserer Vielfalt der Kulturen bewahren, können wir eine unerschöpfliche Quelle menschlicher Energie und menschlichen Potentials anzapfen.

Irgendwo in meiner eigenen kulturellen Geschichte wußte mein Ur-ur-ur-ur-etc.-Großvater, daß es wichtig war, 'stark' zu sein. Zu jener Zeit waren Stärke, zu der auch Kraft und Ausdauer gehörten, für das Überleben wichtig. Als die Bedeutung der Stärke im Laufe der Jahrhunderte wegsickerte, wurde 'stark sein' ein Gesetz, die Gabelung des Baumes bestand aus 'stark' und 'schwach', und die Krankheit der Zerstörungswut wurde ausgebrütet. Stärke als ein Teil des Selbstbildes wurde zur Vermeidung all dessen, was mit Schwäche bezeichnet wird und bald zu einem psychologischen Anhängsel, das zumindest zur Selbstverleugnung führte, wenn nicht gar zur Selbstzerstörung. In diesem traditionellen Sinne beinhaltet Stärke die Anwesenheit ihres Spiegelbildes, der Schwäche. „Sei stark" wird oft verstanden als:„Zeige deine Gefühle nicht", „Beherrsche dich", „Sei nicht offen". Wenn man diesen Anweisungen folgt, verleugnet man einen Teil seiner selbst und spaltet so den gegabelten Baum der Ganzheit. Arbeitet man mit dieser Art der „Sei stark"—Philosophie, reduziert man die eigene Kraft oder Energie. Und wenn wir unsere Kraft reduzieren, reduzieren wir unser Potential und bleiben in unserem Zauberrad stecken.

In der Gestaltarbeit benutzen wir oft den Ausdruck 'Kraft'. Wenn uns bewußt wird, daß wir uns darüber Sorgen machen, was andere über uns denken, wenn wir ängstlich und scheu werden über mögliche Konsequenzen, anstatt selbstsicher zu sein, wenn wir den 'Sollen' und 'Sollten' fraglos folgen und uns in der Sprache der nicht verantworteten 'Müssen' und 'Brauchen' darstellen, geben wir unsere Kraft fort. Zur Kraft gehört auch eine natürliche persönliche Stärke durch Verantwortlichkeit und Awareness. Je mehr jemand sich seiner eigenen 'Ich-Jetzt' und 'Hier-Was-Wie' bewußt ist, desto mehr wird er sich auch seiner eigenen Kraft bewußt sein.

Die Kraft ist ein Vorhanden-Sein — ein Sein. Unsere Kraft ist nicht vorhanden im Gewesen-Sein, noch erfahren wir unsere Kraft durch unsere Phantasie oder unsere Erwartungen des 'Sein-Werden'. Die Kraft oder das Vorhandensein ist nicht in der Ursache der Kraft, sondern in den Ergebnissen – im gegenwärtigen Sein der Menschlichkeit. Das Was („ich erlebe") und das Wie („ich erlebe mich") sind Möglichkeiten, Awareness auf die gegenwärtige Kraft zu richten. Durch die Konzentration der Awareness kann man die Risse in der Gestalt bemerken – das geteilte Selbst und die deshalb geteilte Kraft oder Energie. Durch die Annahme des Ich-Jetzt kann man die geteilten Teile wiedervereinen oder integrieren und seine ganze Kraft erleben.

Manche haben diese Kraft erlebt, wenn sie eine Gestalt geschlossen haben und ins Zentrum gelangt sind durch Gestalttherapie oder durch einen anderen Ich-Jetzt-Prozeß. Manche haben diese Kraft erlebt als das Chi des T'ai Chi Chuan, das Ki von Aikido, durch Karate oder einfach als Energie im Erleben des Energiestroms.

Einerlei, ob unsere Erfahrung nun die einer phänomenologischen oder einer physikalischen Energiekraft ist, wir haben nur einen Schimmer unseres menschlichen Grundpotentials. Unser wahres Potential kann umso mehr verwirklicht werden, als wir uns unserer allumfassenden Harmonie bewußt werden durch unsere Reise durch das Zauberrad. Meine Gedanken über unser Potential sind noch auf der Stufe des Glaubens und beruhen noch nicht auf streng kontrollierter Forschung, obwohl wir den Entwicklungsverfahren für die Untersuchung solcher Phänomene näher kommen. Ich merke, daß viele meiner Kollegen Schwierigkeiten haben, die Diskussionen über menschliche Energie oder menschliches Potential zu verstehen, zu begreifen, ihnen zuzuhören, und ich habe oft die Ablehnung solcher Gesprächsthemen erlebt. Deshalb möchte ich dich, falls du erstaunt, ablehnend oder geängstigt bist bei dieser Diskussion, bekanntmachen mit einer Art des Wahrnehmens, die dem Süden-Menschen entspricht und eine wichtige Art des Seins in der Gestalterfahrung ist.
Wir fordern oft dazu auf, daß du für einen Moment wie ein Schwamm wirst, einfach Information aufnimmst, die zu einer späteren Zeit verdaut oder zurückgewiesen werden kann. Du kannst dann die Information oder die Konzepte aus jeder der Richtungen des Zauberrades überprüfen.

Ein Aspekt unseres menschlichen Potentials kann in Phänomenen im Zusammenhang mit indianischen Medizinmännern gesehen werden. Als Ergebnis davon, daß ich von unserem Potential als menschliche Wesen gesprochen habe, haben einige meiner Freunde ihre Seinserfahrungen mit einem indianischen Medizinmann geteilt, mit Rollender Donner. Ihre Berichte gingen meistens um 'schwere' Dinge, die um sie herum geschahen. Trotz meiner freudigen Erregung über unsere Kraft und unser Potential als menschliche Wesen wurde ein wenig Skepsis sichtbar, deshalb gab mir einer meiner Freunde das Buch 'Rolling Thunder' (Rollender Donner) von Doug Boyd (1974). Boyd hat beobachtet, wie Rollender Donner bei der Nenninger Foundation vor einer Gruppe von Ärzten, Psychologen und anderen Interessenten ein 'Healing' demonstrierte. Als Ergebnis dieser ersten Erfahrung beschloß Boyd, Rollender Donner zu beobachten und zu studieren, und er beschrieb dann seine frühen Erfahrungen in dem erwähnten Buch. Rollender Donner nahm dann an etlichen Diskussionen und Konferenzen teil und bietet einen natürlichen Ausgleich zu der hochtechnisierten Heilkunst der modernen Medizin.

Mein Interesse wurde geweckt durch die Kraft von Rollender Donner in Beziehung zu Naturphänomenen und durch sein menschliches Potential. Wir haben hier einen Menschen, der offenbar eine Beziehung hat zu dem nicht-zufälligen Einschlag des Blitzes, von dem behauptet wird, daß er die Bewegung des Tornados verursacht; ein Mensch, der weiß, wo ein bestimmtes Heilkraut zu finden ist; ein Mensch, der eine Frau lehren konnte, Bienen zum Wegfliegen zu veranlassen, während sie die benötigten Kräuter sammelte. Aus dem Zusammenhang gerissen, wirken diese Taten übernatürlich und mystisch. Im Zusammenhang gesehen mit der Vielfalt von Heilern und spirituellen Lehrern aus aller Welt, werden solche Taten Phänomene mit einiger Glaubwürdigkeit. Für jene, die erlebt haben, daß sie aus dem Zentrum heraus leben, werden solche Phänomene ein Teil ihres Potentials.

Seit ich etwas offener bin für solche Vorstellungen, haben mir manche Freunde einige besondere eigene Erfahrungen erzählt. Ich war beeindruckt von dem Gedanken, daß Rollender Donner mit Schlangen und Bienen reden konnte; und ich entdeckte, daß ich einen Freund habe, der gleichfalls mit Klapperschlangen reden konnte. Das war nicht einfach ein Sprechen bei der Schlange, sondern ein richtiges Ansprechen mit dem Erfolg, daß sich die Klapperschlange niederlegte und aufhörte zu klappern, während seine Freunde vorbeigingen. (Vielleicht hat Daniel Boone einen Bären niedergelächelt.)
Ich fand einen anderen Freund, der mit Spinnen sprach, und einen dritten, der bereitwillig davon erzählte, wie eine Geisterstimme zu jemandem sprach. Keinen dieser Freunde würde ich für verrückt, seltsam oder wirr halten. Sie sind dennoch anders als der durchschnittliche Bürger, sie führen ein lässigeres, am inneren Wachstum orientiertes Leben und sind offen und nicht-bewertend in bezug auf viele ungewöhnliche Lebenserfahrungen.

Ein anderer Lebensstil muß nicht notwendig sein, um etwas von diesem Potential zu erleben. Ich habe von Personen gehört, die an kommerziellen

'Mindtrainings' teilgenommen haben. In manchen dieser Programme kommt man in Kontakt mit 'Leitern' oder 'Beratern', die den Leuten helfen, Probleme zu lösen oder die ihnen Botschaften übermitteln, die manchmal mit zukünftigen Ereignissen in Beziehung stehen. Diese Ereignisse sind keine umwerfenden rationalen oder weltweiten Vorkommnisse, sondern einfach alltägliche Ereignisse. Vielleicht sind die modernen Führer der spirituellen Kurse Fingerzeige der Geist-Stimmen der früheren Eingeborenen Amerikas und vielleicht spiegeln diese beiden Konzepte unser eigenes Potential und unsere inneren Ressourcen.

Ich weiß nicht viel über die Gesetze und Prinzipien der physikalischen Energie, und ich bin von daher unfähig, Parallelen zu ziehen oder Folgerungen für die menschliche Energie zu schließen. Ich kenne meine eigenen Erfahrungen, und ich traue dem Urteil und dem Bewußtsein vieler meiner Freunde und Bekannten, die mir ihre eigenen Erfahrungen erzählten. Ich stelle mir vor, daß diese Variablen, die ich beschreibe, in naher Zukunft demonstriert oder gemessen werden. Ich stelle mir vor, daß die 'Kraft', über die ich spreche, die Kontrolle oder die Einwirkung auf die Energiegeschichten ist, die den menschlichen Körper umgeben. Dieses Energiefeld ist von Individuen beobachtet und beschrieben worden, die die Aura sehen, und sie sind von einer Vielzahl von Individuen erlebt und gefühlt worden. Das Interesse der Psychotherapeuten an diesem Phänomen ist nicht neu, aber die frühen Pioniere wie Theodor Reich waren ihrer Zeit zu weit voraus. Die Beschreibungen des menschlichen Energiefeldes wie die von Pierrakos (1975b) faszinieren und fesseln mich, und gleichzeitig kann ich nur auf die Beschreibungen vertrauen, da ich nicht die Fähigkeit entwikkelt habe, die Phänomene selbst zu beobachten.
Während ich diesen Artikel schreibe, macht mir mein Freund Larry ein Geschenk:'Elektrophotographie' von Earle Lane 1975 herausgegeben. In diesem Buch sind 56 Farb-Kirlian-Photographien, eine Technik, mit der Energiefelder um lebende Organismen photographiert werden können. In dem Buch gibt es auch einige Photos von menschlichen Energiefeldern unter unterschiedlichen Bedingungen.
Gut, jetzt habe ich etwas gesehen, das mit Energiefeldern zu tun hat.

Ich habe auch das Buch von George Leonard 'The Ultimate Athlete' gelesen, während ich an diesem Artikel arbeitete, und ich denke, es war genau der richtige Augenblick es zu lesen. Leonard beschreibt eine Übung zur Nutzung des Energiestrahls, er beschreibt einiges aus der orientalischen Philosophie im Zusammenhang mit Aikido und spricht über die allumfassende Harmonie aus einer anderen Sichtweise bezüglich Wachstum und Entwicklung. Er beschreibt die Erfahrungen von Athleten, die über ihre durchschnittliche Verhaltensleistung hinausgehen und auf einem transpersonalen Niveau funktionieren. Diese Beschreibungen könnten auch für die Erfahrungen von Sitzender Bulle oder Wildes Pferd vor der Schlacht gewesen sein.

Brown (197o, S.276) schreibt: „Wildes Pferd hatte gewußt, daß die Welt, in der die Menschen leben, nur ein Schatten der wirklichen Welt ist. Um in die wirkliche Welt zu kommen, mußte er träumen, und wenn er in der wirklichen Welt war, schien alles zu schweben und zu tanzen."
Rostalli, ein begnadeter Jongleur (Leonard, S.41) sagte über seinen Weltrekord im Jonglieren, daß er eher das Gefühl habe zu träumen als zu arbeiten.
Von Bill Emmerton, einem außergewöhnlichen Langstreckenläufer, wird zitiert: „Ich hatte dieses leichte Gefühl. Es war, als ginge ich durch den Raum und träte auf Wolken", und er beschreibt weiter, wie er das Gefühl hatte, von einem Geist geführt zu werden. Leonards Beschreibungen von Lindberg und von den Läufern Bannister und Spino klingen ähnlich, ebenso die Erfahrungen, die Smith (1975) berichtete, als er neue Ebenen in seiner eigenen Darstellung erlebte.

Die präkognitiven Erfahrungen, die von Leonard beschrieben werden, sind den Berichten von Leuten, die übersinnliche Wahrnehmung trainieren, nicht unähnlich. Dasselbe gilt von Biofeedback-Versuchspersonen, die auf der Theta-Ebene arbeiten und von Teilnehmern mit Gestalt-Awareness-Erfahrungen und den Berichten über präkognitive Erfahrungen der Ureinwohner Amerikas, wie die Vision von Sitzender Bulle von den Soldaten, die von ihren Pferden taumeln (Brown, 197o).

Leonard meint, daß eine Bereitschaft, Schmerzen zu ertragen und ein Hang zur Selbstverleugnung zum Teil die Requisiten für solche Erfahrungen sind. Zusätzlich nimmt er an, daß eine Bereitschaft zum Tode wohl ein notwendiger Bestandteil sein muß, diese überdurchschnittlichen Zustände zu erreichen. Eine bestimmte Art von Konzentration und die Präsenz im Jetzt werden sowohl von Leonard als auch von Smith als Faktoren genannt, die charakteristisch sind für die transzendenten Zustände.
Bereitschaft, Schmerzen zu ertragen und ein Hang zur Selbstverleugnung — das klingt nach puritanischen Versatzstücken, und ich stelle mir vor, daß viele Personen transzendente Phänomene erlebt haben, ohne einem Topdog-Programm des physischen Schmerzes oder der Selbstverleugnung zu folgen. Wir haben die Fähigkeit zu leiden und uns auf kognitiven oder emotionalen Ebenen zu verleugnen. Die Bereitschaft, den Tod zu riskieren oder zu erleiden, muß nicht unbedingt ein körperliches Risiko sein, es

kann auch der existentielle Tod sein, von dem Perls häufig spricht.
Die Lehren des Zauberrades und manche Lehren von Fritz Perls bieten Einsichten an, wie wir durchschnittlichen Menschen anfangen können, mehr von unserem Potential aufzuspüren, und wie wir unsere Durchschnittsleistungen oder unsere alltägliche Existenz überschreiten können. ‚Seven Arrows' und die Gestalttherapie betonen beide die Ganzheit des Seins. Ganz und gar im jetzigen Moment zu leben, öffnet uns für eine vorhandene Energie-Kraft. Ganz in der Gegenwart zu sein, umfaßt die ganze Person, ihre Gedanken, Gefühle und Handlungen.

Die Konzentration ist offensichtlich eine Awareness genau-jetzt-im-Augenblick, die mehr ist als die Introspektion des Ostens. Zu ihr gehört ein Beachten des Ich von allen Punkten des Zauberrades aus. Das Beachten ist nicht das Befolgen eines Topdog-Befehls mit nachfolgender Selbstkasteiung und ein sich-selbst-Auslachen wegen eines Versagens, es ist nur einfach das Bemerken des Ich-Jetzt. Das einfache Bemerken, diese Kenntnisnahme, ist eine Awareness vom Ich als nichts Besonderes, und nicht die Beschäftigung mit dem sich selbstaufbauschenden Ich.

SPIELE DES IMPROVISATIONSTHEATERS UND GESTALTTHERAPIE

Naomi Pollack

(Für Corey Fisher, die mich zum ersten Mal in das Improvisationstheater einführte und später in die Gestalttherapie, und die mir sehr dabei half, meine Ideen und Erfahrungen für dieses Papier zu ordnen.)

Ich bin davon überzeugt, daß Gestalttherapie und Improvisationstheater Früchte desselben Baumes sind und im gleichen philosophischen System wurzeln. Sie sind beide Reaktionen auf dieselben entmenschlichenden Einengungen und ermöglichen beide die gleichen befreienden Erfahrungen.

Ich arbeitete fünf Jahre lang als Leiterin und Schauspielerin im Improvisationstheater. Übungen und Lernstrukturen, sogenannte Theaterspiele, sind das Handwerkszeug für die Vorbereitung. Manche wurden mir beigebracht, manche habe ich erfunden. In diesem Artikel will ich zeigen, wie und warum diese Spiele in der Gestalttherapie angewandt werden können.

Während ich 'The Committee Workshop' und später 'The Synergy Trust' leitete, machte ich auch Workshops für die Öffentlichkeit. Viele dieser Teilnehmer hatten gar nicht den Wunsch, Darsteller zu sein. Sie nahmen an diesen Workshops teil, weil das, was sie hier erlebten, von ihnen als befreiend erlebt wurde. Das trifft doppelt zu für diejenigen von uns, die berufsmäßig arbeiteten oder spielten. Durch die Spiele fanden wir Eingang in einen neuen Seins-Zustand. Weshalb das so ist, habe ich damals noch nicht richtig verstanden. Wenn ich es verstanden hätte, hätte ich erklären können, daß wir die Grundlektionen lernten für die Möglichkeiten des Tuns und Wirkens, und daß diese Lektionen oft leicht in unser Leben außerhalb des Theaters übertragen werden konnten. So oft hörte ich uns und die, die zu den offenen Workshops kamen, fragen: „Warum kann ich mich nicht häufiger so fühlen? Warum ist das Leben nicht so wie das hier?"

Als ich 1971 am Cowchansee die erste Gestalterfahrung machte, war ich überwältigt, wieviele Theaterelemente hier Anwendung fanden: Das Reden über Lampenfieber, die Gruppe als Publikum, das Ausagieren der Persönlichkeitsteile und Traumelemente und der Begriff der Übertreibung. Von meiner Theaterausbildung waren mir auch die Aufmerksamkeit für Körperempfindungen und die Erfahrung von Kontraktion und Expansion vertraut. Ich war überrascht, wie mich das Bewußt-Seins—Kontinuum an eine Übung erinnerte, die wir machten: Aussprechen der normalerweise ungesagten Wahrnehmungen, die jeder improvierten Szene zugrundeliegen. Wir entwickelten Szenen, die nicht davon ausgingen, was wir uns vorstellten oder erfanden, sondern davon, was wir erlebten und beobachteten. Die Sprache war dieselbe: „Ich sehe, ich fühle, ich möchte".

Obwohl die Ähnlichkeiten zwischen meiner zurückliegenden Erfahrung und der momentanen Faszination ganz offensichtlich waren, war es nicht mein Ziel, als ich meine Gestaltausbildung begann, die beiden zu verbinden. Als ich anbot, einige Spiele im Rahmen der Therapiesituation vorzustellen, war ich mehr in der Laune: „Laßt uns ein bißchen Spaß machen" und war deshalb äußerst überrascht über die mächtige Wirkung auf die Gruppe, mit der ich sie probierte. Da schien durch das Spiel etwas verfügbar und erreichbar geworden zu sein, was die Leute bei dem üblichen Gestaltverfahren vermißten. War es der Wechsel des Tempos? Hätte alles Neue und Andersartige die gleiche Wirkung? War es, weil mehr Leute der Gruppe teilnehmen konnten? Oder spielten sie, weil sie vom gleichen Wesen herkamen und nach dem gleichen Wesen verlangten? Mir ist klargeworden, daß Theaterspiele in der Gestaltsituation gut und stark sind, weil sie vertiefte und konzentrierte Formen sind, die das Wesen der Gestaltphilosophie einfangen. Sie fordern das ganze Selbst — Kopf, Körper und den Geist — und lassen auf die vorhersagbare, eingeübte und vorbereitete Reaktion verzichten. Um sie zu spielen, muß man immer wieder zum Nullpunkt der schöpferischen Indifferenz zurückkehren, zur fruchtbaren Leere des Nicht-Verstand—Seins.

Theaterspiele passen hier nicht nur zufällig. Es gibt zahllose Techniken — das ganze Material dieses Buches —, die die Gestalttherapie erweitern und bereichern. Was bei den Spielen anders ist, ist, daß sie nicht aus fremden Systemen eingeführt sind. Sie sind organische Manifestationen, konkretisierter Ausdruck der Gestaltphilosophie. Leute, die diese Spiele kennenlernen, erleben mit ganzem Herzen ein solches Absorbiertsein und eine Erregung, wie es sonst in unserem Leben meistens fehlt. Sie engagieren sich vollkommen, weil alle ihre Sinne aufgerufen sind. Sie werden zu dem unvertrauten und kostbaren Geschmack der Spontaneität geführt. Sie fangen an, das Vergnügen zu schätzen, 'außer Kontrolle' zu sein.

Ich habe diesen Artikel in zwei Abschnitte unterteilt. Der eine unterstützt meine Prämisse, daß improvisiertes Theater und Gestalttherapie Schuppen des gleichen Fisches sind, Spiegelbilder voneinander. Der zweite Teil ist mehr ein Rezeptbuch: Er enthält ziemlich detailliert einige Spiele – wie man sie macht, wann man sie anwendet, und was man davon hat.

Teil 1
Zwei übereinstimmende Philosophien

Als Fritz Perls seinen Therapieansatz als Reaktion auf Freud entwickelte, entwickelten auch die Gruppen von Chicago (Viola Spolin, Paul Stills, Elaine May, Mike Nichols, Del Close u.a.) ihren Improvisationsansatz für das Spielen und das Theater als Reaktion auf das Theater von Stanislovsky und Strasberg, deren Konzepte und Methoden freudianisch waren. Es ist hier nicht meine Absicht, in der Geschichte des Theaters zu graben. Was ich sagen möchte, ist, daß jede Bewegung des Theaters ihre Wurzeln im philosophischen oder psychologischen System hat, daß jede Bewegung eine besondere Ausbildungsart für ihre Schauspieler entwickelt, die von den Konzepten des Systems, in dem sie verwurzelt ist, ausgeht.

Die Spiele, mit denen wir alle aufgewachsen sind: Strindberg, Ibsen, Tschechow, O'Neill, Arthur Miller – Spiele vom Ende des 19. bis zur Mitte des 2o.Jahrhunderts, sind zeitlich parallel mit Freuds Anfängen und seinem wachsenden Einfluß auf die westliche Welt. Diese Periode der Theaterliteratur hat als Hauptthema die individuelle Pathologie des einzigartigen Charakters. Die Autoren dieser Spiele beschäftigen sich vor allem mit der inneren Psychologie des Menschen, mit seinen verborgenen Motiven, Absichten, Zwängen und Einflüssen. Obwohl die Handlung und der Charakter vor dem Hintergrund von sozialen Themen dargestellt werden, wie in Ibsens 'Ein Puppenhaus', liegt der Schwerpunkt doch bei den Personen und ihren inneren Kämpfen. (Eine deutliche Ausnahme ist das Theater von Brecht. Wenn wir den Unterschied seiner Absichten und seines Ansatzes erkennen, verstehen wir, weshalb es im Sinne Freuds ausgebildeten Schauspielern und Spielleitern nicht gelang, seine Spiele erfolgreich zu inszenieren.) Zugegebenerweise sind Etiketten Übervereinfachungen, sie lassen wichtige Feinheiten aus. Trotzdem will ich es auf mich nehmen, dieser Periode die Etikette 'Theater der Neurose' zu geben. Um sich auf diese Art von Theater vorzubereiten, zogen die Fachleute die Freudianische Methodologie hinzu und beschäftigen sich mit dem Verborgenen und Unterdrückten. Sie wurden in großem Ausmaß analytisch, sie bildeten ihre Schauspieler darin aus, die unausgesprochene Bedeutung aufzuspüren, das verborgene Leben hinter dem geschriebenen Wort. Was offensichtlich war, was der Autor durch die Worte der Person sagte, war kaum Gegenstand des Interesses. Eine verbreitete Ansicht war, daß der Autor die Bedeutung des Stückes nicht nur dem Schauspieler, dem Spielleiter und Leser, sondern häufig auch vor sich selbst verbarg.

Aufgabe des Schauspielers wurde es, in der Figur die nicht beschriebene Psychologie zu entdecken und zu schaffen und sich mit ihr zu identifizieren. Wie ein Detektiv begann er danach zu forschen, was die Gestalt zu dem machte, was sie war. Zu dieser Suche gehörte auch das Stöbern in der persönlichen Biographie des Autors, um dort Punkte gemeinsamer Erfahrungen zu finden, so daß sich der Schauspieler sinnvoll mit seiner Rolle identifizieren konnte.

Ich schweife ein wenig ab, um eine Lieblingsidee von mir zu äußern: Diese Form des Theaters unterstützt die Schauspieler dabei, ihre persönlichen Traumata 'unerledigt' zu halten. Dadurch können sie sich als offene und verletzliche Instrumente erhalten, die die starken Gefühle, die mit ihren persönlichen Erinnerungen zusammenhängen, stets zur Verfügung haben. Die Ausbildung gibt zwar Gelegenheit zur kathartischen Entladung, aber sie ist grundsätzlich kein Heilungsprozeß. Eine der wichtigsten Beiträge von Strasberg, die sensorische Erinnerung, ist eine Fähigkeit, mit der der Schauspieler üben kann, Erfahrungen der Vergangenheit wieder mit seinen Sinnen zu fühlen. Kurz gesagt, der größte Teil seiner Ausbildung läßt die Zentrierung auf die Gegenwart aus oder steht ihr entgegen. Es ist ein feiner, aber wichtiger Unterschied zwischen dem Wissen, wie man das angemessene Gefühl zum Moment herbringen kann und der Entdeckung des gegenwärtigen Gefühls in diesem Moment. Natürlich vereint gutes Spielen beides. Schauspieler können ihre Darstellung lebendig halten, indem sie die feinen Veränderungen ihres momentanen Gefühls in die durch das Spiel vorbestimmten Gefühle einfließen lassen. Aber der Zeiger der Waage zeigt eindeutig in eine nicht gegenwartszentrierte Richtung.

Diese Ausbildung dient nur dazu, dem Schauspieler zu helfen, für sich und die Zuschauer die Illusion zu schaffen, daß er seine Rolle sei. Es ist nicht ohne Bedeutung, daß auch vom Zuschauer verlangt wird, daß er seine Gegenwartsbezogenheit aufgibt und glaubt, daß das Geschehen auf der Bühne 'wirklich' sei. Er soll vergessen, daß er im Theater ist und die Illusion eines 'Stückchen Lebens' akzeptieren.

Ehe ich davon spreche, wie grundlegend anders das Improvisationstheater ist, möchte ich klarstellen, daß ich nicht glaube, daß diese Unterschiede das Improvisationstheater notwendigerweise künstlerisch überlegen machen. Ich versuche auch nicht, die künstlerischen Verdienste beider zu bewerten. Ich vergleiche sie lediglich, um meine Theorie der Kunstform, ihre Wurzeln und ihre Ausbildung zu erläutern. Als Schauspielerin und Theaterbesucherin finde ich in beiden Ansätzen Wertvolles. Manchmal mag ich lieber die emotionalere, intellektuellere, psychologische Tiefe, die von den Schauspielern des traditionellen Theaters geboten wird. Die einzige Beurteilung besteht darin, daß die Ausbildung für dieses 'Theater der Neurose' das erfahrungsorientierte, existentielle und phänomenologische Lernpotential ebenso beiseite läßt wie sein Freud'scher Vorfahre.

Ich möchte jetzt genauer betrachten, wie und warum das Improvisationstheater dieses Potential berücksichtigt, und wodurch es mit Gestalt so kongruent ist. Zunächst ist am auffallendsten, daß der Schauspieler ohne Drehbuch und ohne Rolle arbeitet. Wenn er den Fuß auf die Bühne setzt, tritt er in eine ungeformte Welt, in der alles unbekannt ist. Zeit, Ort, Handlung und Bedeutung, die sonst vom Drehbuch vorgegeben sind, fehlen. Und er tritt 'nackt' ein, aller Führung entkleidet und aller Versteckmöglichkeiten, die durch den Charakter, den er darstellen sollte, vorgegeben wären. So sagt Perls (Gestalt Therapy Verbatim, S.7):„Wenn du einmal einen Charakter hast, hast du ein starres System entwickelt. Dein Verhalten wird versteinert, vorhersagbar und du verlierst die Fähigkeit, auf die Welt mit allen deinen Möglichkeiten einzugehen. Du bist festgelegt, mit Ereignissen nur in einer Weise umzugehen, nämlich in der, die dein Charakter dir vorschreibt. So scheint es paradox zu sein, wenn ich sage, daß der reichste Mensch, der produktivste, kreativste derjenige ist, der keinen Charakter hat.''

Für die, die das Improvisationstheater entwickelten, war das nicht paradox. Da sie Charaktere und Pläne, die sie eingeengt hätten, außer acht liessen, konnten sie alle ihre Kräfte und Quellen anzapfen, alle ihre Fähigkeiten befreien, um kreativ auf ihre Welt, die Bühne, zu reagieren. Jetzt konnten sie ausformen, den Bedürfnissen und Impulsen des Augenblicks entsprechend, Situationen und Gestalten immer wieder verändern. Im Laufe einer Aufführung konnte ein Schauspieler eine Myriade von 'Selbsts' erproben: Mutter, Kommissar, Lastwagenfahrer, Göttin, Putzfrau, Hure. Man konnte Wut, Krankheit, Passivität, Leidenschaft, Ungeduld, Langeweile ausdrücken – die ganze Skala emotionaler Möglichkeiten.

Diese Erlaubnis und Befreiung basiert auf den gleichen Überzeugungen, die auch dem Gestaltkonzept zugrundeliegen. Als erstes: Der Schauspieler, das Individuum, kann sein 'Leben' schaffen ohne den Meister oder die Autorität, den Autor, der ihm sagt, wie und was er sein soll. Überlegt euch, wie das mit dem Gestaltkonzept von verinnerlichten Autoritätsfiguren zusammengeht, die uns 'topdoggen' mit 'Sollte' und mit Lebensplänen, die oft unserer individuellen Natur widersprechen. Diese Introjekte verhindern, daß wir unsere eigenen Bedürfnisse und Wünsche entdecken, sie zwingen uns, Rollen zu übernehmen und zu spielen – im Grunde Stücke des Lebens –, die andere für uns geschrieben haben.

Die zweite Annahme sagt, daß die Person auf der Bühne ebenso interessant und wertvoll ist wie jeder im Geist eines anderen ersonnene Charakter und daß das Material seines Lebens – seine Geschichte, Interessen, Begierden, Frustrationen, Phantasien, Erfolge und Niederlagen, kurz, sein Menschsein – für ihn und seine Zuschauer ausdrucksvoller ist als ein vorgeschriebener Charakter. In Gestalt betonen wir, daß es für uns befriedigender ist, der zu werden und den zu enthüllen, der wir wirklich sind, und daß das für die anderen stärkender und gewinnbringender ist als die Masken und Bilder, die wir darzustellen versuchen.

Eine andere tragende Säule des Improvisationstheaters ist der Glaube, daß eine Gruppe von Leuten, die ihren eigenen Vorstellungen überlassen sind, doch kein Chaos hervorbringen. Sie konkurrieren nicht egoistisch ohne Ansehen des anderen oder der Arbeit. Es kommt nicht zum: „Ein Fisch frißt den anderen". Dieser Überzeugung liegt die Vorstellung zugrunde, daß Individuen simultan etwas gestalten können, daß es für sie natürlich ist, das zu tun durch die sich dauernd verändernde Dynamik, wenn sie andere unterstützen und dabei den eigenen Willen gleichwohl behaupten. Weiter: Die Schauspieler können ohne Außenkontrolle ihre eigene Welt harmonisch gestalten und dabei die Befriedigung von Vereinigung und Trennung erleben. Wie beim Konzept der organismischen Selbstregulation, die Perls wie folgt beschreibt: „Die Anarchie, die von den Kontrolleuren gewöhnlich befürchtet wird, ist keine Anarchie, die ohne Sinn ist. Im Gegenteil, es bedeutet, daß der Orgnaismus sich selbst überlassen bleibt, um für sich zu sorgen, ohne Einmischung von außen... Wir können uns auf die Weisheit des Organismus verlassen." (Gestalt Therapy Verbatim, S.16; dt: 'Gestalttherapie in Aktion'.)

In meinen Schauspieler-Jahren haben die Zuschauer immer wieder ihren Unglauben geäußert, daß das, was sie sahen, vorher nicht geprobt worden sei, daß wir zu Beginn keine Idee hatten, wohin wir gehen würden, daß keiner auf der Bühne oder außerhalb die Bewegungen heimlich bestimmte.

Dabei wurde die Befürchtung laut, daß wir ohne Außenkontrolle in Chaos und Destruktion landen würden, man müsse auch vorher geübt haben, um etwas vorzuspielen. Nicht geübt zu haben, hieß, nicht perfekt zu sein. Nicht perfekt zu sein, hieß, nicht vorführbar zu sein. Das bringt mich auf eine weitere eindrucksvolle Ähnlichkeit des Denkens. Was auf der Bühne geboten wurde, war – unmißverständlich – keine perfekte Arbeit: fehlerlos oder fertig. Es war die Enthüllung eines Prozesses, der für wichtiger gehalten wurde als das Produkt. Oft 'klappten' manche Dinge nicht. Nicht jede Entscheidung, nicht jeder Moment war erfolgreich. Bereit zu sein, Versuch und Irrtum zu zeigen, hieß auch, daß es für das Publikum 'gut' sei, das zu sehen. Was wir auf der Bühne durchmachten, hatte etwas über das Leben zu sagen: Wenn wir uns charakterlos, planlos und ungeübt durch das Leben bewegen, werden wir manchmal auf dem Bauch landen. Wir ziehen es trotzdem vor, wegen der größeren Spannung und wegen des größeren Engagements.

Keiner, der dem Improvisationstheater zusieht, kann ein selbstgefälliger Beobachter werden. Die Zuschauer werden Zeugen dieses riskanten Prozesses, sie fühlen ihn in ihren Knochen und vergleichen ihn mit ihrem eigenen. Im traditionellen Theater identifiziert sich das Publikum mit den einzelnen Charakteren und/oder mit seinen Problemen. Da der Zuschauer des Improvisationstheaters weiß, daß es keine Pläne gibt, den den Schauspieler leiten, erlebt er jeden Moment der Ungewißheit bewußt und fragt sich:„Wohin führt das? Was bedeutet das? Was würde ich jetzt tun?"

Das mag erklären, warum wirkliches Improvisationstheater nicht populär wurde. Es scheint, daß die meisten Leute die sichere Erfahrung vorfabrizierter Berufsmäßigkeit, die nicht durch Fehler und Schwankungen, durch Falten und Buckel beeinträchtigt ist – möge diese Berufsmäßigkeit auch noch so leer sein – der ungewissen, beunruhigenden Erfahrung vorziehen, an dem greifbaren schöpferischen Ringen des Augenblicks teilzuhaben. Joel Latner schreibt dazu:„Gestalten in freiem Tun herauszuarbeiten, heißt nicht, daß dazu keine Anstrengung gehöre... Wir können nicht sicher sein, daß alles jederzeit richtig hinkommt... Wir können uns dessen nie sicher sein; und zu versuchen, das zu erreichen, kommt nur dem ins Gehege, was eigentlich getan werden muß. In der Tat mögen wir fühlen, daß wir uns selbst riskieren im Prozeß der Gestaltbildung und Gestaltzerstörung..." ('The Gestalt Therapy Book, S.51 f.)

Die Initiatoren des Improvisationstheaters haben keine Bücher über ihre philosophische Einstellung und über seine Ursprünge geschrieben. Das ausgezeichnete Buch von Viola Spolin 'Improvisations for the Theatre' ist vor allem methodisch, nicht philosophisch. Wir können aber einmal die wenigen kurzen Anweisungen vom Compass Theatre oder von der Second City in Chicago, was alles während der fünfziger Jahre begann, betrachten. (Das waren die Jahre, in denen der Einfluß des Existentialismus auf seinem Höhepunkt war.) Diese einfachen Anweisungen wurden von Gruppe zu Gruppe weitergegeben, sie umfaßten alles, was zu sagen war. Ausgefeilte Erklärungen waren nicht notwendig. Wenn man den Verhaltensanweisungen folgte, wurde das Ergebnis richtig und sinnvoll:

— Beachte, wie aktiv und voller Kontakt die Sprache selbst ist.
— Stelle nicht etwas dar, sei es.
— Laß die Angst zu, triff die riskantere Entscheidung.
— Wisse, was du weißt.
— Finde das Verhalten.
— Triff die aktivere Wahl.
— Benutze deine gewöhnliche Alltagsintelligenz.
— Albere nicht herum.
— Stell dich nicht dumm.
— Spiele nicht stumpfsinnig.
— Verleugne die Realität nicht, unterstütze und entdecke.
— Entdecke, phantasiere nicht und erfinde nicht.

Kannst du dir vorstellen, daß diese Sätze auch von Perls oder einem anderen Gestalttherapeuten kommen könnten?

Offensichtlich war die Vorbereitung auf diese Art Theater etwas völlig anderes als die traditionelle Schauspielerausbildung. Der neue Ansatz löst die Gewohnheiten des Geistes und des Körpers als Schauspieler und als Mensch auf. Wer sich damit beschäftigte, mußte lernen, wie man 'unvorbereitet' wird, das bedeutet offen, frei und nackt. Mit anderen Worten: wie man zurückkommt zum Nullpunkt der kreativen Indifferenz. Nötig war eine Art Dekonditionierungsprozeß für die Schauspieler, Gelegenheiten zu entdecken, wie sie ihr Planen, ihr Proben, ihre Kontrolliertheit, Abschirmung und ihr Verstecken, von dem sie abhängig geworden waren, aufgeben konnten. Unsere zurückliegende Konditionierung auf diese Begriffe ist so stark, daß dieser Prozeß es nahezu unmöglich machen muß, auf diese alten Muster zurückzugreifen. Und so wurden die Spiele erfunden. Um sie erfolgreich zu spielen, ja oft, um sie überhaupt zu spielen, muß man jegliche Vorbereitungskunst aufgeben. Spiele widersetzen sich an sich der Wiederholung und Vorhersagbarkeit. Kein Spiel gleicht dem anderen. Der Basketballspieler und der Tennisfan müssen selbstverständlich jedesmal anders spielen. Es gibt keine Möglichkeit, den Fluß zu kontrollieren. Die Reaktionen des Spielers sind durch die unvorhersehbaren Bewegungen des Partners beeinflußt. Was war oder was sein könnte, ist unwichtig. Was ist, bestimmt die angemessene Reaktion. Mit anderen Worten: Jede Gestalt braucht eine neue Lösung.

Alle Spiele des Improvisationstheaters fordern Awareness und Aufmerksamkeit für das Sichtbare. Die Schauspieler werden nicht ausgebildet, im Inhalt oder in der verborgenen Bedeutung zu 'wühlen', sondern ihre Augen und Ohren zu öffnen und die Realität von Augenblick zu Augenblick wahrzunehmen und dann auf diese Realität zu reagieren. Wieder zitiere ich Latner (S.167):„Wenn wir in der Gegenwart arbeiten, setzen wir uns mit dem auseinander, was vor uns ist, mit dem Sichtbaren des Verhaltens. Es ist eines der Hauptkennzeichen der Gestaltmethode, daß sie am Sichtbaren des Verhaltens orientiert ist. Sie beschäftigt sich nicht mit den geheimsten Schlupfwinkeln des Unbewußten, sondern mit dem jetzt sichtbaren Verhalten."

Interessanterweise werden diese De-Konditionierungsspiele nicht nur als Ausbildungsübungen benutzt, sondern auch als Struktur einer Aufführung. Sie werden Teil des Verhaltensrepertoires, das dem Schauspieler zur Verfügung steht, wenn er auf der Bühne improvisiert. Die Spiele werden zu Bausteinen für jedes neu geschaffene Stück. Jeder kann das erkennen, wenn zum Beispiel jemand ein Spiel angefangen hat und einige oder alle Schauspieler dazukommen, um die begonnene Aufführung zu unterstützen. Der Initiator folgt seinem Impuls, er vertraut zunächst darauf, daß seine Entscheidung sinnvoll ist und dann darauf, daß seine Mitspieler die Idee unterstützen und erfolgreich weiterführen werden. Es ist nicht genügend Zeit vorhanden, um sich mögliche Ergebnisse eines Impulses vorzustellen. Es ist nicht einmal genügend Zeit vorhanden, um eine bestimmte Vorliebe zu entwickeln. Durch das gemeinsame Durcharbeiten außerhalb der Bühne hat man gelernt, seinen initiierenden und unterstützenden Impulsen auf unmittelbare und intuitive Weise, 'aus dem Bauch' heraus, zu vertrauen.

Mit Latners Worten:„Gesundheit heißt, daß wir uns der jetzt anliegenden Aufgabe mit allem, was wir haben, zur Verfügung stellen... diese spontane Aktivität ist nicht das gleiche, wie irgend etwas zu machen, was wir wollen. Es ist das, was wir machen wollen, wenn wir wirklichen Kontakt zu uns selbst haben und zur Umgebung... Bei mehrmaligem Erfolg entwickeln wir allmählich das Vertrauen in unsere Fähigkeit, mit Situationen umgehen zu können, in die wir spontan geraten, so daß ihre Lösung so befriedigend sein wird, wie es die Situation erlaubt, und daß das gut genug sein wird."

Ein letztes Wort zur Gegenwartszentrierung dieses Theaters: Es wirkt sich auch auf das Publikum aus. Es gibt keinen Versuch – anders als im traditionellen Theater – das Publikum davon zu überzeugen, das, was sie sehen, sei 'wirklich'. Es werden keine Pläne gefaßt, keine Vorschriften gegeben, keine Kostüme benutzt. Paradoxerweise ist das Theater, das sich bemüht, die Wirklichkeit zu schaffen, das Theater der Illusion. Der Zuschauer bleibt sich immer der Tatsache bewußt, daß er Zeuge eines Theaterereignisses ist. Wenn die Schauspieler ihre Rollen wechseln, wenn sich die Gruppe in Monster, Maschinen, Wälder oder Planeten verwandelt, ist das Publikum nicht aufgefordert, zu glauben, die Schauspieler 'seien' diese Monster, Maschinen, Wälder und Planeten. (Als wir Lee J.Cobb im 'Tod eines Handlungsreisenden' sahen, glaubten wir, er 'wäre' Willy Loman.) Das Publikum ist aber gehalten, sich mit der Vorstellungskraft und Flexibilität von Kindern auf das 'Wir tun mal so, als ob...' einzulassen, das heißt, davor auf der Bühne Platz zu nehmen.

Erinnert ihr euch an die Tage von 'Räuber und Gendarm'? Es gehörte nur sehr wenig dazu – eine veränderte Haltung, eine Geste, ein Satz oder ein bestimmter Gesichtsausdruck –, um in eine beliebige Gestalt zu schlüpfen und die ganze Aufregung dieser schöpferischen Verwandlung zu spüren. Auf der Bühne beim Improvisationstheater ist der Prozeß sehr ähnlich: Die offenkundigen Illussionen werden geschaffen durch offenkundiges Verhalten.

Wenn ich ein Räuber oder ein Gendarm war, stellte ich das Offenkundige dieser Rolle dar und drang nicht in die tiefen Geheimnisse des Unbewußten, weder in mein eigenes noch in das der Rolle. Es mag scheinen, als gäbe es durch die kurze Andeutung der Rolle lediglich eine Parodie oder eine Karikatur. Manchmal stimmte das auch. Da ich mich aber an die Regel hielt, niemals herumzualbern, welche Rolle ich auch spielte, tauchte doch viel häufiger der Gendarm oder der Räuber in mir auf. (Diese Art zu 'spielen' ähnelt der Gestalttraumarbeit, wenn wir zu Personen oder zu Teilen unseres Traumes werden und ihnen eine Stimme geben.) Dieses Verhalten suggeriert und umfaßt die tiefere Realität und läßt dem Publikum doch Raum, mit diesen Aspekten in sich selbst Kontakt aufzunehmen.

Ich glaube, daß Improvisationstheater und Gestalttherapie Manifestationen desselben philosophischen Systems sind. Daraus ergibt sich, daß die Spiele, die im Theater als Lernstrukturen verwendet werden, ebenso effektiv in der Gestaltsituation genutzt werden können. Ich will nicht sagen, daß sie eine der vorhandenen Techniken ersetzen, sondern daß sie sie ergänzen. Sie können einiges erreichen, was Gestalt gewöhnlich übergeht oder nur vage berührt. Es gibt nichts in der traditionellen Gestaltarbeit, das den Klienten ähnlich wirksam in die Gegenwartszentrierung bringt, als wenn er automatisch versucht, etwas vorzuführen. Es gibt nichts, was uns so klar dahinführt, den Nullpunkt der schöpferischen Indifferenz zu erleben. Selten schließen unsere Experimente so die ganze Gruppe ein, wie es einige der Spiele vermögen. Eine verbreitete Kritik an der Gestalttherapie lautet, daß die Gruppe zu sehr zum Publikum einer Einzelarbeit wird. Wenn das stimmt, so wird die Energie nach innen entladen und Passivität breitet sich aus. Ich kenne nichts besseres als die Theaterspiele, um Gruppenenergie zu erzeugen, zu entladen und zu kanalisieren. Oft habe ich mit Leuten gearbeitet, die lange in einer Gestaltgruppe waren und nie ein wirkliches Zusammengehörigkeitsgefühl in der Gruppe erlebt hatten, ehe sie nicht die Erfahrung mit diesen Spielen gemacht haben. Wir vernachlässigen das Bedürfnis zu spielen sehr. Die Spiele stellen das Vehikel dazu bereit. Sie führen uns zu dem nicht oft erlebten Ausbruch der Freude, zu einem heilenden Gelächter.

Teil 2
Spezielle Spiele und ihre Anwendung

Je nach Erfindungsgabe, Geschick und Kreativität des Therapeuten oder Gruppenleiters können Theaterspiele in sehr unterschiedlicher Weise angewendet werden. Sie können und sollten hinsichtlich ihres Risikos abgestuft werden, wie das bei allen Experimenten in der Gestalttherapie gemacht wird. Mit anderen Worten: Es sollten Spiele angeboten werden, die nicht zu beängstigend oder fremd sind für die Gruppe oder den einzelnen Teilnehmer und die doch Erfahrungen ermöglichen, die jenseits der normalen Grenzen liegen, um neue Möglichkeiten, zu sein oder sich auszudrücken, zu schmecken und zu versuchen.

Ich betone dabei ständig die Awareness. Wenn die Spiele zum 'Ankurbeln' benutzt werden oder die Betonung mehr auf der Vorführung liegt, dann mißbrauchen wir die Spiele und die Therapiesituation. Es liegt deshalb in der Verantwortung des Therapeuten, das Spiel mit dem Thema oder dem Gegenstand der Arbeit zu verbinden und zu wissen, daß er ein Spiel mit einem besonderen Erfahrungspotential anbietet, um damit das Bewußtsein der Gruppe auf diesen Schwerpunkt zu lenken. Er sollte die Aufmerksamkeit auch auf die Blockierungen richten, die auf dem Weg sichtbar werden.

Obwohl man aus vielen Spielen auswählen kann, habe ich mich hier auf sechs Beispiele beschränkt. Wenn man nämlich einmal die Idee und den Sinn eines Spiels verstanden hat, kann man es verändern, variieren und ergänzen, je nachdem, wie es in einem bestimmten Fall sinnvoll zu sein scheint. Die sechs ausgewählten Spiele bestehen aus drei Gruppen- und drei Solospielen. Bei Solospielen arbeiten ein, zwei oder drei Personen, während die anderen lediglich zuschauen. Die Spieler eines Solospiels enthüllen sich mehr und haben mehr Lampenfieber als bei einem Gruppenspiel: Das Risiko ist größer.

Solospiele

MANN IN DER MITTE

Wie es geht:
Man braucht drei Personen. Zwei sitzen oder stehen rechts und links vom 'Mann in der Mitte'. Ihr Ziel ist es, seine Aufmerksamkeit zu gewinnen und ihn dazu zu bringen, mit ihnen zu interagieren. Sie wissen, daß sie alles tun können (singen, tanzen, pfeifen, fragen, Geschichten erzählen), alles, was sie nur wollen, nur berühren dürfen sie den Mann in der Mitte nicht. Sie dürfen auch nicht mit ihrem 'Kollegen' sprechen oder in irgendeiner Weise auf ihn eingehen, der sich gleichfalls um die Aufmerksamkeit des Mannes in der Mitte bemüht. Trotzdem arbeiten sie simultan, und jeder der beiden 'Forderer' kann den anderen sehen und hören.
Das Spiel gibt die Erlaubnis, ja zwingt sogar die Spieler dazu, ihre Muster von Höflichkeit und Schicklichkeit zu brechen und die Konditionierung auf den 'guten Jungen' oder das 'gute Mädchen' aufzugeben. Es mobilisiert oft beträchtliche Energien in der Stimme, viel Erfindungsgeist und Spielfreude. Oft entdecken die Spieler jedoch, daß sie die Aufmerksamkeit gewinnen durch ganz einfache und authentische Äußerungen über sich, darüber, wer sie sind, was sie wollen und welche Gefühle sie für den Protagonisten haben. Der Mann in der Mitte soll so authentisch wie möglich reagieren, sich der Person zuwenden, die ihn im Moment wirklich interessiert, und sich wieder abwenden, wenn der andere seine Aufmerksamkeit erregt. Er soll reagieren und interagieren, wenn ihm danach zumute ist. Manchen Spielern gelingt es, die Aufmerksamkeit zu erlangen, indem sie den Mann in der Mitte bitten, über sich zu sprechen oder etwas zu lehren.

Was die Erfahrung bringt:
Trotz des Titels bietet diesen Spiel den flankierenden Spielern mehr als dem Mann in der Mitte. Sinn dieses Spiels ist es, jenen Awareness und Be-

wußt-Sein zu vermitteln, denen es normalerweise schwerfällt, um Aufmerksamkeit zu bitten und sich für die Erreichung dieses Ziels mit Energie einzusetzen. In den meisten Gestaltgruppen gibt es die Grundregel, daß der Klient deutlich seine Bereitschaft erklärt, mit dem Therapeuten arbeiten zu wollen und daß er die Aufmerksamkeit des Therapeuten und der Gruppe wünscht. Es gibt Klienten, denen es große Schwierigkeiten bereitet, so viel Initiative zu entwickeln oder die sich immer 'hintenan'stellen, wenn andere zur gleichen Zeit fragen. So macht es Spaß, bei diesem Spiel zu erleben, wie diese Personen unter den 'sicheren' Bedingungen der gegebenen Aufgabe ihr normales Verhalten ins übertriebene Gegenteil verkehren.
Auch für den Mann in der Mitte ist ein verstärktes Bewußt-Werden möglich. Er folgt dem Sog der zwei verschiedenen Attraktionen und muß sich von Augenblick zu Augenblick neu entscheiden.

Die Rolle des Therapeuten:
Dieses Spiel braucht manchmal das aktive Eingreifen des Therapeuten. Je mehr sich die Teilnehmer zurückhalten, umso mehr Unterstützung brauchen sie. Verwende dabei einfache Anweisungen wie zum Beispiel:„Mach weiter" –„Gib nicht auf" – „Tu was, irgend etwas" – „Rede weiter" – „Sei nicht so höflich". Offensichtlich beeinflußt auch die Stimmung des Therapeuten den Verlauf sehr. Kritik und gezeigter Ernst sind nicht hilfreich. Erforderlich ist die Art von Unterstützung, wie man sie Kindern bei einem Ballspiel geben würde:„Na, komm nur, du kannst das doch..." Zugleich muß der Therapeut die Augen offenhalten, denn er muß nach dem Spiel den Teilnehmern die Muster der Ermutigung und Niederlage – wenn es sie gab – aufzeigen und den Spielern ihre Reaktionen vor Augen führen können. So geben manche Teilnehmer zum Beispiel in dem Moment auf, in dem sie die Stimme des anderen hören, in dem sie den Augenkontakt zum Mann in der Mitte verlieren, und einige Teilnehmer geben – ironischerweise – in dem Moment auf, in dem sie die Aufmerksamkeit, die sie forderten, errungen haben.

SIMULTANE KONVERSATION

Wie es geht:
Zwei Mitspieler bekommen von der Gruppe jeweils ein Thema für eine Vorlesung, die sie halten sollten. Ihnen wird gesagt, daß sie für dieses Thema eine Spitzenautorität in der Welt sind. Ein vorgeschlagenes Thema, in dem sie wirklich gut Bescheid wissen, sollen sie jedoch ablehnen. Natürlich ist das eine Übung für 'bullshit'. Während die beiden Spieler gleichzeitig

ihre Vorlesungen über unterschiedliche Themen halten, sollen sie versuchen, Worte und Sätze des Kollegen aufzuschnappen und dann in ihre eigene Vorlesung einzubauen. Am besten ist es dabei, wenn die beiden Themen möglichst unterschiedlich sind, zum Beispiel könnten zwei Themen für eine Parallelvorlesung sein:'Das Werbeverhalten der Nilpferde' und:'Die Kunst, Fugen zu komponieren'.
Bei der Anleitung zu diesem Spiel sollten einige hilfreiche Hinweise gegeben werden, zum Beispiel:„Vergiß nicht, du bist die Weltautorität für dieses Thema. Denk also daran, daß du mit deiner Autoritätenstimme sprichst und voller Selbstbewußtsein bist. Halte Augenkontakt zu deinen Studenten."

Was die Erfahrung bringt:
Wissen und Sicherheit vorzugaukeln in einer Situation, in der man nichts zu wissen braucht, gibt dem Geist die Erlaubnis, spielerisch und leicht etwas zu erfinden. Man kann nicht darüber nachdenken, nicht versuchen, sich zu erinnern oder seine Gedanken zu organisieren über eine Sache, über die man nichts weiß. Zusätzlich machen es die Worte oder Sätze des Kollegen, die einbezogen werden sollen, unmöglich, die Gedanken vorzubereiten und zu ordnen. Wie bei vielen dieser Spiele führt das Ergebnis zu einem neuen, spontanen, ungefeilten 'Denken', das mehr wie ein Traum ist. Bei der Zusammenarbeit von Paaren merken sie, daß der Teil, der am schwierigsten schien (nämlich die Worte des anderen aufzufangen), sich als besonders hilfreich und erleichternd herausstellt. Je mehr man aus dem Dialog des anderen übernimmt, desto absurder wird die Vorlesung und umso weniger denkt man an das eigene Thema. Die Erfindungskraft beruht auf Gegenseitigkeit. Man macht es nicht allein.
Der nicht unwichtige Aspekt dieser Erfahrung ist das Resultat: Die Reden sind gewöhnlich sehr spaßig, aber nicht immer. Man kann nicht darauf zählen. Es gibt eine Menge Gelächter und Aufregung, und das spielende Paar fühlt sich am Ende normalerweise wie Mel Brooks und Lenny Bruce. Aber ich will es noch einmal betonen: Das ist ein Nebenprodukt. Der Wert liegt in dem Erlebnis, die rationalen, linearen und kontrollierten Denkmuster fahren zu lassen, in denen die meisten von uns gefangen sind.

Die Rolle des Therapeuten:
Deine Aufgabe ist es, gut zuzuhören und darauf zu achten, daß die Spieler wirklich Worte und Sätze des anderen in die eigene Vorlesung einbauen. Oft tut es einer von beiden und der andere nicht. Unterbrich dann, mache sie darauf aufmerksam und laß sie erneut beginnen. Ermutige die Spieler, Energie in ihre Stimme und in ihre Darstellung zu legen. Im Stehen geht es zum Beispiel besser als im Sitzen. Augenkontakt zu den Zuhörern ist för-

derlich. Wie bei den meisten dieser Spiele, sind die geistigen Anforderungen lächerlich gering. Die besondere Anstrengung, mit der die meisten Spieler jedoch beginnen, zeigt sich in dem 'denkenden' Blick, als müßten sie die Augäpfel nach innen drehen, um die Gedanken zu finden. Tatsächlich ist die Anspannung umso geringer, je mehr Augenkontakt die Spieler zu den Zuhörern halten. In den offeneren Geist fließt dann die Erlaubnis, zu erfinden, Spaß zu haben, etwas zu sagen und von anderen etwas zu bekommen.

VERKAUFEN – VERHÖKERN

Wie es geht:
Ein Spieler steht vor der Gruppe. Er soll etwas verkaufen. Nach dem Startsignal ('Achtung-Fertig-Los!') soll er ohne Unterbrechung pausenlos reden, bis nichts mehr kommt. Die Gruppe kann ihm vorschlagen, was er verkaufen soll. Ich benutze dabei drei unterschiedliche Kategorien: wirkliche Gegenstände oder Produkte, phantastische wie 'Knuddelburz', 'Heffalumps' oder 'Schnickelponge' (laß die Gruppe sie erfinden!) oder sich selbst. Der Spieler weiß noch nicht, welche Kategorie auf ihn zukommt, deshalb hat er nicht die Möglichkeit, sich vorzubereiten. Sich selbst zu verkaufen, ist natürlich am beängstigendsten. Zugleich kann diese Aufgabe am ehesten zu einer Vorführung werden. Wechsle die Kategorien und passe das Risiko der Situation des Klienten an.

Was die Erfahrung bringt:
Wenn wir sprechen, versuchen wir normalerweise, darauf zurückzugreifen, was wir gespeichert und gesammelt haben und was möglicherweise schon organisiert ist. Wie oft haben wir das Lamento gehört (von Freunden, Klienten und von unserer eigenen inneren Stimme):„Ich weiß nicht, was ich sagen soll. Ich bin einfach zugeschnürt" – als gäbe es eine richtige oder passende Aussage, die wir hätten vorbereiten sollen. Genau dieses Bemühen läßt den Geist erstarren. Alle unsere Beobachtungen, Gefühle, Wünsche, Interessen und Reaktionen sind in dem Versuch blockiert, 'richtig' zu sein, was normalerweise so viel bedeutet wie 'sicher' sein.
Diese Spiele, wo die Aufgabe darin besteht, Unsinniges zu produzieren, 'bullshit', erlauben und ermutigen den Spieler, unvorbereitet und ungeübt zu sein. Die Anweisung, ohne Punkt und Komma immer weiter zu reden, läßt kaum Gelegenheit, verschiedene Möglichkeiten auszuwählen, zu bewerten oder zu verwerfen. Zugegeben, die Situationen sind unwirklich und die Anforderungen unnatürlich (niemand wird sich ernsthaft wünschen, ein Non-stop-Redner zu sein), aber zu erfahren, wie wir unseren in-

neren Zensor 'außer Dienst' setzen und einfach alles fließen lassen, gibt uns ein Gefühl von Erlösung und Spontaneität.

Die Rolle des Therapeuten:
Sag ihnen, daß sie nicht aufhören sollen zu reden, ehe du das Zeichen dafür gibst. Ermuntere sie, ihre Augen zu benutzen, mit der Gruppe Kontakt zu halten und das Meterial für ihr Spiel (oder wenigstens Teile) aus ihrer sich verändernden Awareness kommen zu lassen. Sie werden entdecken, daß aus ihrem Mund kommt, was immer ihre Aufmerksamkeit auf sich zieht, und daß es wenig Druck oder Anstrengung braucht, um zu finden, was sie sagen. Wenn ein Spieler eine Pause macht, sporne ihn an mit Worten wie zum Beispiel:„Rede weiter, denke nicht nach". Gibt das Stopzeichen, wenn du den Eindruck hast, daß der Klient sich ein gutes Stück ausweiten konnte. Einige wenige können immer so weiterschnattern. Stoppe sie, wann du magst. Ermuntere die Spieler, einen Ansager oder Anpreiser auf dem Jahrmarkt zu imitieren und wirklich etwas zu verkaufen, Körper- und Stimmenergie dabei benutzend.

Gruppenspiele

EIN–WORT–GESCHICHTE

Wie es geht:
Die Teilnehmer sitzen im Kreis. Du forderst sie auf, schnell einen grammatikalisch richtigen Satz zu formulieren, zu dem jeder Teilnehmer ein Wort beiträgt. Die Teilnehmer fügen jeweils ein Wort hinzu, der Reihe nach im Uhrzeigersinn. Am einfachsten ist die Einführung in dieses Spiel, indem du selbst mit einem Wort beginnst. Zum Beispiel könntest du starten mit dem Wort 'Gestern' und die Person zu deiner Linken könnte das Wort 'ging', 'machte' oder 'kaufte' hinzufügen – jedes beliebige Wort, das folgen kann, um einen grammatikalisch richtigen Satz zustande zu bringen. So geht es dann der Reihe nach weiter, bis vielleicht der Satz entstanden ist:„Gestern kaufte ich am Markt eine Braut". Wichtig ist allein, grammatikalisch richtig fortzufahren. Es ist nicht wichtig, besonders brillant oder spaßig zu sein. Die Teilnehmer sollen ihr Wort schnell sagen, laut sprechen und Augenkontakt zu den anderen halten. Die Interpunktion wird durch die Stimmlage zum Ausdruck gebracht. Derjenige, der den Satz beendet, wird also seine Stimme betont senken. Es ist leichter, dieses Spiel einzuführen, wenn man es zunächst mit fünf oder sechs Teilnehmern erprobt, ehe die ganze Gruppe beteiligt wird. Nach einigen Übungen kann die Gruppe an-

fangen, ganze Geschichten zu erfinden oder Fragen zu beantworten. Nimm die Fragen der Teilnehmer. Jede Frage ist in Ordnung, ob es nun eine persönliche, politische oder wissenschaftliche ist, absurd oder sinnvoll. Manchmal fließt das Spiel sehr leicht. Wenn nicht, kannst du die Teilnehmer auffordern, sich dichter zusammenzusetzen, den Sprecher anzuschauen und selbst dann demjenigen in die Augen zu blicken, der anschließend sein Wort hinzufügen wird.

Zwei Variationen:
In Dyaden: Alle Paare können gleichzeitig arbeiten oder aber jeweils nur ein Paar in der Mitte der Gruppe. Sie können ein bestimmtes Thema wählen oder einfach spontan miteinander reden. Ihr Gespräch ist genau wie oben dargestellt angelegt, immer nur ein Wort zur Zeit.
Ich habe diese Variation bei Paaren erprobt, die sich immer wieder um Kleinkram kabbelten. Ich schlage ihnen dann zum Beispiel vor, einen Konflikt („Wer soll den Abfalleimer hinunterbringen?") in diesem Ein-Wort-Stil auszutragen. Es ist für beide ein paradox befreiendes Erlebnis, inhaltlich eine bestimmte Position aufrechtzuerhalten, während der Prozeß selbst erfordert, sich abzustimmen, zusammenzuarbeiten und das Kontrollbedürfnis aufzugeben. Natürlich haben die Spieler keinen Einfluß darauf, wie der Satz aussehen wird, wenn sie das Spiel richtig handhaben. Normalerweise gibt es als Ergebnis eine Verschiebung des Machtgefühls. Und manchmal bringen sie tatsächlich einen Satz zustande, der Wahlmöglichkeiten enthält, an die sie bis dahin nicht gedacht hatten.

Im Team: Die Gruppe wird halbiert, fünf bis sechs Teilnehmer bilden ein Team. Jedes Team bekommt ein Kennzeichen. Nutze deine Phantasie und die der Gruppe, um Rollen zu finden. Jedes Gegensatzpaar ist gut. Wenn zum Beispiel die Rollen 'Topdog–Underdog' gewählt werden, wird das Topdog-Team seinen Satz bilden, indem jeder Teilnehmer ein Wort hinzufügt, bis der Satz fertig ist. Dann wird das Underdog-Team in der gleichen Weise verfahren und eine Antwort geben.

Was die Erfahrung bringt:
Dieses Spiel ist das wirkungsvollste Mittel, das ich kenne, um Jetzt-Zentriertheit zu lehren. Es ist eine starke, bildhafte Demonstration, wie uns das 'Vorführen' vom Erlebnis des Augenblicks fernhält. Jeder, der versucht, sich vorher schon ein Wort auszudenken, wird sich gerade dadurch unvorbereitet finden, weil er den Kontakt zur aktuellen Situation verloren hat. Da niemand wissen kann, wie der Satz am Ende aussehen wird, gibt es für niemanden die Möglichkeit, sich vorzubereiten. Tatsächlich besteht die einzige mögliche Vorbereitung darin, am Nullpunkt der Indif-

ferenz zu sein, einfach zuzuhören, und in der Sekunde, in der man 'an der Reihe' ist, ein Wort beizusteuern. Auch wird ein Spieler weniger auf die entstehende Gestalt achten und weniger bereit sein, ein passendes Wort anzufügen, wenn er es darauf angelegt hat, dem Satz eine bestimmte inhaltliche Richtung zu geben.
Oft konstruiert die Gruppe Sätze, Geschichten oder Antworten, die erstaunlich intelligent oder witzig sind, dabei ist die intellektuelle Anstrengung für den einzelnen Teilnehmer minimal. Häufig ist nichts anderes als ein 'und', 'aber', 'es' hinzuzufügen. Die Aufgabe ist so einfach, daß jeder es leicht und mit Erfolg spielen kann. Das Spiel ist so faszinierend, weil es gleichzeitig totale Jetzt-Zentriertheit erfordert und enthüllt, wie wir mit diesem Zustand interferieren. Ich habe einige dieser Interferenzen schon genannt, durch Vorbereiten oder Kontrollwünsche zum Beispiel, aber es gibt natürlich noch weitere, u.a. der Wunsch, sich durch Humor oder Intelligenz hervorzutun. Manche Teilnehmer entdecken, daß sie sich in Taubheit oder Dummheit 'hineinerschrecken'. Wann immer ich das Spiel vorschlage, betone ich seine minimalen intellektuellen Anforderungen und achte darauf, wie die Teilnehmer sich selbst zum Spielen unfähig machen.

SYNAPTISCHE ÜBERMITTLUNG

Wie es geht:
Dieses Spiel ist so leicht zu spielen, wie es schwierig ist, es zu beschreiben. Lehre es durch Vormachen. Die Gruppe soll im Kreis stehen.
Dann erkläre den Teilnehmern, daß es bei diesem Spiel keine Möglichkeit gibt, Erfolg oder Mißerfolg zu haben, etwas richtig oder falsch zu machen, sondern daß es um nichts anderes geht, als einen Laut- oder Körperimpuls weiterzugeben. Wende dich dann plötzlich zu deinem rechten Nachbarn und laß deinen Körper eine bestimmte Bewegung machen und gib einen Ton von dir (wirf zum Beispiel die Arme heftig hoch, rolle wild mit den Augen und schrei 'Waaaarrr...'). Dein rechter Nachbar soll lediglich Zeuge deines Ausdrucks und deines Tons sein, sich dann seinerseits an seinen rechten Nachbarn wenden, um eine eigene Bewegung und einen eigenen Ton zu machen. Betone, daß dies ein völlig ungeistiger Prozeß ist und bedenke, was in der Gruppe störend einwirken könnte. Niemand soll den Ton oder die Bewegung, die man sieht, interpretieren, und niemand soll sich selbst auf die eigene Bewegung und den eigenen Ton vorbereiten. Alles soll reflexhaft geschehen, so schnell, wie Nervenimpulse im Körper durch die Synapsen übermittelt werden.
Um das Spiel zu schildern, stell dir einen Flipper vor, wie der kräftig losgeschossene Ball die Gegenstände, die er berührt, zum Aufleuchten bringt,

Bewegung und Ton. Ermuntere die Teilnehmer, ihren Körper so viel wie möglich zu benutzen und mache sie darauf aufmerksam, ob und wann sie den Ton auslassen. Du kannst feststellen, daß die Teilnehmer, die ihre Arme über der Brust oder auf dem Rücken gekreuzt halten, sich selbst einpanzern, als wollten sie ihre 'Reflexibilität' vermindern. Mache sie darauf aufmerksam.

Eine Rokoko-Ausschmückung:
Man kann die Herausforderung des Spiels noch erhöhen, indem man in beide Richtungen Impulse losschickt, nach rechts und nach links. Dann wird ein Teilnehmer gleichzeitig zwei Impulse auffangen, einen von rechts und einen von links. Er muß dann auch selbst zwei Impulse weitergeben. Wenn zwei Teilnehmer anfangen, gleichzeitig doppelte Impulse zu geben, gibt es folgerechtig zwei Stellen im Kreis, an dem Doppelimpulse gegeben und empfangen werden. Auf diese Weise kann mit jeder Erweiterung die Schwierigkeit geometrisch zunehmen. Einen Ball zu jonglieren, ist Spielerei, aber zwei oder drei Bälle zu jonglieren, ist eine andere Sache. Kompliziere das Spiel jedoch nicht, ehe die Gruppe nicht ganz mühelos mit jeweils einem Impuls umgehen kann. Die zusätzlichen Impulse sind nur für 'angewärmte' Gruppen gedacht.

Was die Erfahrung bringt:
Ich glaube, die Beschreibung macht deutlich, wie energielösend dieses Spiel ist. Es ist das am wenigsten beängstigende von allen. Jede Aktivität eines Teilnehmers ist ganz schnell wieder vorbei, niemand fühlt sich exponiert. Die Geschwindigkeit vereitelt jede Vorbereitung und jedes Nachdenken. Selbst scheue oder gehemmte Teilnehmer fangen an, sich zu dehnen, wenn die Laut-Bewegungen im Kreis herumsausen.

DU BIST DER ANFÜHRER

Wie es geht:
Dieses Spiel ist eine Kombination aus mehreren Stimm- und Körperübungen. Die Gruppe sitzt im Kreis. Die Einführung kann sehr kurz sein. Fang an, zur Gruppe zu sprechen. Sag ihnen, daß sie mitmachen sollen, indem sie mit dir sprechen — nicht danach, wie ein Echo —, zur gleichen Zeit, wie ein Spiegel für die Stimme. Sprich ein bißchen langsamer als gewöhnlich, laß die Modulierungen und den Tonfall deutlich sein, so daß man dir leicht folgen kann. Bitte sie, auch deine Haltung, die Gesten und den Gesichtsausdruck zu spiegeln. Wenn du selbst der Anführer bist, probiere verschiedene Arten: klare Sätze, deren Ende absehbar ist, abgehackte Äußerungen,

Singen zu rhythmischen Lautmustern oder Kauderwelsch. Wenn alle dich mühelos spiegeln, wende dich an einen beliebigen Teilnehmer und fordere ihn auf, deine Rolle als 'Anführer' zu übernehmen. Dabei kannst du eine bestimmte Reihenfolge festlegen, jeweils nach rechts oder links weitergehend. Aber vielleicht willst du keine bestimmte Reihenfolge, sondern je nach Intuition einen bestimmten Teilnehmer auswählen, so daß niemand vorher weiß, wann er 'an der Reihe' ist.Welches Muster du auch wählst, überlasse es nicht den Teilnehmern, wann sie aufhören, Anführer zu sein, sondern erkläre, daß jeder Anführer bleiben wird, bis zu sagen wirst, wer jetzt die Rolle des Anführers übernehmen soll. Dieses ist ein sehr wichtiges Detail. Es geschieht sonst sehr leicht, daß einer kurz die Anführer-Rolle übernimmt, dann abrupt aufhört und sagt: „Das ist alles", fast als hätte er ein paar gut vorbereitete 'Nummern' gebracht und sei nun damit am Ende. Wenn du ihn jedoch eine Kleinigkeit länger in der Anführerrolle bleiben läßt, als er will, kommt sein normales Verhalten zum Vorschein und es wird von der Gruppe gespiegelt, wie er anhält, sich zurückzieht, passiv wird oder Verwirrung zeigt — anstelle einer Vorführung.
Achte immer darauf, daß die Gruppe simultan spiegelt. Wenn sie zum Echo wird, ist die Kraft dieser Erfahrung sehr reduziert.

Was die Erfahrung bringt:
Der Reichtum dieser Erfahrung liegt auf vielen Ebenen. Um alle Vorzüge, die in ihr stecken, zu ernten, sollte das Spiel eingeführt werden, wenn genügend Zeit vorhanden ist, so daß jeder Teilnehmer die Anführer-Rolle einmal übernehmen können. Bei der Leitung wirst du merken, daß einige Teilnehmer länger führen müssen als andere. In der Regel sind zwei oder drei Minuten eine gute Zeit. Aber ein besonders scheuer und gehemmter Teilnehmer braucht vielleicht länger, um sich auszubreiten und die neue Erfahrung der Führung und Macht genießen zu können. Laß ihn dann weitermachen, bis er wirklich diese Ausweitung geschmeckt und gefühlt hat. Da die Gruppe auch alle zurückweichenden und ablehnenden Gesten spiegelt, erkennen die einzelnen, daß sie trotzdem führen. Dieses Bewußtwerden ist immer von einem Blick dankbaren Entzückens begleitet, als wollten sie sagen: „Danke, daß du mir nicht erlaubt hast, mich herauszuwinden oder aufzugeben."
Wer immer führt (ganz gleich, wie leicht oder wie schwer es für ihn ist), erfährt die Genugtuung, sich 'orchestriert' zu sehen und zu hören.Deshalb ist es so wichtig zu spiegeln und nicht Echo zu sein. Es ist mehr als nur das Gefühl von Macht oder Kontrolle. Es ist eher das, was ein Komponist fühlt, wenn er sein Thema von fünfzig Geigen gespielt hört.
Jeder hat für eine Weile eine Choreographie und eine Partitur für die Gruppe. Es führt nicht nur zu schöpferischer Befriedigung, sondern auch zu

Selbstschätzung, wenn man das mit den eigenen natürlichen Gesten und Worten bewerkstelligt. Wenn du dich räusperst oder dir die Hand vor den Mund hältst, wenn du allein bist, bleiben bemerkte oder unbemerkte Zeichen von Verwirrung zurück. Wenn es in der Gruppe geschieht, bekommen Klang und Geste eine beinah archetypische Bedeutung. Deine Maniriertheit wird zum künstlerischen Material.
Auch die Gruppe hat beim Spiegeln des Anführers reiche Erfahrungsernte. Das Spiegeln ist wirklich ein Prozeß des Einstimmens und man braucht starke Konzentration und Bereitschaft, währenddessen man sich selbst vergißt. Jemanden zu spiegeln ist, als würde man für Augenblicke der andere. Es ist eine neue und ungewöhnliche Möglichkeit , einen anderen zu erleben und in sich aufzunehmen. Wenn die Runde beendet ist, hat jedes Gruppenmitglied den Rhythmus, die Verhaltensweisen, das Sprachmuster jedes anderen Mitglieds gefühlt. Die Gruppe spürt auch die Qualitäten des Chors und der Choreographie ihres Tuns und zieht künstlerische Befriedigung aus ihrem Teil an der gemeinsamen Schöpfung.
Dieses Spiel geht immer. Es befreit den einzelnen und festigt die Gruppe.

Ich möchte diese Darstellung mit einem Dank an — und einem Zitat von — Del Close schließen, dem Mann, der mich die Konzepte und Anwendungsmöglichkeiten lehrte. Er ernannte mich zum Leiter des Committee Workshops, nachdem ich einen Workshop besucht hatte. Er hat wirklich das auch praktiziert, was er lehrte, indem er mich ganz ohne Umstände in eine Stellung zerrte, für die ich total unvorbereitet war, so schien es mir jedenfalls, denn ich hatte keinerlei Zertifikate und keine formelle Ausbildung. Seine Schritte waren extrem, aber sein Idealismus provozierte und inspirierte die Leute, mit denen er arbeitete. Er ist der am wenigsten vorhersagbare Mensch, den ich je traf. Seine Unvorhersagbarkeit machte es unmöglich, irgendeine Interaktion mit ihm vorzubereiten oder einzuüben. Seine unerwartete Entscheidung, mich zum Leiter der Gruppe zu machen, war ein Beispiel für seinen Glauben an das Theater und an das Leben. Er pflegte zu sagen, man bräuchte nicht mehr Training oder Ausbildung für das Improvisationstheater als man braucht, um über die Straße zu gehen. Wenn du nur siehst, was um dich herum vorgeht (bewußt die Umgebung wahrnehmen), und wenn du nur weißt, wohin du gehen willst (deiner selbst bewußt sein), dann kannst du mit beiden Situationen angemessen umgehen, mit der Bühne und mit der Straße.
Ich kann mir keinen anderen Satz vorstellen, der einfacher und beredter das Konzept ausdrückt, daß jede Gestalt eine neue ist, eine neue Lösung braucht, als Dels Bemerkung: „Wenn du heute genauso über die Straße gehst wie gestern, wirst du verdammt schnell tot sein."

INTEGRATION VON KÖRPERARBEIT UND GESTALT

Allen Darbonne, Ph.D.

(Dieser Artikel ist als Vortrag am Gestalttherapie-Institut in Los Angeles gehalten worden. Er enthält vor allem Material aus einem in Kürze erscheinenden Buch.)

Ich möchte über mehrere grundlegende Konzepte der Gestalttherapie sprechen und über ihr Verhältnis zur Körperenergie und zur Körperarbeit.

Als Therapeut bin ich daran interessiert, so ganz wie möglich zu leben und mit dem anderen zu sein und Wege zu finden, daß der andere oder die andere ihr Leben so ganz wie möglich leben kann. Immer wieder überlege ich, wie mein Handeln mit diesem Hauptanliegen übereinstimmt. Ich bin gegen jedes theoretische System, das Techniken oder Methoden anwendet, die diesem Anliegen widersprechen, ob das nun Bioenergetik, Gestalt oder Rolfing ist. Wann immer das Vorgehen selbst dem vollen Erleben und der Verwirklichung des Lebens zuwiderläuft, bin ich dagegen. Punkt!

Als Therapeut bin ich besonders daran interessiert, in Kontakt mit den Grenzen zu kommen, bis zu denen das Leben erfahren und verwirklicht wird. Ich will herausfinden, wo die Blocks sind, wo ein Klient seine Grenzen erweitern kann und wo er dessen nicht fähig ist. Wo will er nicht? Wo vermeidet er es, sich auszuweiten und lebendig zu sein in der Welt?

Gestalt ist eine der stärksten Techniken im Umgang mit diesen Grenzen des Erlebens und Auslebens, des Awareness-Kontinuums, des Bewußtseins-Kontinuums. Wenn irgend etwas Gestalttherapie überhaupt definiert, so ist es für mich das Bewußtseins-Kontinuum. Die grundlegende therapeutische Frage lautet für mich: „Wie unterbreche ich? Und wie unterbrichst du deine/unsere Erregung und deinen/unseren Ausdruck von Leben gerade jetzt, während wir arbeiten?" Eine Nebenfrage ist: „Wie unterbrechen wir den Prozeß der Balance unseres Organismus?"

Als Therapeut interessiert mich: Wie lasse ich mich beeindrucken – im energetischen Sinne — und bewegen durch den Menschen, mit dem ich zusammen bin? Wie lasse ich mich meinerseits ihn beeindrucken und wie lasse ich mich riskieren, ihn zu bewegen?

Ich halte noch einen anderen Gedanken für grundlegend, nämlich den, daß wir unser Körper sind. Das ist eine ganz einfache Sache, die wir oft im Prozeß der Therapie aus den Augen verlieren. Wir wissen und wir fühlen und wir existieren als unser Körper. Deshalb ist unsere Wachstums- und Veränderungsfähigkeit begrenzt durch unsere Fähigkeit, den Körper bewußt wahrzunehmen. Unsere Fähigkeit, den Körper bewußt wahrzunehmen, ist meiner Ansicht nach begrenzt durch das Ausmaß unserer Bewegungsfähigkeit. Ohne Bewegung ist alles gleich, es gibt keine Veränderung, und deshalb gibt es Anpassung und Verlust der bewußten Wahrnehmung, der Awareness.
Ich betrachte meine Arbeit als eine emotionale Arbeit. Wenn man das Wort 'Emotion' ansieht, ist es im Grunde aus zwei Teilen zusammengesetzt. Der erste Teil ist 'e', das bedeutet 'aus', 'heraus', und der zweite Teil ist 'motion', so heißt Emotion nichts anderes als 'Herausbewegen', die innere Erfahrung erleben und sie nach außen bewegen. Alles, was diese Herausbewegung blockiert, blockiert zugleich unsere Erfahrung, daß wir lebende, fühlende, menschliche Wesen sind, blockiert zugleich unsere Fähigkeit, mit anderem — mit diesem Aspekt von uns selbst — Kontakt aufzunehmen.

Sehr wichtig war mir die Erwähnung des Nullpunktes in Perls' Buch 'Das Ich, der Hunger und die Aggression'. Wenn Sie dieses Buch nicht gelsen haben, so sollten Sie doch wenigstens das Kapitel über den Nullpunkt lesen. Der Nullpunkt ist der Punkt des kreativen Gleichgewichts und der Zustand einer maximalen Awareness. Es ist der Punkt, wo wir am sensibelsten für jeden Unterschied sind. Wenn wir nach einem Ende der Polarität tendieren und dort feststecken, verlieren wir etwas von unserer Fähigkeit für feine Empfindungen.

Vom Körper her beobachtet ist das die Frage des Körpertonus' und der Balance zwischen Strecken und Beugen. Beim Körper ist der Nullpunkt an der Stelle, von der man gleich leicht zum Strecken und zum Beugen übergehen kann. Wenn wir eine Haltung einnehmen, in der wir chronisch gebeugt sind, wird die Muskulatur das allmählich als chronische Spannung übernehmen. Wir haben vielleicht eine chronische Spannung in unseren Armen vor lauter Beugen, vor lauter Herziehen statt uns zu erlauben, sie genauso leicht auszustrecken. Wenn man ein Gewicht in die Hand eines anderen legt, ohne daß er es sehen kann, wird er — wenn er ausgeglichen ist

– das Gewicht schneller wahrnehmen und schneller fühlen können, daß etwas auf ihn einwirkt.
Wenn er angespannt ist, braucht man ein viel größeres Gewicht, um ihn spüren zu lassen, daß etwas geschehen ist, daß ihn etwas berührt hat oder daß ein Gewicht auf ihn einzuwirken beginnt.

Wenn wir also an diesem Nullpunkt sind, sind wir optimal ausgeglichen und haben einen optimalen Tonus. Wir sind zur Bewegung nach jeder Richtung bereit und sind bereit, uns von der Welt anregen zu lassen und darauf zu achten, wie die Welt uns beeinflußt.

Ich glaube, daß dieses Gleichgewicht erhalten wird, indem wir wichtige organismische Ereignisse, was immer sie sein mögen, ganz erleben und ganz ausleben. Wo wir das volle Erleben und Ausleben unterbrechen, werden wir anfangen, Spannung zu entwickeln. Der Prozeß der Integration ist aus meiner Sicht folgender: das gänzliche Erleben und vollständige Ausdrükken, was mit jedem Ereignis des Organismus einhergeht. Integration ist nicht das, was wir tun. Integration ist eben, was geschieht, wenn wir andere Dinge tun, wenn wir uns erlauben zu sein und uns auszuleben. Deshalb werden chronisch unerledigte Konflikte zu einem chronischen Ungleichgewicht führen und dann möglicherweise zu physischer oder emotionaler Panzerung. Mit dieser körperlich-emotionalen Panzerung werden wir allmählich unbeweglich oder neigen dazu, eher nur in eine Richtung zu gehen als in die andere. Damit einher geht ein Verlust an Awareness.

Ein weiteres wichtiges Grundkonzept der Gestalttherapie und auch aller effektiven Körperarbeit ist nach meiner Meinung, daß das Ausmaß und die Qualität des Zugangs zum Körper und zum Gefühl von der Qualität des emotionalen und des körperlichen Rückhalts abhängen. Das kann man besonders gut sehen, wenn man die Atmung oder die Augen des Klienten beobachtet oder darauf achtet, wieviel Rückhalt an den Augen zu beobachten ist. Erlauben seine Augen wirklich, auf dich zuzugehen und dich hereinzulassen, wenn sie dich ansehen?
Es ist tatsächlich so, daß jeder Muskel, der mit irgendeinem Ausdruck oder irgendeinem Eindruck von außen zu tun hat, Teil des unterstützenden Apparates des Klienten ist. Was er mit den Beinen tut, ob er zum Beispiel immer auf seinen Beinen sitzt und dann darüber spricht, daß er „wirklich auf eigenen Füßen stehen" will – das ist wichtig. Und es ist wichtig, auf der Gefühlsebene damit in Kontakt zu kommen, was er nun tatsächlich mit seinen Beinen tut und wie er sich Rückhalt gibt.

Ein anderes wichtiges Konzept ist das der Angst. In der Gestalt – und das

gilt auch durchgehend für Bioenergetik und Reichianische Arbeit — ist die Vorstellung von Angst die, daß Angst Erregung ohne Rückhalt ist, so daß ein Überschwappen in das ganze System erfolgt. Das Herz beginnt zu rasen und gerät nun in die Erregung, die nicht ausgedrückt wird. Der Klient zieht sich zusammen, atmet weniger und hilft so seiner Atmung, die nötig wäre, um die Erregung fließen zu lassen, nicht. So sind alle mit Gefühlen verbundenen Krankheiten meiner Ansicht nach in gewisser Weise der Ausdruck eines körperlich-seelischen Ungleichgewichts. In diesem Ungleichgewicht fängt der Klient an, sich selbst zu vergiften. Das ist etwas, womit ich mich in letzter Zeit beschäftigt habe, die Vorstellung, daß andere Leute 'giftig' sind, daß jemand giftig ist für einen anderen. Ich glaube nicht so recht daran.
Ich sehe, daß wir uns selbst vergiften. Ein Mensch verhält sich oder ist, wie er ist. Wir reagieren auf diesen Menschen, und in uns beginnt etwas zu fließen. Wir fühlen Ärger oder Bitterkeit. Aber statt uns das richtig erleben zu lassen und es zu unterstützen und auszudrücken, halten wir uns an. Recht bald beginnen wir dann, unsere eigene Galle und unsere eigene Bitterkeit zu spüren. Wir bekommen Kopfschmerzen und alle möglichen Probleme. Ich glaube, die Vorstellung, daß andere Leute giftig sind, ist eine paranoide Vorstellung. Und ich glaube nicht daran.

Wachstum ist auch ein wichtiges Konzept in der therapeutischen Arbeit. Wachstum ist eine Ausweitung unserer Grenzen des Erlebens und Ausdrükkens. Wachstum ist einfach eine Ausweitung unserer Grenzen. In einem gewissen Sinne erneuern wir uns und wachsen, indem wir die bis jetzt gewohnten Grenzen loslassen. Die Grenzen, die wir üblicherweise 'Ich' nennen, sind vorübergehend weg. Wenn wir die vertrauten Grenzen nicht haben, wachsen wir, wir fühlen die Erregung und manchmal die Angst und Verwirrung durch den Verlust, und dann beginnen wir, neue Grenzen zu setzen aus unserer Erfahrung heraus und aus unserem Sein, wie wir eben sind und in Beziehung zu dem, was geschieht.

Ich habe den Eindruck, daß alle energetischen Therapien — und ich sehe Gestalt als eine von ihnen — auf einen Aspekt des Wachstumsprozesses besonderen Wert legen oder viel dazu beitragen.
Meiner Ansicht nach achtet Gestalt besonders auf Kontakt und Rückhalt-Geben und auf das Bewußt-Sein, wie jemand in Kontakt ist mit sich selbst und wie er sich selbst Rückhalt gibt oder nicht, und welche Möglichkeiten er entwickelt, durch Experimente dieses Bewußt-Sein durch neue Erfahrungen zu erweitern oder seine Grenzen auszudehnen.

Bioenergetik macht in vieler Hinsicht dasselbe, nur ist der Schwerpunkt dort gewöhnlich bei der Erweiterung und Vertiefung des Gefühlserlebens, meistens mit Hilfe von Übungen für bestimmte Ausdrucksmuster. Es kann sein, daß jemand einem Ausdruck schon ganz nahe ist, diesen fast durchkommen fühlt, ihn dann aber doch noch zurückhält. Dann experimentieren Bioenergetiker damit, den Klienten diesen zurückgehaltenen Ausdruck herausbringen zu lassen, vielleicht sogar zu übertreiben, um ihn so zu intensivieren oder stärker kommen zu lassen. Durch die vermehrte Bewegung, die zur Bioenergetik gehört, wird das Erleben noch intensiviert.

Die Schulen der Bioenergetik lehren Unterschiedliches. Die Lowen-Schule zum Beispiel legt auf beides Wert, auf das Intentionale und auf das Impulsive. Zu Anfang wird viel mit dem Intentionalen gearbeitet. Der Klient wird gebeten, einen bestimmten Ausdruck zu machen. Die Reichianische Schule ist insofern etwas anders, als der Fokus gewöhnlich nicht bei dem intentionalen Ausdruck liegt, sondern dabei, sich mehr hineinzubegeben, sich in das eigene Selbst zu begeben, sich zu erlauben, zu erfahren, was unter dem Denken vorgeht und zu lernen, wie man sanfter und weicher wird und schmilzt, und sich den mehr vegetativen und autonomen Reaktionen zu überlassen. Die Hauptmethode der Reichianischen Arbeit ist das Atmen. Reichianer benutzen keine Übungen für Handlungsmuster, um verschiedene Gefühlsweisen auszudrücken.

Ich benutze Rolfing, um mit den grundlegenden 'Ich-kann-nicht'-Mustern im Leben des Klienten zu arbeiten. Manchmal fangen die grundsätzlichen 'Kann-nicht' als wirkliches 'Will-nicht' an. Das Muster heißt: Das Individuum will die Hand nicht ausstrecken oder will nicht schlagen oder beissen oder was auch immer. Es ist so, daß – wann immer es den Impuls oder den Anstoß bekommt, irgendeine dieser Ausdrucksformen auszuführen –, es an sich hält. Solche Leute trainieren hauptsächlich die Beugungsmuskulatur. Sie spannen ihr Kinn an anstatt zu beißen. Sie ziehen sich tatsächlich zusammen oder ziehen die Schultern hoch, anstatt sich den Körper ausweiten zu lassen und Kontakt zuzulassen. Das ist von außen vielleicht kaum zu sehen, aber wenn man diesen Klienten an einen EMG-Apparat hängt, wird man herausfinden, daß jedesmal, wenn er etwas unterdrückt (zum Beispiel eine Ausdehnungsreaktion unterdrückt), tatsächlich eine Beugung stattfindet. Im wahrsten Sinne des Wortes fangen die Muskeln, die mit diesem Beugungsmuster zusammenhängen, an, kürzer zu werden. Im Laufe des Lebens werden sie grundlegend unfähig werden, d.h. man braucht bedeutend mehr Energie für das Ausdehnen als für die Beugung, obwohl alles mit dem einfachen Unwillen begann, bestimmte Dinge auszudrücken.
Ich glaube, daß die Arbeit mit verbalen Methoden oder nur mit Awareness

oder sogar mit bioenergetischen Techniken Jahre und Jahre brauchen würde, um dieses Ungleichgewicht umzukehren. Hier ist die Stelle, wo meiner Ansicht nach die Arbeit mit Rolfing einsetzen sollte, insbesondere, um die Muskulatur wieder da zu verlängern, wo starkes Zurückhalten oder eine starke Verkrampfung spürbar ist. Oft sind diese grundlegenden 'Ich-kann-nicht' rein körperlich entstanden. Ich glaube, daß man sie im Rolfing-Prozeß durcharbeiten und die Therapie auf diese Weise verkürzen kann.

Neuerdings wird ein dem Rolfing sehr ähnlicher Ansatz entwickelt, das Rolf-Aston-Patterning in Ruhe und Bewegung. Patterning ist ein Prozeß, der in vieler Hinsicht zwischen Gestaltarbeit und der typischen Rolfing-Arbeit steht. Hier fängt der Klient an, tatsächlich Ich-Verantwortung für seine Muster (pattern) zu übernehmen, sein Bewußt-Sein zu benutzen, um zu sehen, was er mit seinem Körper macht und wie er zu seinem Ungleichgewicht beiträgt. Er geht nicht nur durch den Rolfing-Prozeß, sondern lernt auch, wie er seine Verkrampfungen und Spannungen entwickelt. Er lernt weiter, wie er diese Verkrampfungen selbst loslassen kann, ohne zu einem Rolfer gehen zu müssen, um dort wiederholt gelockert zu werden.

Alle diese Methoden tragen bei zur Vertiefung der therapeutischen Erfahrung und der Erfahrung des Lebens.

NAMEN–THERAPIE
Ein Zugang zur Vielfalt der Persönlichkeit

Bruce Derman
(Danzer, Brucius, Fuchs etc.)

Obwohl ich von der Gestalttherapie komme, fühlte ich mich mit dem Stil von Fritz Perls, nach dem ich ausgebildet wurde, nie ganz wohl. Der 'heisse Stuhl' als Arbeitsstil stellte sich für mich als ein falscher Stuhl heraus. Ich war jedoch immer heimisch in der Art, alles als einen Prozeß der organismischen Selbstregulation zu sehen, wobei es Aufgabe der Therapie ist, diesen Prozeß freizusetzen. Das Problem hieß für mich: Auf welchem Weg kann ich in diesen Prozeß hineinkommen, der in kreativer Weise widerspiegeln wird, wer ich bin? Ich brauchte einen Zugang, der persönlich und kreativ ist und viel Freiheit für Bewegung und Ausdruck läßt. Aus diesem Bedürfnis heraus schuf ich die Namen-Therapie.

Namen-Therapie ist eine Methode der Selbstentdeckung, bei der du eine aktive Rolle spielst, den verschiedenen Teilen deines Selbst Namen und wirklichen Ausdruck zu geben. Innerhalb dieses Ansatzes sehe ich den Menschen als eine vielschichtige Persönlichkeit und nicht als ein eindimensionales stereotypes Individuum, als einen 'Paranoiden', einen 'Stier' oder als einen 'Alkoholiker'. Außerdem ist jede Persönlichkeit oder jedes Selbst in sich und für sich komplett; jedes hat seine eigenen Bedürfnisse, Funktionen, Interessen und Merkmale und jedes sein eigenes Alter, seine Kleidung und seine Bewegung. Durch den Entdeckungsprozeß für jedes Selbst kommst du dazu, deine eigene Vielfalt zu würdigen und zu akzeptieren, neue Ausweitungen zu erfahren und all deine Persönlichkeiten in einer harmonischen 'Familie' zu integrieren, die durch ein gemeinsames Interesse vereint ist.

Die Namen-Therapie ist eine lebendige Therapie. Ich habe kürzlich eine Gruppe erfahrener Ehetherapeuten gehört, die hervorhoben, daß das Leben als erstes und Therapie als zweites komme. Meiner Ansicht nach können sie ein und dasselbe sein. Der vergnügliche Geist, der Teil der Namen-Therapie ist, sorgt für das leichte Ineinandergehen der beiden.

Die Einflüsse der Begriffe

Der Mensch als eine vielfältige Persönlichkeit

Was ein Mensch in seiner Umwelt sieht, hängt von den Annahmen ab, die er entwickelt hat. Wenn er 'zwei' als eine zentrale Komponente von Beziehungen sieht, dann spricht er in Dyaden. Wenn er 'drei' für wichtig hält, dann spricht er in Triaden. Ich sehe den Menschen als eine vielfältige Persönlichkeit, und ich nehme Situationen im Lichte dieser Sichtweise wahr. Der Begriff 'vielfältige Persönlichkeit' ist sonst ein Synonym für 'geistige Verwirrung', wie das in Büchern wie 'Sybil' oder 'Die drei Gesichter der Eva' populär dargestellt wurde. Man nannte das auch 'schizo'. Diese Kommentare oder Assoziationen dienten dazu, den Mythos aufrechtzuerhalten, daß es gut sei, nur eine Persönlichkeit zu sein und schlecht, viele Persönlichkeiten zu sein. Viele von uns haben diesen Mythos erworben und gehen jetzt für immer herum in dem Versuch, ihr Selbst in das eine oder andere Prokrustes-Bett zu zwängen. Wenn man Leute mit diesem Dilemma zu fassen bekommt, kann man sie sagen hören: „Ich bin schrecklich, daß ich das tue" – „Ich verspreche, das nicht wieder zu tun" — „Hilf mir, dieses Verhalten loszuwerden" — „Es tut mir leid, daß ich das getan habe". Im Modell der einen Persönlichkeit muß jedes Verhalten, das nicht zu dem idealen Image gehört, ausgemerzt werden. Es gibt wenig Freiheit bei dem Versuch, eine Persönlichkeit zu werden.

Im Gegensatz dazu gibt es viel Freiheit, wenn man lernen kann, seinen vielen Persönlichkeiten Raum zu geben und sie zu nutzen, die Freiheit, alles, was man ist, ohne Vorurteil zu sein, und sich so alle Ausdrucksmöglichkeiten zu gestatten. Der Schlüssel ist, die Persönlichkeiten in einem harmonischen Fließen zu vereinen, ohne sich von ihrer Zahl überwältigt zu fühlen.

Aktives Namen-Geben als wertvoller Prozeß

In unserer Kultur ist das Namen-Geben ein willkürlicher Prozeß, den wir passiv akzeptieren. Bei der Geburt bekommen wir einen Namen, den wir normalerweise bis zum Ende unseres Lebens tragen. Auf dem Weg lesen wir dann weitere ergänzende Namen auf und häufen sie an. Frauen geben ihren Nachnamen auf und erwerben einen neuen. Wir alle reagieren automatisch auf diese Namen.

In der Namen-Therapie drehst du diese passive Rolle um und lernst, eine aktive Rolle zu übernehmen bei deinem eigenen Namensprozeß. Namen werden dann ein viel bedeutsamerer und sinnvollerer Teil deines Lebens. Du lernst, Namen zu wählen, die spezifisch und persönlich für dich selbst sind, und Namen zu finden, die nicht-bewertende und nicht nur eindimensionale Namen sind. So würde ich niemals einem Teil von mir den Namen 'Dummer' geben, das ist ein bewertender, eindimensionaler und unpersönlicher Name. Stattdessen könnte ich diesem Selbst den Namen 'Teddy' oder 'Tumby' geben, was meine eigene persönliche Mischung meiner Dummheit wiedergibt und keine Mißachtung in sich trägt.

Nicht-Anbindung als Schlüssel zum Frei-Sein

Mir scheint, daß viele von uns sich an ein oder zwei Persönlichkeiten in sich binden und der Welt dann nur dieses Image präsentieren. Die Persönlichkeiten, die wir auswählen, sind die, die am deutlichsten unser 'akzeptiertes' Image erhalten. Das schafft eine Situation, in der die Bewegungsfreiheit der Persönlichkeiten in unserer persönlichen internen Gemeinschaft abgewürgt wird. Wir haben dann nur zu einer sehr begrenzten Zahl unserer Persönlichkeiten Zugang, und die dadurch entstehende Reibung und Verleugnung bewirkt eine enorme Energieschwächung. Indem man jeder Persönlichkeit Raum gibt, ohne einige zu favorisieren, hört der Konflikt auf und die Energie wird zur Belebung des ganzen Organismus frei. Indem wir uns nicht an irgend'eine' Persönlichkeit binden, lernen wir, alle, die wir sind, zu akzeptieren.

Wie ich selbst angefangen habe

Von Anfang an war die Namen-Therapie eine sehr persönliche Methode. Sie hat eine wichtige Rolle für mein eigenes Wachstum gespielt. Erst nachdem ich angefangen hatte, die Namen-Therapie in meinem eigenen Leben zu nutzen, sah ich ihr therapeutisches Potential für andere. Es begann bei mir damit, daß ich mir den Namen, den mir die Gesellschaft gegeben hatte genauer anschaute: Bruce Derman. Ich hatte einen Namen bekommen, den ich passiv als 'Ich' akzeptierte. Niemand fragte mich, ob ich diesen Namen wollte, und niemand teilte mir mit, was ein Bruce Derman ist. Man entließ mich einfach damit: „Du bist einer, sei einer!" Mit den Jahren wurde es immer unangenehmer, einen Namen, den ich niemals verdaute, zu schlucken. Ich durchlief eine Phase, in der ich meinen Namen ändern wollte. Ich entdeckte als erstes 'Ingo Danzer' und nannte mich so. Ingo Danzer ist die Person in mir, die leicht von Härte zur Sanftheit gleiten kann, die viel Energie und Lebendigkeit hat. Ingo Danzer als Teil von mir zuzulassen, stellte einen wichtigen Schritt in meinem Leben dar. Ich sagte zu mir: „Ich bin schön". Vor seiner Ankunft sagte ich, daß ich „nicht so schlecht" sei. Die Anwesenheit von Ingo Danzer schenkte mir Glauben, daß ein kleiner, untersetzter, kahlwerdender Kerl mit durchschnittlichen Gaben sagen kann: „Ich bin schön" – und das auch meint.

Mit 'Ingo Danzer' hatte ich zumindest einen Namen meiner eigenen Wahl gefunden. Ich sah jedoch schnell die Falle. Den Namen Ingo Danzer anzunehmen, als spräche er für alles von mir, wäre nicht grundlegend anders, als immerfort Bruce Derman zu leben. Ich hatte die Farbe gewechselt, doch die Form war dieselbe. Ich würde immer noch nur einen Namen haben.

Als mir klar wurde, daß dieser eine Name eine Falle war, dämmerte die Geburtsstunde der Namen-Therapie. Ich sah, daß ich viele Namen war und daß jeder Name für eine einzige Persönlichkeit in mir sprach. Ich mußte alle meine Persönlichkeiten erkennen, um mir alles, was ich bin, bewußt zu machen.

Bis jetzt habe ich 25 Persönlichkeiten in mir entdeckt. Alle haben persönliche, nichtbewertende Namen, die den ansprechen, der sie sind. Manche der Mitglieder meiner inneren Familie sind: Der Heilige Brucius von und zu Gerechtigkeit, der Gerechte – Erich Lunscher, der Nichtsnutz – Reinecke Fuchs, der Schleicher und Betrüger – Emanuel Richter, der Kritische – Dicko, der sture Rebell – und Schmulums, das kleine, bedürftige Baby.

Alle diese Namen sind für mich sehr persönlich. Sicher sind das Qualitäten, die wir alle haben, aber ich suche meinen einzigartigen Ausdruck für sie. Deshalb ist Reinecke Fuchs mein persönlicher Ausdruck von Schleicherei. Nur zu sagen, daß ich gerade schleicherisch bin, ist zu unpersönlich.

Die Stärke der Namen-Therapie liegt darin, so treffend persönlich wie möglich mit sich selbst zu sein. Ich nehme an, daß alle Ansätze dieses Ziel gemeinsam haben, aber irgendwie scheint es bei der Übersetzung verlorenzugehen. Als Ergebnisse sehen wir kleine, vervielfältigte 'Gestaltis' herumlaufen oder Horden von 'ESTers' oder 'Primärlingen'. Sie scheinen alle in der gleichen Fabrik hergestellt worden zu sein. Sie gehen und reden alle gleich. Du gehst weg und hast das Gefühl, mit einer Formel geredet zu haben.

Als Reaktion auf diese therapeutische Falle richte ich meine Aufmerksamkeit zunächst auf die Person und dann auf den Ansatz. Eine solche Sichtweise ist wesentlich. Du machst also nicht Namen-Therapie, sondern du machst dich. Namen-Therapie ist nicht irgendeine Methode oder Form. Namen-Therapie ist dein persönlicher Lebensprozeß und heißt, ihn zu akzeptieren und auszudrücken. Es gibt so viele Namen-Therapeuten, wie es 'Dus' gibt. Da du Namen-Therapie nicht machst, lebst du sie. Sie kennt keine zeitliche Begrenzung. Du setzt dich nicht hin und sagst:„Jetzt mache ich Namen-Therapie" oder:„Ich mache dienstags von drei bis fünf Uhr Namen-Therapie". Dein Lebensprozeß geht immer weiter, er bewegt sich schon. Wenn du deinen eigenen persönlichen Prozeß wahrnimmst und integrierst, lebt die Namen-Therapie in dir und du machst Namen-Therapie. Sonst machst du nur eine weitere Technik.

Bevor wir darüber sprechen, was dazu gehört, um deine eigene Mischung von Namen-Therapie zu leben, möchte ich betonen, daß es viele Möglichkeiten gibt, dich in deinen Lebensprozeß einzustimmen. Namen-Therapie ist nur eine von ihnen, sie ist meine Möglichkeit. Sie hat mich in einer sehr persönlichen Weise angesprochen und berührt. Für mich ist ein Ansatz wertlos, solange er mich nicht anspricht, auch wenn andere auf diesen Ansatz schwören. Wenn die Namen-Therapie dich nicht anspricht, dann finde bitte einen besseren Verwendungszweck für dieses Papier.

Ein Haus, in dem jeder willkommen ist

Stell dir vor, du seist ein Haus mit vielen Zimmern. Zu manchen Räumen ist der Zugang einfach und leicht, während in andere nur schwer hineinzukommen ist, vielleicht sind die Räume selbst sogar schwer zu lokalisieren. Manche Zimmer sind im Keller, manche unter dem Dach, manche liegen in einem Anbau und sind vielleicht nicht einmal sichtbar mit dem Haupthaus verbunden. Diese Hausart ist typisch für die meisten von uns – es gibt Persönlichkeiten, die unter dem Dach wohnen, im Keller oder sogar auf der Straße. Meiner Ansicht nach ist das kein Haus im eigentlichen Sinne, weil die Familienmitglieder nicht erkannt, akzeptiert oder in das Haus integriert werden. Es ist dann nichts weiter als ein Haus, das als Postanschrift herhalten kann.

Um dieses Haus zu einem Haus zu machen, sind vier Schritte notwendig:

Erkennen	= Ich sehe einen neuen Teil von mir.
Annehmen	= Er ist okay.
Ausdrücken	= Ich erlaube ihm, sich völlig und ganz auszudrücken
Integrieren	= Er ist eins mit der ganzen Familie.

Erkennen

Erkennen ist der erste Schritt im Namenprozeß. Da ich jede Tür öffnen und sehen kann, was im Zimmer jeder Persönlichkeit ist, ist dieses jeweilige Selbst kein „He, du!" und kein unwillkommener Gast. Zum ganzen Erkennen gehört das Namen-Geben, das dazu dient, jedes Selbst persönlich zu machen und zum potentiellen Teil der Familie der 'Selbste'. Im Prozeß dieser Veränderung wird die Persönlichkeit mehr ein 'Er' oder eine 'Sie' als ein 'Es'. Er wird dann als eine Person erkannt, deren jeweiliger Stil, Stimmfall, Kleidung und Körpersprache anders ist als bei den anderen.

Es gibt drei wesentliche Elemente bei der Namenauswahl. Erstens: Der Name darf nicht bewertend sein. Die Namen 'Narr', 'Kriecher' oder 'Dumpfheit' sind unangebracht. Sie haben in unserer Kultur alle negative Konnotationen. Wenn die Persönlichkeit negativ etikettiert wird, wird es schwierig sein, ihre positive Funktion zu sehen, und das Akzeptiertwerden wird in der Familie begrenzt bleiben.
Zweitens ist es notwendig, daß der Name nicht nur eine Eigenschaft ausdrückt. Eine Eigenschaft als Namen zu verwenden, führt leicht dazu, die Entwicklung der Persönlichkeit zu begrenzen. Wenn zum Beispiel eine deiner Persönlichkeiten 'Passivität' genannt wird, dann wird dieses Selbst nie gänzlich personifiziert. Viele Menschen haben einen passiven Teil. Es ist wichtig, daß der Name den einzigartigen Stil und die Merkmale deines eigenen passiven Selbst ausdrücken kann. Ähnlich ist es, wenn du eine Persönlichkeit 'Snob' nennst, dann wirst du Schwierigkeiten haben, sie je als etwas Einzigartiges oder Persönliches zu sehen. Wenn du sie aber 'Lady Pöseldorf' oder 'Lord Snobledom' nennst, gibst du der Art von Snob, die du sein kannst, Ausdruck. (Das sollte wiederum dein Snob-Selbst ansprechen, da du gewiß kein gewöhnlicher Snob sein willst!)
Drittens: Der Klang und die Stimmung des Namens sollte eine wesentliche Qualität der Persönlichkeit einfangen. Schon die Erwähnung des Namens muß die Kraft haben, im Zuhörer ein genaues Bild der Persönlichkeit hervorzurufen. Ich war besonders gut in der Lage, den Klang und den Rhythmus meiner Persönlichkeiten anzufangen, als ich den Ingo Danzer, Erich Stibitz und Z.Schlag benannte. Wenn ich diese Namen nur ausspreche, entsteht in mir sofort eine Vorstellung dieser Person. Indem ich diesem Prinzip folgte, fand ich, daß andere Leute in der Lage waren, die persönlichen Qualitäten einer jeden meiner Gestalten leicht zu identifizieren.

Den Prozeß des Erkennens kann ich am besten veranschaulichen, wenn ich dir erzähle, wie ich mit jeder der spezifischen Persönlichkeiten in Kontakt

kam. Seit Jahren gaben mir meine Freunde schon das Feedback, daß ich ein 'Gerechtigkeitsfreak' sei. Sie zogen mich sogar auf, daß es herrlich sei, mich als Freund zu haben, weil ich sie so sehr berücksichtigte. Wenn ich irgend etwas hatte, was sie nicht hatten, war ich immer bereit, es mit ihnen zu teilen. Ich fühlte mich nicht wohl, wenn ich eine Freundin hatte und sie nicht. Wenn sie mir etwas gaben, wollte ich ihnen auch etwas geben. Die Freunde sagten mir manchmal, daß sie sich schuldig fühlten, weil ich so 'gerecht' zu ihnen war. Sie hatten den Eindruck, daß sie mich nicht erreichen konnten.
An dieser Stelle begann ich, ein Bild einer sich bildenden Persönlichkeit zu entdecken. Sie hatte zwei wichtige Merkmale: Gerechtigkeit und ein Hang zur Heiligkeit. Das Bedürfnis, diese Eigentümlichkeit zu sehen, wurde wichtiger und wichtiger, weil ich immer enttäuschter war über andere wegen meines Gerechtigkeitszwanges. Wenn jemand meiner Vorstellung von Gerechtigkeit nicht entsprach, wurde ich sogar zornig. Dann sah ich die andere Seite dieser Persönlichkeit: ihre Rachsucht. Als ich in Kontakt kam mit der Gerechtigkeit und der Rache, sah ich sofort eine Kirche vor mir und fast im gleichen Augenblick wurde der Name 'Heiliger Brucius von und zu Gerechtigkeit' geboren. Von Anfang an wußte ich, daß dieser Name vollkommen war. Ich konnte ihn aufrecht dort stehen sehen, seine Lehre von der Gerechtigkeit verbreitend, gekleidet in eine Staatsrobe und mit dem Blitzstrahl des Zornes derer von und zu Gerechtigkeit hinter ihm. Das machte mir bewußt, wieviele Leute ich mit oder ohne ihr Wissen exkommuniziert hatte, weil sie meine Vorstellungen von Ethik mißachtet hatten.
Der Name 'Heiliger Brucius von und zu Gerechtigkeit' fängt die grundlegende Qualität, den Rhythmus und den Klang dieser Persönlichkeit ein. Wenn ich sie einfach 'Gerechtigkeit' genannt hätte, wäre ich ein eindimensionaler Strohmann geblieben. Ich könnte noch erwähnen, daß der Heilige Brucius keinen anderen Namen haben könnte. Ich fühle fast, daß er es mir selbst gesagt hat.

Annahme

Wenn wir einmal die Tür zum Zimmer einer Persönlichkeit geöffnet haben, und wenn wir uns getraut haben, einzutreten und das Licht anzumachen, so daß wir sie ganz und gar sehen können, dann stehen wir der Aufgabe gegenüber, sie bedingungslos anzunehmen. Das ist schwierig, weil die Gründung unseres Hauses – deines und meines – in einer Umgebung stattfand, in der die bedingte Liebe und Annahme unser Modell war: „Ich liebe dich, wenn du...". Ich kann meinen eigenen nicht akzeptierenden Ton herauskriechen hören beim Tippen dieses Satzes. Ich kann mich erinnern, wie das 'saß', als Hugh Prather zu mir sagte: „Kannst du meine Nichtannahme annehmen?" Ich wußte, daß meine Antwort 'Nein' war. Meine Annahme hatte immer noch Bedingungen. Annahme aber ist Annahme, ist Annahme! In dieser Aussage wird nichts von Bedingungen oder Ausnahmen erwähnt. Annahme ist, was sie ist: Annahme.

Ohne bedingungslose Annahme können sich die Persönlichkeiten nicht ganz entwickeln. Es ist vielleicht richtiger zu sagen, daß sie sich nicht entwickeln wollen. Der Grund liegt darin, daß zu der Zeit, in der sich ein Individuum entscheidet, mit einem Ansatz wie der Namen-Therapie zu arbeiten, sich zwischen vielen seiner Persönlichkeiten bereits ein grundlegendes Mißtrauen entwickelt hat. Dieses Mißtrauen wuchs heran und wurde genährt durch einen ununterbrochenen Strom von Nicht-Annahme, von bedingter Annahme und gebrochenen Versprechen. Das Mißtrauen kreist in jeder Persönlichkeit um das Gefühl: „Ich werde nicht den Raum haben, den ich brauche. Ich werde meine Bedürfnisse nicht stillen können." Selbst jene Persönlichkeiten, die sich den Raum genommen und sich geschnappt haben, was sie brauchen, bleiben mißtrauisch. Sie leben in ständiger Angst, daß ihnen wieder genommen werden könnte, was sie gestohlen haben.

Um dieser Atmosphäre entgegenzuwirken, muß eine akzeptierende Umgebung geschaffen werden, die das Haus und die Nachbarschaft durchdringt. In einem solche Klima werden mehr 'Selbste' riskieren, an die Oberfläche zu kommen. Drei Dinge sind notwendig, um eine Atmosphäre der Annahme zu schaffen: bedingungslose Liebe, Gleichheit und die Bestätigung der Wichtigkeit.

Bei der bedingungslosen Liebe wird das Selbst aufgefordert, ohne Klauseln im Kleingedruckten vorzutreten. Außerdem wird es eingeladen, sich all den Raum zu nehmen, den es braucht. Unsere Fähigkeit zur bedingungslosen Liebe wird ernstlich auf die Probe gestellt, wenn wir dem gegenüberstehen, was Ken Keyes als das „Unannehmbare emotional anzunehmen" beschreibt. Die wirkliche Herausforderung für mich bestand nicht eigentlich darin, Ingo Danzer und Lustikus Scherzi zu akzeptieren, sondern Erich, den Taugenichts und Reinecke Fuchs und Brucie, den Ängstlichen. Als ich gelernt hatte, auch diese drei zu akzeptieren, näherte ich mich der wahren Bedeutung von bedingungsloser Liebe.

Ich möchte diesen Teil des Prozesses besonders anschaulich machen und deshalb meinen Kampf, diese feige, stümperhafte Persönlichkeit in mir anzunehmen, ausführlich darstellen. Er ist ein Nichtsnutz, der nicht einmal weiß, daß er ein Nichtsnutz ist. Er ist, was man 'außer sich' nennt, und er ist Gegenstand ständigen Spottes. Er ist ein übergewichtiger, schmutziger Schlamper, der sich durch das Leben stümpert. Er trägt vergammelte Nahrung mit sich herum und alte Sachen. Seine einzigen Interessen sind Essen und Masturbieren. Und er bemerkt überhaupt nicht, daß die Leute über ihn lachen. Er hat keine Freunde, und Mädchen verabscheuen ihn.

Diese Persönlichkeit zu benennen, war ziemlich leicht. Ich wußte einfach, daß sie niemand anderes sein konnte als Erich Lunscher. Indem ich Erich den Namen gab, machte ich den ersten Lernschritt auf dem Wege der Akzeptierung. Ich mußte jedoch mehr tun als das, wenn ich ihn wirklich annehmen und schätzen wollte.

Hier nun begann der eigentliche Kampf. Ich wußte, daß ich es riskieren mußte, auch öffentlich Erich zu sein, aber ich hatte Angst davor. Ich zauderte mehrere Monate lang. Schließlich beschloß ich, als Erich auf eine Party zu gehen. Das würde nicht leicht sein, weil ich meinem Sohn begegnen würde, einer Freundin und Freunden, sowie Personen, die ich nie zuvor gesehen hatte – und das in einer Art, wie mich zuvor noch niemand gesehen hatte. Schließlich entschied ich mich jedoch, das zu riskieren. Ich wollte mich nicht nur als Erich benehmen, sondern mich auch so anziehen, so daß ich aussehen würde wie Erich. Ich trug viel zu große Hosen und weiße Socken, abgelaufene schwarze Schuhe, ein 'Button-down'–Hemd, einen Schlips, dessen dünnes Ende länger herunterhing als das breite und ein zerbeultes, mit Ketchup bekleckertes Jackett, das dazu noch zwei Nummern zu groß war. Das Hemd war nur teilweise in die Hose gesteckt, ein Zipfel guckte aus meinem offenen Hosenschlitz. Mein Haar trug ich wirr vom Kopf abstehend, und ich hatte nicht geduscht, obwohl ich den ganzen Morgen über Tennis gespielt hatte und sehr verschwitzt war. Bei der Party war ich Auslöser für viel Gelächter. Einmal war ich so sehr Erich, daß ich Zwiebelsoße auf meine Hose goß. Erich nahm charakteristischerweise eine Serviette und deckte sie über das Malheur und machte weiter. Die Leute brüllten vor Lachen, aber mein Sohn regte sich sichtlich darüber auf, daß sein Vater so ausgelacht wurde. Obwohl mich seine Reaktion sehr berührte, war es doch faszinierend zu entdecken, daß es als Erich völlig in Ordnung war, Soße zu verschütten. Als Erich konnte ich fast alle sozialen 'Pfuis' riskieren und damit zurechtkommen. Ich kam plötzlich darauf, daß genau dies Erichs positive Qualität ist. Er hat viel Freiheit, das Unakzeptable zu tun. Erich ist Erich. Er verletzt soziale Normen ohne einen zweiten Gedanken daran zu verlieren. Als ich Erich wurde, entdeckte ich, daß seine Schönheit in seiner Fähigkeit liegt, die Freiheit für das Unakzeptable zu geben. Indem er er selbst war und niemand sonst, hat er mir ein wunderbares Geschenk gemacht.

Damit es bedingungslose Liebe geben kann, muß die Gleichwertigkeit aller Persönlichkeiten im Selbst anerkannt werden. Alle 'Selbste' sind gleichwertig. In dem Moment, in dem auch nur eine der Persönlichkeiten den anderen gegenüber als ungleichwertig erscheint, wird Energie abgezogen und in das Vergleichen, Sich-runter-machen und in die Zellenbildung gesteckt. Man braucht Energie, um ein Selbst als Gefangenen im eigenen Haus zu halten. Und als Ergebnis ist dann der Zugang zur Funktion dieser Persönlichkeit abgeschnitten und die Möglichkeit ernstlich behindert, das Potential dieser Persönlichkeit zu nutzen.

Damit eine Atmosphäre des Annehmens entstehen kann, ist es wesentlich, daß jedes Selbst als für die ganze Person bedeutungsvoll angesehen wird. Im Stadium des Akzeptierens ist es nicht nötig, sich darüber klar zu sein, wofür sie wichtig sind; es geht nur darum, an die positive Bedeutung aller deiner Persönlichkeiten zu glauben. Ich bin davon überzeugt, daß alle meine Persönlichkeiten — gleich, wie sie aussehen oder handeln — eine positive Essenz haben. Sie wären nie entstanden, wenn sie nicht eine notwendige Funktion erfüllten. Wenn du auf die Bedeutung aller vertraust, ist die Offenheit da für die erforderliche Arbeit.

Ich merke, daß ich das Idealbild von Annahme dargestellt habe. Ich tat das, um den Weg zu zeigen, den du zu gehen hast. In Wirklichkeit ist der Weg zur vollständigen Annahme aller deiner Persönlichkeiten langsam und voller Hindernisse. Sobald das Hindernis selbst ein angenommener Teil von dir wird, werden die Persönlichkeiten deiner inneren Familie fühlen, daß sie bejaht werden, gerade so wie sie sind. Bereitwilliger werden sie sich dann voll entfalten. Mißtrauen und Furcht werden der Vergangenheit angehören, und es wird mehr Bereitwilligkeit geben, in eine für alle wohltuende Richtung zu gehen. Auch wirst du keine Energie auf die Behauptung verwenden müssen, daß bestimmte Teile von dir nicht existierten.

Ausdruck

Immer wenn du sprichst oder dich bewegst, drückt sich die Persönlichkeit aus, die gerade im Vordergrund steht. Damit der Ausdruck vollständig ist, müssen deine Worte, deine Bewegung oder Haltung den Geist, die Gefühle und den Körper dieser Emotion wiedergeben. Alle drei Bedingungen müssen erfüllt sein, kein Element darf fehlen. Entsprechen deine Worte nicht dem Ton, in dem dein Selbst ist, oder ist dein Körper zwar ausdrucksvoll, aber die dazugehörenden Worte kommen nicht, dann ist dein Persönlichkeitsausdruck unvollständig. Das trifft auch zu, wenn ein Teil des Ausdrucks verwässert oder verzerrt ist. Wenn du zum Beispiel sagst:„Wenn du mich wirklich liebtest, würdest du...", ist das eine verschlüsselte Aussage für den offeneren und unverwässerten Ausdruck:„Ich möchte, daß du mich liebhast."

Voller Ausdruck ist gleichbedeutend mit Klarheit. Nur wenn die Funktion einer Persönlichkeit offen und vollständig ausgedrückt ist durch ihr totales Sein, kann sie wirklich Klarheit erleben. Die Anwesenheit der Person sollte für jeden, der dabei ist, deutlich sichtbar sein ohne Dekodierung. Ich will den Unterschied zwischen der Klarheit des totalen Ausdrucks der Persönlichkeit und dem Pseudoausdruck in der Sprache des Pastor Jeremias Gottlieb Wahr darstellen:

Geist–Kopf:
Verzerrter Ausdruck: Du siehst die Dinge nicht richtig.
Klarer Ausdruck: Ich habe recht, du hast unrecht. Was ich sage, ist wichtig.

Körper:
Verzerrter Ausdruck: Wiehern hinter einem Lächeln.
Klarer Ausdruck: Kopf hoch, Nase vor, Brust raus.

Gefühl:
Verzerrter Ausdruck: Gleichgültigkeit.
Klarer Ausdruck: Ärgerliche Entrüstung.

Alle Persönlichkeiten können sich frei ausdrücken, wenn sie einmal bedingungslos akzeptiert sind. Sie können ihre separaten Zimmer verlassen und im ganzen Haus gehört und gesehen werden, ohne Erwartungen oder Zurückweisungen von den anderen zu spüren. Jede Persönlichkeit kann sich dann frei bewegen in dem Gefühl, anders oder sogar genau entgegengesetzt zu den anderen zu sein; und sie kann entdecken, was sie mit den anderen gemeinsam hat.

Als ich zum Beispiel meinem sanften, verletzlichen, weiblichen Selbst, 'Weide', Raum gegeben hatte, stürmte eine andere Persönlichkeit in meinen Lebensraum; 'Rip Killtrip'. Er ist die Persönlichkeit in mir, die leidenschaftlich hassen und vielleicht sogar töten kann. Zumindest spricht er vom Töten, wenn er sich ganz und vollständig ausdrückt. In der Vergangenheit habe ich Rip Killtrip immer verstummen lassen, und so konnte ich ihn nie aus der Nähe betrachten. Jetzt habe ich entdeckt daß er ähnlich intensiv ist wie Weide. Keiner von beiden kann von seiner Mission abgelenkt werden und bei beiden gibt es viel Lebendigkeit und Energie. Mit der Liebe von Weide kam der Haß von Rip. Ich beginne, sie beide zu schätzen.

Während des Stadiums des Ausdrucks lernt jede Persönlichkeit – wie Weide und Rip – ihre eigene innere Harmonie und ihren Rhythmus zu finden. Integration der vielen Persönlichkeiten ist nicht möglich, ehe nicht jede Frieden in sich selbst findet, einen Frieden, der aus Annahme, Awareness und einem Gefühl dafür besteht, wer er ist. Es genügt nicht, wenn du nur ein geistiges Verstehen für deine Persönlichkeiten hast. Wichtig ist, daß du erfährst und auslebst, wer sie sind. Ich könnte dir gesagt haben, daß in mir eine Person wie Rip Killtrip ist, aber solange ich ihm nicht erlaube, seinen Haß vollständig auszudrücken, bliebe er nur ein Kopftrip.

Integration

Wenn die Persönlichkeiten eine innere Harmonie entwickelt haben, sind sie in der Lage, ein Heim zu schaffen, in dem sie alle unter einem Dach in einer Atmosphäre liebender Annahme leben können. Der Prozeß der Integration findet auf drei Ebenen statt. Zuerst lernen sich die Persönlichkeiten schätzen und beginnen einander zu achten. Jeder gibt dem anderen bereitwillig Raum, und sie drücken ihre positiven Gefühle füreinander aus. Sie sind wie Brüder und Schwestern, Väter und Mütter, die sich aneinander freuen. Für viele ist dies das erste Weihnachten, zumindest mit der ganzen Familie. Niemand lebt mehr in einer versteckten Kammer oder auf fremder Erde. Sie erleben den Prozeß, den sie während der vorangegangenen Stadien gemacht haben. 'Liebe' ist das beliebteste Wort des Tages geworden. Sie haben gelernt, daß die wirkliche Sicherheit darin besteht, ein Teil zu sein, und daß die Pseudosicherheit der Runtermacher, der Vergleiche und der Egotrips vergänglich und leer ist. Außerdem haben sie Gemeinsamkeiten entdeckt, wo sie zuvor nur Unterschiede sahen. Die Gleichwertigkeit erlaubt ihnen zu spüren, daß sie innerhalb der Gemeinschaft zu ihrem Zweck vereint sind: einander zu nähren.

Auf der zweiten Stufe lernen die Persönlichkeiten, ihre Bewegungen zu koordinieren. Es bedarf geschickter Einfühlsamkeit, um mit so vielen Persönlichkeiten unter einem Dach in einer Atmosphäre der Harmonie und Balance leben zu können. Wenn sie alle zugleich auf die Tür zustürzten, gäbe es ein Chaos. Das trifft auch für den Fall zu, daß sie alle darauf bestünden, gleichzeitig zu sprechen. Eine Familie muß lernen, als ganzer Organismus zu leben und sich zu bewegen und nicht wie voneinander unterschiedene Ganzheiten. Es ist wichtig, daß sie die ganze Familie als etwas Grösseres sehen als die Summe ihrer individuellen Teile. Nur wenn sie Ganzheit als Wert erkennen, kann es vollkommene Integration geben.

Auf der dritten Stufe entwickelt sich ein interessantes Phänomen. Es besteht kein Bedürfnis mehr für die Anwesenheit vieler Persönlichkeiten. Die Persönlichkeiten kommen erst ins Leben, um dich mit einer besonderen positiven Qualität auszustatten. Wenn du deine Persönlichkeiten annehmen kannst, hast du Zugang zu all den positiven Qualitäten, die in ihnen stecken. Du brauchst jetzt nicht länger voneinander getrennt definierte Persönlichkeiten. Du kannst dich fließend von einer Qualität zur anderen bewegen, ohne Anbindung an irgendeinen Aspekt deiner selbst. Du kannst an die Persönlichkeiten in dir herankommen, die für jede spezifische Zeit passend sind. Wenn du in einer intimen Situation bist, drückst du deine Qualität der Nähe aus. Wenn eine Situation Selbstbehauptung erfordert, kommst du an dein Aggressiv-Sein. Alle Qualitäten stehen zur Verfügung und keine steht an Wichtigkeit der anderen nach. Du kannst nicht etikettiert werden, weil du nicht mehr vorhersagbar bist. Dir steht ein unbegrenzter Vorrat an Kräften zur Verfügung. Hier bist du eins mit allen und keiner mit niemandem. Du bist weder eine Persönlichkeit noch viele, denn du bist Persönlichkeit. Du bist über dein Bedürfnis nach Persönlichkeit hinausgegangen. Du bist das 'Ich', das nicht eine Form hat, weil es alle Formen integriert, nicht eine Farbe, weil es alle Farben integriert

Namen-Therapie für den Alltag

Namen-Therapie ist eine Therapie für jeden Tag. Sie kann die vielen Entscheidungen und Erfahrungen, denen du dich täglich gegenübersiehst, klären und vereinfachen.

Laß uns einen kurzen Blick werden auf die Namen-Therapie im Bereich der Sexualität. Für Anfänger halte ich die Frage: „Möchtest du mit mir ins Bett gehen?" für zu unpersönlich. Mir sagt es nichts und fragt mich nichts. Die persönliche Frage oder Aussage lautet: „Wer in dir möchte mit wem in mir ins Bett gehen?" Auch: „Wie will diese Persönlichkeit den Sex? Wird ihr Stil zu meinem passen, oder verschwenden wir nur unsere Zeit? Zum Beispiel mag Juxok, mein absurder Komiker, neckendes, sexuelles Spiel, aber keinen sexuellen Verkehr. Wenn du also jemand bist, der Verkehr oder sanften, liebenden Sex will, würdest du mit Juxok nicht zusammenpassen. Nicht, weil mit dir etwas nicht in Ordnung wäre, aber weil die Persönlichkeiten, in denen wir beide gerade sind, nicht zueinander passen."

Bei dieser Art von Persönlichkeitswerdung braucht sich keiner der Partner zurückgewiesen zu fühlen, da der Konflikt rasch geklärt ist und es kein 'richtig' oder 'falsch' gibt. Bei der sexuellen Zurückweisung merkt ihr vielleicht, daß manche von euren Persönlichkeiten überhaupt keinen Sex wollen und daß manche anderen Sex wollen. In einem bestimmten Moment zu wissen, daß du vielleicht in einer Persönlichkeit bist, die nie Sex will, und dies dann auch mitteilen zu können, hilft möglicherweise, viele Mißverständnisse mit dem Partner zu vermeiden. Es verhindert, daß der Partner die Zurückweisung als persönliche Kränkung auffaßt und gibt die Verantwortung dahin, wohin sie gehört: zu dir.

Ein Gewahr-Sein, wie jeder von euch in bestimmten Augenblicken sexuellen Kontakt wünscht, kann euch alle Vielfalt bringen, die ihr zusammenphantasieren könnt. Ich mag diesen Aspekt besonders gern, weil er den kulturellen Druck nimmt, mehr und mehr Liebestechniken zu lernen und es in deiner Macht steht zu experimentieren. Du brauchst nichts zu lernen, sei einfach alles, was du bist.

Namen-Therapie kann ebenso leicht auf andere Lebensbereiche angewendet werden, auf deine Arbeit, deine liebevollen Beziehungen, deine Familie, deine Parties, Hobbies und auf dein Schreiben. Der verbindende Faden — egal in welchem Lebensbereich — heißt: immer zu erkennen, welche deiner Persönlichkeiten im Spiel sind und ihre eigenen besonderen Bedürfnisse zu entdecken und ihren Stil — und dabei doch ein Gefühl von Integration und Ganzheit zu behalten. Wir müssen uns erinnern, daß unter aller Verschiedenheit ein grundlegender Kern der Gleichheit ist.

Die folgende Fallschilderung wird dir eine Vorstellung von der Art von Persönlichkeit-Sein geben, die bei der Namen-Therapie in einem therapeutischen Setting möglich ist.

K(lientin): Ich möchte etwas über meinen Vater berichten, was ich noch nie jemandem erzählt habe.
T(herapeut): Weißt du, wer mir das erzählen will?
K: Ich bin nicht sicher. Ich... ich hatte sexuellen Kontakt, aber nicht Verkehr mit meinem Vater, fünf Jahre lang. Er pflegte sich mir zu nähern, und ich ließ ihn.
T: Sag mir etwas über die Persönlichkeit, die das tat.
K: Sie wollte gemocht werden, und es gefiel ihr, etwas zu bekommen, ohne etwas tun zu müssen.
T: Sie ist ein ganz schöner Empfänger.
K: Ja, sie mag nicht viel Verantwortlichkeit. Hier konnte sie sagen: Er macht es und nicht sie.

T: Wie heißt sie?
K: Mara Einlaß.
T: Ist sie jetzt auch noch mit Männern zugange?
K: Nein, ich bin immer die Gebende.
T: Wer ist 'ich'?
K: Sie ist mehr wie mein Vater... sie gefällt anderen, indem sie gibt. Sie stößt Mara immer weg, so daß ich nie etwas empfange von Männern.
T: Ich bin neugierig auf ihren Namen. Ob sie einen Orgasmus haben kann?
K: Das ist interessant! Ihr Name ist Lisa Lust. Und sie hat keinen Orgasmus. Mara Einlaß konnte ihn haben, aber nur oral.
T: Wie kommt es, daß Mara versteckt wurde?
K: Wenn ich sie anerkannt hätte, hätte ich mich an die Beziehung mit meinem Vater erinnern müssen, und das wollte ich nicht.
T: Lisa dient dir also als Schutz?
K: Ja.
T: Aber Mara hat deinen Orgasmus.
K: Den vermisse ich.
T: Wenn du Mara achten kannst und das, was sie dir zu geben hat, wirst du ihn wieder erleben. Mara ist eine Persönlichkeit in dir, die akzeptiert werden muß... Sie ist kein Tabu.

Dadurch, daß jeder Gedanke und jedes Verhalten als Ausdruck einer Persönlichkeit in dieser Klientin betrachtet wurde, konnte sie dazu kommen, einen Teil von sich anzuerkennen und zu achten, den sie vorher zurückgewiesen hatte. Sie zu Persönlichkeiten zu machen, führte dazu, daß ich klar erkennen konnte, wie ich zu einigen voneinander entfernten und einzigartigen Leuten Kontakt hatte, und ich konnte die Beziehung zwischen ihnen sehen.

Namen-Therapie und Gestalttherapie

Für mich ist Namen-Therapie eine etwas ausgeweitete und leichter zugängliche Form der Gestalttherapie. Ich habe das besonders in bezug auf das Ausmaß an Annahme, Klarheit und Persönlichkeit festgestellt, welches in beiden Ansätzen vorhanden ist. Ich möchte die folgenden Erkenntnisse und Neuerungen darlegen, um dich herauszufordern, deine eigenen Creationen zu erforschen.

Annahme

In dem von Shepard und Fagan herausgegebenen Buch 'Gestalt Therapy Now' erwähnt Claudio Naranjo mehrere wünschenswerte Einstellungen, die von der Gestalt für ein „gutes Leben" befürwortet werden. Dazu gehören: Lebe jetzt. Lebe hier. Mach dich lieber deutlich, anstatt zu manipulieren. Übernimm die volle Verantwortung. Akzeptiere kein fremdes 'Sollte'.
Dieser Hang, in der Gestalttherapie bestimmte Werte über andere zu stellen, hindert die Klienten, alles, was sie sind, wirklich akzeptieren zu können. Ich habe erfahren, daß in Gestaltgruppen manche Verhaltensweisen in Ungnade fallen bei der Gruppe und beim Leiter, auch wenn diese Botschaft manchmal verdeckt ist. Ich finde, daß es zu wenig Raum für Unverantwortlichkeit gibt und dafür, Dinge auch einmal vage auszudrücken, da und dort zu sein, unehrlich zu sein. Ausdrücke wie: „Ich mache das nicht selbst" — „Ich fühle, daß du... bist" — „Gestern war ich... aber morgen werde ich..." und „Er wars" werden deshalb mit Stirnrunzeln aufgenommen. Diese Ausdrücke werden 'Bürger zweiter Klasse' und Annahme wird eher zur teilweisen als zur ganzen Erfahrung. Nur in einer Atmosphäre totaler Annahme kannst du den Raum finden und die Achtung, um Platz für alle deine Persönlichkeiten zu schaffen.

Es ist leicht, Annahme zu predigen, und es ist eine ganz andere Sache, die Tür wirklich für alle offen zu halten. Ich fühle mich nicht wohl dabei, meine Kammer-Persönlichkeiten auszudrücken, meinen Nichtsnutz zum Beispiel und meinen unehrlichen Schwätzer, wenn in einer Gruppe einige Werte anderen bevorzugt werden. Es war für mich eine besondere Herausforderung, die Tür des Akzeptierens ganz und gar offen zu halten, selbst für die Persönlichkeit in mir, die nicht-akzeptierend und auch negativ verurteilend ist. Eine Persönlichkeit auszuschließen heißt, in den Trip der Teilakzeptierung zurückzufallen. Die Annahme der Nicht-Annahme ist etwas Wesentliches in diesem Prozeß.

Nur wenn eine Atmosphäre geschaffen wird, in der alles Verhalten akzeptiert und gleich behandelt wird, kannst du mit der Theorie konsistens bleiben, die sagt, daß du dich veränderst, indem du mit dem Verhalten gehst und nicht, indem du ihm Widerstand leistest. Jedes ausgerichtete Werte-System wird diesen Veränderungsprozeß verhindern.
In der Namen-Therapie liegt die Betonung mehr auf: „Überlasse dich allem, was du bist" und nicht auf Einschärfungen wie: „Stelle keine Fragen" — „Sage Ich, und nicht Es" — „Sage 'und' statt 'aber'." In der Namen-

Therapie ist keine spezielle Sprache erforderlich, die anders ist als die Persönlichkeit, in der du gerade bist. Eine deiner Persönlichkeiten stellt vielleicht immerfort Fragen. So ist sie eben.

Das Faszinierende dieses Ansatzes liegt für mich als Therapeut darin, daß der Klient immer in einer Persönlichkeit ist und daß es daher unmöglich ist, nicht Namen-Therapie zu machen. Da ich jede Persönlichkeit akzeptiere, überläßt sich die Person schon einer Erfahrung. Ich brauche mich nur einzustimmen und ihn nicht aufzufordern, anders zu sein.

Persönlich-Sein

Ich habe durch den ganzen Artikel daran festgehalten, daß der Schwerpunkt der Namen-Therapie darin liegt, die ganz persönliche Natur einer jeden Persönlichkeit zu achten. Hier wieder achte ich – um nicht einer anderen Tendenz zu verfallen – auch das Unpersönliche. Das Erkennen, Benennen und die Unterscheidung der Einzigartigkeit jeder Persönlichkeit ist das, was ich 'Persönlich-Sein' nenne. Das hat der Arbeit eine viel breitere Dimension gegeben als es nach meiner Erfahrung die Gestaltarbeit hat. Ich bitte die Klienten nicht mehr, sich auf einen Aspekt oder auf eines ihrer Merkmale zu beziehen. Ein Bein ist nicht persönlich genug und eine Einstellung wie Gerechtigkeit auch nicht. Ich bin daran interessiert weiterzugehen und zu entdecken, über wessen Bein du sprichst und wie die einzigartige Weise ist, in der du ein Merkmal wie Gerechtigkeit ausdrückst.
Wenn ich an meine Gerechtigkeit als Heiliger Brucius von und zu Gerechtigkeit denke, erlebe ich ein viel persönlicheres und volleres Gefühl meiner speziellen Gerechtigkeits-Mischung. Mir wird sofort die ganze Geschichte bewußt und die Art des Seins. Es bleibt nicht länger eine Gerechtigkeit, die in einem standardisierten Topf sitzt. Das träfe auch für meine Beine zu. Meine starken, schnellen Beine gehören zu einer Persönlichkeit, und meine wabbeligen Beine gehören zu einer anderen. Ohne diese Betonung des Persönlich-Machens unserer Sprache kann der Therapeut, der im Dialog arbeitet, leicht ins Einvernehmen mit der ohnehin überreichlich vorhandenen Unpersönlichkeit geraten, die unserer Kommunikation innewohnt. Die persönlichere Form des Dialogs oder des Erzählens bewahrt die Spannung, die ohnehin in der Natur einer jeden Persönlichkeit steckt.

Klarheit

Bei einem Workshop wurde mir unlängst klar, daß einem großen Teil der Arbeit, die ich sah, die Klarheit fehlte. Die Klarheit kommt nur aus der Läuterung unserer Kommunikation. In den Szenen, die ich beobachtete, wurden die subtilen und häufigen Persönlichkeitswechsel, die von Moment zu Moment in unseren Beziehungen vorkommen, nicht erkannt.

In meiner Arbeit mit der Namen-Therapie beginne ich keine Transaktion, ohne zu erkennen und darauf zu achten, mit wem ich spreche. Zum Beispiel halte ich es für nicht ausreichend, wenn ein Klient sagt:„Ich will nicht arbeiten." Das globale 'Ich' in diesem Beispiel ist zu ungenau. Ich will wissen, wer in dir nicht arbeiten will. Auf diese Weise kann ich leicht sagen, ob die Persönlichkeit mit den Schwierigkeiten dieselbe ist wie die, die im Moment anwesend ist. Es ist sinnlos, mit einer Persönlichkeit zu arbeiten, von der nur ein Gerücht behauptet, sie sei hier. Diese besondere Klarheit in der therapeutischen Arbeit nicht zu schaffen, führt oft zur Verwirrung und zum fehlenden Durchblick zwischen Therapeut und Klient. Der Austausch wird unnötig kompliziert, wenn die Persönlichkeiten, die vielleicht im Moment im Spiel sind, in einer Transaktion nicht identifiziert werden.
Schauen wir uns folgende Sequenz an:
K(lientin): Es macht mir keinen Spaß, mit meinem Mann zu leben.
T(herapeut): Wie lange seid ihr verheiratet?
K: Zehn Jahre.
T: Warum habt ihr geheiratet?
K: Ich brauchte die Sicherheit, daß jemand für mich sorgt.
T: Brauchst du das noch?
K: Nein.
T: Was hindert dich, ihn zu verlassen?
K: Ich möchte nicht als Versager dastehen.

In diesem Moment ist die Transaktion schon übervölkert. Keine Frage achtet darauf, mit wem du sprichst. Ehe wir nicht wissen, wer antwortet, mag es wertlos sein, was wir erfahren, weil vielleicht eine Persönlichkeit für eine andere spricht. In diesem kleinen Dialog sind mindestens drei Persönlichkeiten beteiligt: ein Unsicherer und Hilfloser, ein Soziales-Image-Typ und einer, der unbefriedigt ist. Der letztere könnte vielleicht eine der Persönlichkeiten sein, die eigentlich ihren Mann nicht heiraten wollte, sondern 'nur mal mitgefahren' ist. Der ganze Dialog zeigt, daß die Klientin zur Zeit sich selbst als einen großen Globus sieht. Ihr fehlt die persönliche klare Differenzierung, die nötig ist, um ihr Dilemma zu lösen. Meine Hauptfrage an diese Klientin wäre: „Welche ist in dieser Beziehung nicht befriedigt, und was braucht diese Persönlichkeit?"

Zusammenfassend:
Die Namen-Therapie ist die Gelegenheit, die vielen Persönlichkeiten zu entdecken, ihnen Namen zu geben und sie achten zu lernen, die in uns wohnen. Vielleicht ist der spannendste Aspekt bei der Entwicklung der Namen-Therapie für mich der gewesen, daß es ein großes Gaudi war.

GESPRÄCH MIT GOTT

Existentielles Einbeziehen Gottes in der Gestalttherapie

Frederick H.Grosse, Ph.D.

Vor einigen Jahren war ich während einer Ausbildungsgruppe in Gestalttherapie in Cleveland in einer sehr traurigen und schwermütigen Verfassung. Als ich zu arbeiten begann, befand ich mich plötzlich im Gespräch mit Gott in hebräischer Sprache. Ich übersetzte für die Gruppe. Das Wesentliche daran war, daß ich Gott lobte für sein Erbarmen.

Ich wurde ermuntert, meine Phantasie weiter lebendig werden zu lassen. Ein Gruppenmitglied wurde zum Gebetsbuchständer (sein Rücken mir zugewandt), und ich begann zu beten und zu weinen, mich vor- und zurückzuwiegen und zu summen. Ich merkte, daß ich den Kaddish sang (ein Klagegebet) und mir wurde klar, daß ich bei einem Begräbnis zelebrierte. Ich teilte das mit. Der Therapeut intervenierte und fragte, wessen Begräbnis das sei. Als ich merkte, daß es mein eigenes Begräbnis war, liefen Schauer über meinen Körper. Ich machte noch einige Augenblicke auf hebräisch weiter und bat Gott, Erbarmen zu haben mit Fred, den ich gerade begrub. Gott antwortete mir mit sanfter Stimme. Ich seufzte, entspannte mich und setzte mich wieder hin.

Selbst während ich dies jetzt schreibe, kann ich mir die Situation von damals voll in Erinnerung rufen. Ich kann sehen, wo ich stand, wo der Therapeut saß und kann sogar ein wenig Ärger fühlen, weil ich manchmal unterbrochen wurde, um meine Worte ins Englische zu übersetzen, damit der Therapeut mich verstehen konnte. Ich erinnere mich wieder an den muskulösen Rücken des Mannes, der mein Gebetsbuchständer war. Und ich spüre deutlich die Macht dieser Erfahrung für mich.

Die Gott-Übung

Einige Jahre später wurde ich angerührt durch einen Artikel von Dan Malamud in 'Voices', aus dem ich ein Stück zitieren möchte (Vol.9,Sommer 73

Zweite Ausgabe, S.24-28, 'Die Gott-Übung: Eine Technik zur Selbstkonfrontation'):

Ich habe festgestellt, daß die Gott-Übung (die je nach Patient manchmal verändert wird) sehr brauchbar ist für meine therapeutische Arbeit. Die meisten meiner Klienten werden sehr früh im Verlauf der Therapie in das Rollenspiel eingeführt, und sie nehmen daher – wenn sie mit einem Dilemma oder einem Konflikt zu kämpfen haben – meinen Vorschlag bereitwillig an, die widersprüchlichen Persönlichkeitsanteile, Eltern und Gott zu spielen, und meistens finden sie die Erfahrung erhellend.
Morris eröffnete die Sitzung, indem er mit schwerer, deprimierter Stimme berichtete, daß er ferngesehen habe anstatt den Wunsch seiner Frau zu erfüllen, sie zu chauffieren bei verschiedenen Geschäften, die sie zu erledigen hatte. Er wollte so gern fernsehen. Gleichzeitig fühlte er sich wie ein 'egoistischer Mistkerl', weil er nicht tat, was seine Frau wollte. Ich bat ihn, einen kurzen Dialog zwischen dem erfüllenden und dem egoistischen Morris zu führen. Als erfüllender Morris sagte er:„Du bist ein Mistkerl mit deinem Fernsehen. Das ist nur verplemperte Zeit. Rena brauchte dich und du hättest sie fahren sollen, als sie dich darum bat." Als egoistischer Morris antwortete er:„Aber das war ein Spiel, als ich fernsehen wollte. Ich mache immer, was sie von mir will. Ich will allmählich mal das tun, was ich will, egal ob du mich als Mistkerl beschimpfst."
Ich bat Morris dann, so zu tun, als sei seine Mutter im Raum und hätte den ganzen Dialog gehört. Es entfaltete sich Stück für Stück das folgende Spiel:
Mutter (zum egoistischen Morris):„Morris, du machst das alles falsch. Wenn dir Rena nicht gleichgültig ist, solltest du versuchen, einen Kompromiß zu finden und dich mit ihr zu einigen. Und wenn Rena es nicht mag, hör mit dem Fernsehen auf."
Vater (zum erfüllenden Morris):„Morris, schau, wenn du fernsehen willst, genieße es. Mach, was du möchtest."
Mutter (zum Vater):„Er kann nicht sein eigenes Leben leben, einfach so, wie er es will. Er ist Teil einer Partnerschaft. Ich hatte immer diesen Kampf mit dir."
Vater (zur Mutter):„Ich war nie glücklich dabei, wenn ich mich mit dir arrangieren mußte, um den Frieden zu wahren. Ein Mensch ist ein Individuum und soll seine eigenen Sachen tun. Ich möchte tun, was ich will, ohne dich um Erlaubnis zu fragen."
Gott:„Haltet alle den Mund. Ich habe jedem ein Gehirn gegeben und Kraft, Entscheidungen zu fällen. Morris, du mußt die Differenzen deiner Eltern für dich selbst lösen. Du hast ein Gehirn und die Fähigkeit zu entscheiden, wem du zuhören willst oder ob du sogar nur auf dich hören willst. Lerne aus der Erfahrung. Jeder muß seine eigene Entscheidung treffen."

Als ich Morris bat, sein Spiel zu kommentieren, sagte er begeistert:„Ich kann den Weg meiner Mutter gehen oder den meines Vaters oder einen dritten, eigenen Weg. Mir wird klar, daß ich Angst hatte, durch meine Stärke eine Konfrontation mit Rena zu riskieren. Meine Neutralität ist der Widerstand gegen das Stark-Sein. Ich kann wirklich sehen, wieviel Angst ich davor habe, stark zu sein."
Wenn ich Gott in der Therapie einführe, tue ich das in der Hoffnung, die Erkenntnis des Patienten zu schulen oder zu schärfen, daß er die Kraft hat, sich aus einer neuen Sicht zu sehen, besonders wenn er auf seine Vorstellungskraft als wertvolles Hilfsmittel zählt. Die Patienten machen fast immer ausnahmslos Spiele, die einen Mikrokosmos wiederzugeben scheinen, welche zentrale Kräfte zusammenziehen, um ihre Möglichkeiten, ihre Vergangenheit, Gegenwart und Zukunft zu sehen, und die den Einfluß ihrer elterlichen Introjekte zeigen.

Wenn er in der Rolle Gottes ist, lade ich den Patienten ein, eine weisere und globalere Perspektive einzunehmen als gewöhnlich. Manche Patienten finden es sehr schwer, diese Rolle zu übernehmen, so verbunden sind sie mit der einen oder anderen Sichtweise. Manche Götter sind strafend und rachsüchtig, andere ahmen einfach den einen oder anderen Elternteil nach. Diese verschiedenen Rollen Gottes können meistens leicht erhellt und zum Material für die Exploration werden.
Die Gott-Übung erfaßt den Menschen so, daß er seine konventionelle, stereotype Sichtweise umgeht, und sie fordert von ihm, sich in der Vorstellung auf ein Handeln einzulassen. Eine überzeugende und bewegende Selbstkonfrontation ergibt sich in dem Ausmaß, in dem das entstandene Spiel vom Teilnehmer subjektiv als ein lebendiges und überraschendes Ereignis erlebt wird, das für sich selbst so klar spricht, daß er sich nur mit einzustimmen braucht, um direkt zu erfassen, wie er sich selbst blockiert in bezug auf Identifikationen und Nicht-Identifikationen mit seinen Eltern, und um jene konstruktiven Kräfte in ihm zu berühren, die ihn befähigen können, Wege aus seinem Engpaß zu finden.

In dem Artikel in 'Voices' beschreibt Malamud eine strukturierte Übung. Ich persönlich ziehe 'Reden mit Gott' dann vor, wenn im Fluß der Awareness des Klienten ein energiegeladenes Gotteswort in meinen Vordergrund purzelt.

Ich habe den Eindruck, daß viele Klienten in einer gewissen Weise an Gott glauben. Wenn sie Ausdrücke benutzen, wie „Gottverdammt" – „Mein Gott" – „Ach Gott" – „Jesus" – „Jesus, Maria und Josef" – „Du lieber Himmel" usw., dann merke ich, daß dies mein Vordergrund ist. Ich nehme in diesem Fall den Klienten beim Wort und lade ihn ein, mit seinem Gott zu sprechen.
Wenn der Klient die Rolle seines Gottes spielt, kann er zum Beispiel in Topdog-Underdog–Aussagen meistens eine breitere und vertrauensvollere Sichtweise haben und globale Einsichten für die sich bekämpfenden Teile seiner Persönlichkeit anbieten.

Zwei-Stühle-Dialog zwischen Jim und Jim

Jim scheint an einer Blockierung zu stehen. Ich habe Schwierigkeiten, Kontakt zu ihm zu finden. Er ist träge und scheint sich zu wehren, Kontakt zu sich selbst aufzunehmen.

T(herapeut): Du scheinst 'über die Dinge' zu reden, Jim. (Ich habe nicht das Gefühl, daß Jim zu Jim Kontakt aufnimmt.)

Jim: Hmmm.

T: Atme eine Weile tief ein und aus. (Ich mache ein Pause und warte, während Jim sich sammelt.)
Wo ist jetzt deine Energie? (Ich habe plötzlich einen klaren Vordergrund.)

Jim, ich spüre, daß ein dritter da ist, der die Kommentare gibt. Kannst du damit was anfangen?

Jim: Ja, das stimmt. (Er legt sich ein zweites Kissen hin und setzt sich darauf. Er fängt an, Kommentare von sich zu geben.)
Das ist Robert Kosell! (Er bricht in schallendes Gelächter aus.)
Ach, du lieber Gott!

T: Sei Gott und gib diesen drei Burschen einen Rat, Jim, Jim und Robert Kossell.

Jim: (Steht, bewegt sich durch den Raum, schaut die zwei Jims an und den Kommentator. Seufzt, sieht leicht angeekelt aus und sagt, daß er fertig sei.)

Später erklärt Jim, daß er als Gott merkte, daß er sich in ihr Vermeidungsspiel gar nicht einbringen wollte. Er hat wichtigere Dinge zu tun. Bei dieser Reaktion sehen die anderen drei, was sie eigentlich machen und beenden ihr Spiel. Jim ist fertig, und die Arbeit ist für diesen Moment erledigt.

Der Atheist

Manchmal wird selbst der ausgesprochene Atheist – ein Mensch, der das 'Es-gibt-keinen-Gott'–Spiel als Teil seiner Identität benutzt – tief erfaßt. Frank, ein ausgemachter Atheist, benutzt dauernd „Gottverdammt", wenn er in Wut ist.

Frank: (wütend) Diese gottverdammte Regierung zieht mir den letzten Dollar aus der Tasche mit ihren Steuern...
(immer noch ärgerlich) Meine gottverdammte Frau überrent mich immer.

T(herapeut): Sag das direkt zu Gott.

F: (wütend zum Therapeuten) Du weißt verdammt gut, daß es keinen Gott gibt. Was machst du mit mir rum deswegen?

T: Mach einen Moment lang ein Spiel mit mir und schau, was passiert. Sprich direkt zu dem Gott, von dem du weißt, daß es ihn nicht gibt. (Ich führe ihn zu einem Kissen.)

F: (wütend und sarkastisch) Gott-der-nicht-existiert...(Pause) Wie kommt es, daß du mich antreibst?

T: Sei Gott.

F: (stehend als Gott) He, du. Ich bin nicht darauf aus, dich zu kriegen.
(als Frank zu Gott) Wie kommt es dann... (Seine Stimme versackt in ein nachdenkliches Schweigen, und sein Körper entspannt sich, lange Pause)
(zum Therapeuten) Ich fühle mich gelassener.

T: Wie fühlt sich dein Körper an?

F: (sanft) Ich fühle mich wohler.
(Ich merke, daß die so niedergeschriebene Arbeit wie eine plötzliche Erleuchtung erscheint. Wenn ich solches Material direkt vom Tonband übertrage, ist es sehr schwierig, Gesten und bedeutsame Pausen durch Schreiben zu erfassen.)

Oft wird Gott — zusammen mit den Eltern — klar verantwortlich gemacht für die momentane mißliche Lage des Klienten. Manchmal straft der Klient Gott und seine Familie, indem er ausgesprochen ungläubig wird. Das wurde besonders dramatisch sichtbar bei einem Klienten, der in einem Konzentrationslager der Nazis war, Eltern, Frau und Kind im Holocaust verloren hatte und Gott strafte, indem er ihn aktiv ignorierte.

Der besessene Klient: Rudi und sein Gott

Rudi sitzt auf einem Kissen und spricht über seine Angst, sich umzubringen. Er ist ein wohlerzogener, ruhiger, würdiger Mann.

Rudi: Ich glaube, daß Gott mir all den Schmerz zufügt, den ich empfinde.
T(herapeut): Sag das Gott direkt.
R: (mit niedergeschlagenen Augen) Ich habe das Gefühl, du verletzt mich, Gott.
T: Sei dein Gott und antworte.
R: (steht auf und spricht förmlich mit dem sitzenden Rudi) Ich verletze dich nicht. (Gott scheint keine Energie und keinen Funken zu geben, so wie er mit dem sitzenden Rudi spricht.)
T: Gott, wen verletzt du?
R: (als Gott, wütend) Ich bin wütend auf ihn (zeigt in den Raum).
T: Antworte als der dort und identifiziere dich mit ihm.
R: (mit starker Stimme) Ich bin dein Teufel, Rudi, und ich kontrolliere ihn. Und du, Gott, magst das nicht.
T: Antworte als Gott.
R: (als Gott) Seit Jahren kämpfe ich mit dir um Rudi, und ich werde den Sieg davontragen (schreiend).
T: Antworte als Rudi.
R: (als Rudi, sitzend, mit hervorquellenden Augen, vornübergebeugt, sichtlich benommen und voller Schmerz) Diese Burschen haben miteinander gekämpft, und mir tuts weh!

In den nachfolgenden Sitzungen war Rudi in der Lage, als sein Gott und sein Teufel einen Waffenstillstand auszuhandeln. Bald darauf kann er einen Teil von sich mit einer besonderen Zeremonie begraben, bei der sein

Gott und sein Teufel anwesend sind. Rudis Angst, daß er Selbstmord begehen wird, verschwindet, und seine Leibschmerzen lassen beträchtlich nach.

Nicht jedes Gottwort führt zu einem Dialog mit Gott

In der Sitzung einer Paargruppe, zu der Gisela und Tom gehören, fühlt sich Gisela gefangen und eingeengt wegen ihres Geldmangels und erzählt, daß für sie das Leben ganz hoffnungslos aussieht.

G(isela): (schreiend) Ich sehe nicht viele Möglichkeiten, etwas anderes zu tun, als ohne das Geld zu leben. (lacht vor sich hin) Ich weiß nicht, wieviele Male ich während der letzten Tage und auch heute, als ich herkam, so wütend war über dieses Paar, das uns ihr großes, wunderschönes Haus zeigte und sagte, daß Gott für sie dieses Haus gefunden habe und daß er für sie eine Möglichkeit, es zu bezahlen, finden wird. Wahrscheinlich zahlt er auch ihren Jahresbeitrag für die Mitgliedschaft im Tennisclub von 6oo Dollar. (laut mit ärgerlicher Stimme) Also, zum Teufel noch mal: Was ist bei mir falsch? Warum zahlt er nicht für mich? Sie spielt bei Golfturnieren und bei Tennisturnieren und versorgt ihr großes, herrliches Haus und Gott hat ihr all das gegeben, sagt sie.

T(herapeut): Wer unterzeichnet die Schecks in ihrer Familie?

G: Ihr Mann

T: Was tut er für sein Leben?

G: Er ist Effektenmakler in einem wohlsituierten Vorort. (Sie kichert. Sie und ihr Mann fangen an zu lachen und zu lachen. Die Arbeitseinheit scheint beendet zu sein, und das Thema Gott und Geld ist offensichtlich für den Moment erledigt.)

Manchmal führt der Dialog mit Gott nirgendwohin

Gisela will heute offensichtlich nicht anwesend sein. Ein Geteilter-Stuhl-Dialog zwischen dem Kind Gisela und der Erwachsenen Gisela:

G(isela): (als Kind zur Erwachsenen) Ich fürchte mich vor dir (zitternd).

G: (als Erwachsene zum Kind) Ich denke, das kommt daher, daß du mich nicht gut genährt und mich kleingehalten hast.

T(herapeut): Wechsle die Rollen.

G: Es kommt nichts. Ich fühle mich leer. (Ihre Stimme ist ohne Energie.)

T: Ich werde stutzig bei der Stimme der erwachsenen Gisela. Sie klingt mir mehr nach der Kind-Gisela. Kann es sein, daß du sie vermischt hast?

G: Möglich...

T: Bist du eigentlich ein religiöser Mensch?

G: Ja.

T: Ich möchte, daß du mal Gott bist und die beiden Giselas vor dir berätst, das Kind und die Erwachsene. Ich meine, Gott weiß alles.

G: Okay (weggetreten).

(mit starker Stimme und im Stehen) Also gut, Gisela, ich brachte dich für einen bestimmten Zweck hierher. Habe habe keinen Fehler gemacht, als ich dich machte. Ich weiß nicht, warum du das nicht glauben kannst.

T: Sag das noch einmal. Es klingt, als hättest du eine Erkältung.

G: Hab ich auch.

T: Gott hat keine Erkältungen.

G: (lacht... Pause... Seufzen)

T: Was passiert?

G: (desorientiert) Ich weiß nicht... Es kommt überhaupt nicht.

T: Was ist das — 'es'?

G: Versuchen, Gott zu sein (noch immer desorientiert).

T: Wärst du bereit, nicht zu versuchen, Gott zu sein? (Pause) Wenn es nicht paßt, versteh ich das.

G: Hmm... Ich bin nicht sicher, ob ich es kann.

T: Ich bitte dich, jetzt anzuhalten und dich zu fragen, was du gerade jetzt erlebst.

G: (keine Antwort)

T: Hallo! Bist du da?

G: Ich denke...

T: Ich höre dich sagen:'Ich weigere mich, hier zu sein.' Stimmt das?

G: Ich weiß wirklich nicht, was ich fühle... (jammernd).

Manchmal wird der Dialog mit Gott zu einer tiefen Gruppenerfahrung

Unlängst begann ich in einer Ausbildungsgruppe mit Rex zu arbeiten:

T(herapeut): Rex, ich bin fasziniert davon, wie du deine Arme, Schultern und den Kopf hältst. Du siehst aus, als ob du am Kreuz hängst.

Rex: Ich fühle mich so.

T: Verstärke noch, was du mit deinem Körper machst.

R: (Die Arme sind wie ans Kreuz genagelt, der Kopf hängt herunter. Rex beginnt einen Dialog mit seinem Vater.)

Als Therapeut werde ich gewahr, daß ich – während Rex spricht und betet und die Gruppe sehr dabei ist – einen intensiven Energiestrom von hinten, außerhalb des Gebäudes, kommend durch meinen Rücken gehen spüre, zu Rex, von Rex und aufwärts. Ich fühle, wie wir durch einen Regenbogen von großer Intensität verbunden sind. Ich teile der Gruppe meine Wahrnehmung mit, und viele sagen, daß sie klar sehen können, wie Rex und ich durch einen Strom von Energie verbunden sind. An dieser Stelle scheint Rex fertig zu sein, und ich werde zum Klienten und bitte die Gruppe, meine Arbeit zu begleiten.

Ich fing an zu sprechen und stand dabei spontan auf. Meine Beine beginnen stark zu zittern und zu beben, und ich finde mich dabei, Gott Worte und Gefühle entgegenzusprudeln. Ich sage ihm, daß ich nicht so hart arbeiten will. Ich will für ihn arbeiten wie in der Vergangenheit, aber ich will auch mehr Zeit mit vergnüglichen Dingen verbringen. Ich arbeite zu viel. Die Gruppe ermutigt mich, meine Beine einfach zittern zu lassen, als ich versuche, meine Selbstkontrolle und Haltung wiederzugewinnen.

Ich als Gott: Du bist ein eifriger und hingebungsvoller Arbeiter, mein Sohn. Du hast viel Arbeit.

Ich als ich: Ich glaube dir, Herrgott, ich brauche wirklich mehr Zeit für mich, Herr (voller Respekt). Es ehrt mich und freut mich, mit dir zu arbeiten, aber ich muß neu definieren, wie ich das für mich mache (fest und voller Respekt eine Grenze setzend).

Ich als Gott: Du wirst tun, was du mußt, mein Sohn (resigniert und doch erfreut).

Ich als ich: Ich bin ganz innen drin fröhlich und sprudelnd.

Ich werde mir meiner bewußt und fürchte, daß die Gruppe denken könnte, daß ich verrückt bin oder daß sie die Achtung vor mir verlieren könnte. Die Gruppenmitglieder versichern mir spontan, daß sie mich mehr mögen, wenn ich mich mitteile, und sie sagen mir, daß sie Achtung vor mir bekamen durch meine Bereitschaft, mich mitzuteilen und vor ihnen etwas zu riskieren. Ich brauche Zeit, um das zu verdauen und bitte die Gruppe um eine Pause.

Zusammenfassung und Schluß

In unserem gegenwärtigen Zeitalter, in dem die Menschen Horoskope lesen und wichtige Verabredungen nach dem Rat ihrer astrologischen Karte treffen, und zu einer Zeit, in der ESP, Spiritismus und frühere Leben en vogue sind und achtungsvoll befragt werden, glaube ich, daß viele Menschen offen sind für einen Dialog mit Gott. Hin und wieder habe ich festgestellt, daß wir, indem ich mit Klienten energiegeladenen Gottworten genauer nachging, neue Ebenen des Bewußtseins erreichten.

GESTALTTHERAPIE MIT FRUSTRIERENDEN KLIENTEN

Stephan A.Tobin

Es gibt zwei Arten von Klienten, die sich für den Therapeuten als schwierig erweisen. Die einen sind Klienten, die jahrelang bei demselben Therapeuten in Therapie sind ohne eine nennenswerte Veränderung. Die andere Sorte wandert von Therapeut zu Therapeut, von Büro zu Büro und bleibt nie lange genug bei einem Therapeuten, um von der Behandlung zu profitieren. Der Therapeut, der einen dieser Patienten hat, fühlt sich leicht frustriert oder hilflos, er rationalisiert die fehlende Besserung weg („Er ist wirklich so gestört, daß er eine unterstützendere Therapie braucht") oder er gibt sich die Schuld („Wenn ich mehr rangegangen wäre, wäre er länger bei mir in Behandlung geblieben").

Ich habe in meiner eigenen Praxis und bei der Ausbildung von Gestalttherapeuten herausgefunden, daß die meisten dieser schwierigen Klienten und ihre Therapeuten entweder die reine Form oder eine Variante des Spiels 'Frustration' spielen. Die Rollen in diesem Spiel sind: 'Hilfloser' (meistens, aber nicht immer vom Klienten gespielt) und 'Helfer' (meistens, aber nicht immer vom Therapeuten gespielt). Ich möchte hier über dieses Spiel und einige seiner Varianten sprechen und zeigen, wie das Gestaltkonzept der Verantwortlichkeit des Therapeuten helfen kann, dieses Spiel zu vermeiden, und ich möchte an einigen Beispielen aus meiner eigenen Arbeit zeigen, wie ich mit Klienten umgehe, die versuchen, mich in dieses Spiel zu verwickeln.

Das Frustrationsspiel

Wie ich unlängst beschrieb (Tobin, 1969/70), ist unsere Kultur eine autoritäre Kultur. Wegen der autoritären Struktur, die durch unsere Familien und Schulen geht, haben die meisten von uns bis zum Alter von fünf Jahren gelernt, die Rollen des Untertans und des Diktators zu spielen. Wenn wir erwachsen sind, sind wir schon konditioniert darauf, 'Respekt' zu haben und 'aufzuschauen' oder vor bestimmten Personen Kotau zu machen (vor dem Chef, der Polizei, anderen Autoritäten) und herabzusehen auf andere und sie herumzustoßen (Kinder und Mitglieder von Minderheiten). Da Therapeuten im allgemeinen als Autoritätspersonen betrachtet werden, versuchen ihre Klienten, die therapeutische Beziehung zunächst, wenn sie die Therapie beginnen, nach autoritärem Muster zu strukturieren. Das machen sie, indem sie die Untertanenrolle spielen und sich respektvoll und unterwürfig verhalten, in der geheimen Hoffnung, daß diese Verhaltensweise ihre Chance, eine magische Heilung durch den Therapeuten zu erfahren, vergrößert. Sie lernen bald, daß ihnen das nichts nützt und fangen an, Verantwortung zu übernehmen dafür, was in der Therapie geschieht.

Manche Klienten haben in ihrem Leben so wenig Belohnung dafür bekommen, wenn sie Selbstsicherheit zeigten, daß sie bei fast jedem die Rolle des hilflosen Underdog spielen. Die Rolle wurde zum Lebensstil. Sie stellen ihn bei allen ihren therapeutischen Kontakten zur Schau.
Ein Beispiel dafür war eine Frau, die ich vor ein paar Jahren in einer Tagesklinik traf, als mir klar wurde, wie Klienten 'spielen'. Diese Frau war zum festen Inventar der Klinik geworden, sie spielte dumm und hilflos bei jedem Therapeuten, der sie bereitwillig von sich abhängig sein ließ. Sie war nicht psychotisch. Obwohl sie hospitalisiert und von der Wohlfahrt abhängig war, ist sie nie psychotisch gewesen oder ernstlich suizidgefährdet. Hier die Rekonstruktion einer Sitzung, in der ich anfing, sie bei ihrem Spiel zu ertappen:

K(lientin): Ich weiß nicht, was mit mir los ist. Ich kann nur einfach gar nichts machen (weint).

T(herapeut): Was fühlst du?

K: Ich weiß nicht, was ich fühle. Ich weiß einfach gar nichts mehr.

T: Aha. Was ist passiert, daß du dich so fühlst?

K: Tja, ich weiß nicht. Mein Freund und ich haben uns in der Nacht gestritten. Er ist so gemein zu mir. Er sollte wissen, wie empfindlich ich bin.

T: Das klingt, als seist du wirklich verzweifelt.

K: Ach, ich weiß nur nicht, was ich machen soll. Alles sieht so fürchterlich trostlos aus.

T: Droht er damit, dich zu verlassen oder so etwas?

K: Nein, aber womöglich macht er das? Jeder verläßt mich (jammert).

T: (ärgert sich allmählich und fühlt sich hilflos, ist sich aber noch nicht dessen bewußt und akzeptiert es nicht) Okay, vielleicht ist es am besten, du läßt das Weinen einfach in dir zu.

K: Was soll das nützen? Ich weine die ganze Zeit, und es nützt nichts. Ich fühle mich nur schlechter.

T: Gut, dann versuche, damit aufzuhören, und wir schauen zusammen, was mit dir los ist. Vielleicht können wir überlegen, wie du es den Leuten schwermachst, bei dir zu bleiben.

K: Ach, es gibt nichts, was ich tun könnte. Ich probiere es, und es kommt nie was dabei raus. Man kann einfach nichts machen.

T: (ihm geht allmählich ein Licht auf) Ich bin jetzt selbst hilflos. Nichts, was ich dir anbiete, gefällt dir. Du bist wie jemand aus dem Buch von Eric Berne, der das Spiel spielt 'Warum machst du nicht... ja, aber...'.

K: Was meinst du damit, daß ich ein Spiel spiele?... Ach, du bist wie alle anderen (klingt jetzt anklagend und weinerlich). Ich weiß nicht, was ich mache, daß andere sich hilflos fühlen. Ich versuche wirklich, mich zu bessern, aber es scheint nicht zu gehen.

T: ich denke allmählich, daß du dich wirklich nicht bessern willst. Du verhältst dich immer so, als ob du das versuchst, aber du tust nie etwas, um dir wirklich zu helfen.

Allmählich wurde sich diese Frau ihres 'Hilflos'-Spieles klar und begann sich zu bessern. Aber sie ließ die Therapie bei mir bald sein. Sie hatte zuviel von diesem Spiel, um es ganz aufzugeben.

Ich selbst spielte bei Fritz Perls eine Variation dieses Spiels 'Guter Junge'. Ich arbeitete in Workshops mit ihm, wann immer es möglich war, versuchte, ihn in Sprache und im therapeutischen Stil zu kopieren und machte viele Anläufe, mich anzupassen, mit ihm eins zu werden: Ich fuhr in in Los Angeles herum, wenn er in die Stadt kam, ich arrangierte Vorlesungen und Fernsehauftritte für ihn. Ich hatte die Phantasie, daß er massenweise Klienten an mich überwies und sogar, daß ich durch alles, was ich für ihn tat, seine Liebe kaufen könnte. Er durchschaute mein Spiel und gab mir nichts von alledem, was ich wollte. Obwohl ich sehr verletzt und ärgerlich war, weil er mich nicht belohnte, bekam ich etwas Wichtiges und Brauchbares: das Gewahrwerden, daß ich ein Spiel spielte.
(Ich arbeite tatsächlich noch an diesem, meinem Spiel. Ich hatte unlängst einen Traum, in dem ich in Esalen bin und Fritz mich ignoriert, weil ich ein 'Stiefellecker' bin. Am Ende des Traumes bescließe ich, Esalen zu verlassen. Als ich im Wachen dann den Traum beendete, beschloß ich, ein eigenes Projekt anzufangen, statt zu versuchen, in seins hineinzukommen. ich fühlte mich durch diesen Gedanken befreit und auch befriedigt.)

Wenn ein Klient das Spiel in seiner reinen Form spielt, hält er sich für hilflos, gefangen, schwach und dumm. Er denkt, die meisten anderen Leute seien klüger, stärker und freier als er. Er stattet den Therapeuten mit einem ungeheuren Maß von Macht aus und hat das Gefühl, wenn er irgendwie etwas von dieser Macht abbekommen könnte, wären seine Probleme für immer gelöst. Er legt Lippenbekenntnisse ab für das Gebot:„Ich muß mir selbst helfen" – aber er glaubt es nicht wirklich. Vielleicht ist er sich dessen noch nicht einmal bewußt, weil er seinem rationalen Verstand und seinen Gedanken darüber, was er sein sollte, nähersteht als dem, was er wirklich ist.

Mit einem anderen Spieler käme der Hilflose nicht zum Zuge. Unglücklicherweise gibt es überall genug Leute, die bereit sind, sein Spiel mitzuspielen, indem sie die Rolle des Helfers übernehmen: Ehepartner, Pfarrer, Bewährungshelfer, Freunde und Ärzte. In psychotherapeutischen Berufen sind auch viele 'Helfer' zu finden: in der psychiatrischen Sozialarbeit, der Psychiatrie und in der Klinischen Psychologie.

Der Therapeut als 'Helfer' in diesem Spiel akzeptiert explizit oder implizit das medizinische Modell der Psychotherapie: Er hält 'Hilflose' für so hilflos, wie dieser es ihm zeigt: unwissend, eine kranke Person, die durch das Geschick des Therapeuten 'geheilt' werden muß. Er versucht, sich für den Hilflosen so zu verhalten, wie dieser ihn sehen will: mächtig, gescheit und hilfsbereit und geht von folgenden falschen Annahmen aus:

1. Das Hauptmotiv des Hilflosen in der Therapie ist es, unabhängig zu werden.
2. Die Unfähigkeit des Hilflosen zu wachsen und sein Leben handzuhaben rührt daher, weil er krank ist, weil er wirklich hilflos ist.
3. Er muß dem Hilflosen helfen zu wachsen, er muß ihn unterstützen, wenn er Unterstützung braucht und muß ihm Rat und Ermutigung geben.
4. Der Hilflose will sein Elend nicht, er ist unglücklich, weil er es einfach nicht ändern kann.

Der Verlauf des Frustrationsspiels

ANFANG DER BEHANDLUNG

Erste Äußerungen des Klienten

Der Klient stellt sich dem Therapeuten als hilflos dar und bittet ihn, ihm bei seinen Problemen zu helfen. Er wird das Wort 'hilflos' kaum benutzen, aber er vermittelt diesen Eindruck von sich in vielfacher Weise:

Körperliche Erscheinung:

Der Hilflose sitzt oder steht oft in niedergeschlagener und gebeugter Haltung. Er sieht 'leblos' aus, seine Bewegungen mögen schwach, schlaff und ziemlich ziellos sein.

Klang der Stimme:

Seine Stimme ist oft leise, zögernd und jammernd.

Art der Kommunikation:

Der Hilflose benutzt Worte wie:„Ich weiß nicht" mit Vorliebe. Er schaut den Therapeuten an, um zu sehen, ob der das, was er sagt, billigt oder mißbilligt. Er erwartet, daß der Therapeut ihm sagt, was er sagen und worüber er sprechen soll. Er ist möglicherweise verwirrt und verwirrend bei dem, was er sagt, und der Therapeut hat dann das Gefühl, nach einer Stunde mit dem Hilflosen verrückt zu werden.

Erste Äußerungen des Therapeuten

Der Therapeut nimmt den Bissen, den ihm der Hilflose hinhält. Die ersten Äußerungen vom Hilflosen waren vielleicht voller Weinen und Jammern, aber der Helfer fühlt kein Mitleid. Das ist ein gutes Zeichen dafür, daß der Klient nicht wirklich Schmerz oder Verzweiflung verspürt. 'Helfer' ist jedoch nicht bereit, seinen Gefühlen zu trauen. Stattdessen versucht er, Sympathie und Verständnis auszudrücken und vermittelt dem Hilflosen, daß er ihm in der Therapie helfen kann.

Wenn 'Hilflos' vage, zögernd und ohne Emotionen war in seinen ersten Äußerungen, dann ist der Therapeut leicht verwirrt, irritiert und selbst ziemlich hilflos. Er wird das dem Hilflosen nie sagen, weil er der Rolle entsprechen muß, die dieser ihm zugeschrieben hat, und weil er fürchtet, daß es für den Hilflosen verheerende Folgen haben und er noch kränker werden könnte, wenn der Therapeut ihm diese Gefühle mitteilen würde. In jedem Fall übernimmt der 'Helfer'-Therapeut die Führung auf vielerlei Weise, zum Beispiel:

Indem er die Verantwortung dafür übernimmt, was in der Therapie geschieht:

Er sagt 'Hilflos', worüber er sprechen soll, er versucht, dessen Durcheinander zu ordnen („Was du meinst, ist...").

Durch Zurückhaltung:

Er hält die Gefühle von Ärger, Verwirrung und Hilflosigkeit zurück, die er bei dem Hilflosen empfindet.

Durch seine Art der Darstellung:

Durch seinen Tonfall, mit seiner Haltung und seinem Verhalten versucht der Therapeut dem Hilflosen zu zeigen, daß er stark, klug, mutig und weise ist.

HAUPTTEIL DER THERAPIE

Nach dem Anfangsstadium richten sich der Hilflose und der Helfer ein in ihrem Spiel, das für beide frustrierend und verwirrend ist. Ich unterscheide dann zwischen direkten und indirekten Äußerungen.

Direkte Äußerungen des Klienten
Es gibt Äußerungen, in denen der Klient offen und direkt mit seiner Hilflosigkeit umgeht. Einige der Kategorien sind:
Direkte Äußerungen von Hilflosigkeit, Dummheit, Krankheit, wie zum
Beispiel: „Ich weiß nicht, worüber ich reden soll." – „Ich wüßte nicht, wie ich das machen soll." – „Du kannst das nicht von mir verlangen, ich kann das nicht."
Bitten um Rat, Führung, Rückversicherung, zum Beispiel:
„Du bist der Experte, sag mir, was ich tun soll." – „Meinst du, ich sollte in die Psychiatrische gehen?" – „Bitte sag mir, daß ich in Ordnung bin."

Indirekte Äußerungen des Klienten
Der Hilflose kann sein Gefühl von Hilflosigkeit vermitteln, ohne offen zu sagen, daß er sich so sieht und ohne um Rat, Ermutigung usw. zu bitten. So sagt er manches vielleicht nur andeutungsweise und schaut dann, wie der Therapeut reagiert. Einer meiner Klienten spielte die 'Hilflos'–Rolle in einer sehr subtilen Art. Nach vielen Aussagen schaute er mich an und nickte ganz leicht. Ich nickte dann zurück, und er machte weiter. Als ich mir dieser Bewegung bewußt wurde, unterließ ich das Nicken und vermied auch andere Zeichen von Anerkennung oder Mißbilligung. Ich bat den Patienten auch gelegentlich, seine Augen während der Sitzung zu schließen. Der Hilflose läßt die Sätze oft unbeendet, oder er redet völlig durcheinander und erwartet, daß der Therapeut entziffert, was er meint. Vielleicht sitzt er auch einfach da und wartet darauf, daß der Therapeut die Sitzung eröffnet.

Direkte Äußerungen des Therapeuten
Der 'Helfer'–Therapeut kann dem Hilflosen offen Rat, Ermutigung und Weisung geben, zum Beispiel:
„Ich glaube nicht, daß es eine gute Idee ist, jetzt mit der Therapie aufzuhören." – „Ich weiß, daß du das machen kannst, wenn du es nur mal probieren würdest." – „Jetzt möchte ich, daß du losgehst und etwas Schönes für dich holst." – „Ich finde, du könntest damit anfangen, mir etwas aus deiner Kindheit zu erzählen."

Indirekte Äußerungen des Therapeuten

Hat der 'Helfer'–Therapeut mehr reflektiert, glaubt er vielleicht, er solle seinem 'Hilflos'–Klienten nicht sagen, was er tun soll, aber er tut es wahrscheinlich trotzdem, ohne sich dessen bewußt zu sein. Vielleicht ist er sogar davon überzeugt, daß er nicht den Helfer spielen darf und tut es trotzdem. (Ich möchte wetten, daß die meisten Therapeuten, die das jetzt lesen, denken, daß sie nicht Helfer ihrer Klienten seien und es dennoch sind. Ich habe festgestellt, daß die meisten Therapeuten die ganze Zeit den Helfer spielen, sogar solche, die in Gestaltausbildungsgruppen sind und von denen man annehmen könnte, daß sie sich des Gestaltverbotes, den Helfer zu spielen, bewußt sind.)

Trotz seines bewußten Glaubens kommuniziert der Helfer-Therapeut jedoch in vielerlei sehr feinen Äußerungen seine Hilfsbereitschaft. Er gibt vorsichtige Anregungen („Hast du die Konsequenzen einer Scheidung sorgfältig bedacht?"), gibt feine Zeichen von Anerkennung (ein Kopfnicken, anerkennende Blicke, ein bestätigendes Brummen), er gibt Interpretationen. Ich habe das Gefühl, daß Interpretationen subtile Formen von Helferverhalten sind, weil der Therapeut dabei die Verantwortung übernimmt, Sinn in die Erfahrung des Klienten zu bringen. Er beraubt außerdem den Klienten der Chance, seine eigenen Deutungen zu finden, die viel wahrscheinlicher stimmen als die des Therapeuten und die das Gefühl des Klienten, selbst etwas für sich tun zu können, stärken kann.

Ich sage nicht, daß jede Interpretation therapeutisch falsch ist. Obwohl sie gewöhnlich Projektionen des Therapeuten sind, können sie ein Körnchen Wahrheit enthalten. Ich sage noch nicht einmal, daß Therapeuten nie hilfreich sein sollen. Ich sage, daß Interpretationen helfende Äußerungen sind und als solche erkannt werden sollten.

Spätere Äußerungen

Wenn er eine Weile in Therapie war, scheint es dem Hilflosen besser zu gehen. Er mag sein Leben befriedigender einrichten und sich wohler fühlen. Sobald das geschieht, stößt der Helfer einen Seufzer der Erleichterung aus und beglückwünscht sich zu seinem therapeutischen Scharfsinn. Der Hilflose ist ihm auf die Nerven gegangen, und er glaubt, daß es jetzt an der Zeit ist, mit der Unterstützung nachzulassen. In diesem Moment hat der Hilflose plötzlich einen 'Rückfall'. Selbstmorddrohungen, nächtliche Anrufe, schwere Depressionen und andere Symptome können auftreten. Helfer wird ärgerlich und versucht, den Hilflosen loszuwerden. Er ist ungeduldig, wenn der Hilflose ihn außerhalb der Arbeitszeit anruft und sagt immerfort nur „Ja, ja" am Telefon, während seine Frau ihm böse Blicke zuwirft, weil sie darauf wartet, daß er aufhört zu telefonieren. Er fühlt sich jetzt frustriert und selbst hilflos und fragt sich, warum er um 'Gotteswil-

len'Therapeut geworden ist. Er wird unterschwellig feindselig dem Hilflosen gegenüber, immer noch im Glauben, daß dieser 'krank' ist und keinen direkten Ausdruck von Ärger ertragen könne.
Ein Selbstmordversuch des Hilflosen wird dann wahrscheinlich, wenn er die Frustrations-Version spielt: „Wenn ich nicht kriegen kann, was ich will, werde ich mich töten".

Das Ende des Frustrationsspiels

Wenn der Hilflose ein abhängiger Typ ist, werden er und der Helfer zu einer Art impliziter Übereinstimmung über die Grenzen kommen, die jeder zu tolerieren bereit ist, ein Gleichgewicht wird erreicht, es folgen Jahre fruchtlosen Kontaktes. Dem Hilflosen geht es schlechter, wenn der Helfer faul und bequem wird und ihm nur wenig Unterstützung gibt; und es wird ihm wieder besser gehen, wenn der Helfer in Harnisch gerät.
Mir wurden Patienten überwiesen, die dieses Spiel acht, zehn oder sogar fünfzehn Jahre mit demselben Therapeuten gespielt haben.

Wenn 'Hilflos' und 'Helfer' nicht zu der unausgesprochenen Übereinkunft kommen, über die ich eben sprach, geht der Hilflose weiter, um einen anderen Mitspieler zu finden. Der Helfer wird Schuldgefühle haben, daß er 'therapeutischen Plunder' fabriziert hat und er wird sich die Schuld daran geben, daß der Hilflose die Therapie aufgegeben hat. Es mag auch sein, daß er sich glücklich und erleichtert fühlt, daß die Last von seinen Schultern genommen ist.

Warum keiner gewinnen kann

Wenn der Helfer und der Hilflose wirklich so wären, wie sie erscheinen, wäre es möglich, daß beide das Spiel gewinnen. Der Hilflose bekäme, was er wollte und würde aufhören, hilflos zu sein. Es ginge ihm besser, oder er wäre geheilt oder würde erwachsen. Der Helfer hätte sein Geld bekommen und wäre befriedigt zu wissen, daß er jemandem 'geholfen' hat. Jedoch verlaufen nur wenige Frustrationsspiele so einfach.

Erstens: Der Hilflose will nie wirklich, was er zu wollen vorgibt, das heißt sich besser fühlen. Gewöhnlich möchte er sein Spiel mit weniger Angst und Schmerz und geschickter spielen. Er möchte oft wirklichen Kontakt zum Therapeuten und hat das Gefühl, die einzige Möglichkeit, dies zu erreichen, sei, hilflos zu spielen. Er nimmt an, daß es keinen Grund gäbe, weiter zum Therapeuten zu gehen, wenn er dessen Hilfe nicht bräuchte. Manche Hilflos-Spieler wollen sich wirklich beweisen, daß sie mehr Macht haben als der Therapeut. Sie erreichen das, indem sie den Therapeuten dazu bewegen, alle seine Weisheit und Kenntnis zu nutzen und dann doch einfach so krank bleiben, wie am Anfang der Behandlung. Die heimliche Botschaft lautet: „Meine Krankheit ist stärker als du".
Wieder andere Hilflos-Patienten sind darauf aus, sich und andere zu quälen: Wenn sich der Therapeut festsaugt, indem er den Helfer spielt, wird er ein weiteres Opfer des sadistischen Hilflosen.

Zweitens: Der Helfer will oft nicht, was er behauptet, daß er es wolle. Vielleicht glaubt er wirklich, daß er es will, nämlich dem Klienten helfen, unabhängig zu werden. Er ist bereit zu akzeptieren, daß der Hilflose eigene Entscheidungen trifft und auf seinen eigenen Füßen steht, solange das mit dem übereinstimmt, was der Therapeut für gut hält. Mit anderen Worten: Er möchte wirklich, daß der Hilflose sein Leben führt, wie er, der Therapeut, es richtig findet. Vielleicht möchte er sogar, daß der Klient abhängig bleibt, weil er Leute um sich braucht, die ihn bewundern.

Drittens: Weder der Hilflose noch der Helfer sind sich ihrer wahren Motive, ihrer Rollen und des Spieles, das sie spielen, bewußt. Es gibt auch viele Kräfte, die sie davon abhalten, sich über ihr Spiel klarzuwerden. Der Hilflose fürchtet, daß der Therapeut ihn zurückweisen oder mißachten würde, wenn er ihm sagen würde, daß er eigentlich Kontakt zu ihm haben möchte oder den Triumph über ihn spüren möchte. Der Helfer wagt nicht einzugestehen, daß seine Selbstschätzung so abhängig davon ist, daß der Klient so wird, wie er es für richtig hält, oder daß er die Bewunderung und Liebe des Klienten so braucht. Er wäre möglicherweise beschämt, wie sehr er den Hilflosen braucht, da er als einziges Ziel und als einzigen Wert einer Therapie das selbstlose Helfen sieht.

Der Mangel an Awareness wird außerdem dadurch begünstigt, daß der Helfer womöglich einen hilflosen, abhängigen, infantilen Teil hat, den er nicht erkennen oder akzeptieren will. Ich habe festgestellt, daß die meisten Therapeuten eine Vergangenheit haben, in der passives, abhängiges Verhalten negativ und hilfreiches, kontrollierendes Verhalten positiv verstärkt wurde. Daraus ergibt sich, daß sie ihren eigenen kindlichen Teil unterdrücken und ihn auf andere projizieren, besonders auf ihre Klienten. Sie versuchen dann beides: für ihre Klienten zu sorgen und ihnen zu helfen, erwachsen zu werden (was widersprüchliche Ziele sind), solange sie mit dem Hilflosen draußen umgehen, brauchen sie nicht mit ihrem eigenen inneren Hilflosen umzugehen. Folglich haben sie tatsächlich Interesse daran, daß der Klient nicht erwachsen wird und die Therapie dann verläßt.

Viertens: Die 'Krankheit' des Hilflosen besteht genau aus der Tatsache, daß er sich für krank und hilflos hält. Er verhält sich so unbefriedigend und dürftig, weil er nicht glaubt, daß er je Befriedigung finden kann. Selbst wenn er etwas tut, das dieser Vorstellung widerspricht, ist er schnell bereit, das als Glück und als unverdient zu bezeichnen (z.B.„Ich habe die nur zum Narren gehalten"). Mit anderen Worten:
Die Rolle ist in sich selbst destruktiv und demütigend und führt leicht zu dem Ergebnis, das der Hilflose wahrscheinlich gerade vermeiden wollte. Und trotz aller guten Absichten des Helfers, verstärkt die Übernahme der Sicht des Hilflosen nur dessen Gefühl von Unzulänglichkeit, von Unsicherheit und seinen Glauben, daß ein anderer alle Antworten für ihn hat.

Die Arbeit mit dem Hilflosen in der Gestalttherapie

Zunächst mache ich als Gestalttherapeut folgende Annahmen im Unterschied zu den Annahmen des Helfers, die ich weiter oben nannte:

1. Das primäre Motiv des Hilflosen für die Therapie ist wahrscheinlich, zu lernen, sein Spiel effektiver und mit weniger Angst und Schmerz zu spielen, und nicht, sich zu bessern. Selbst, wenn ein Teil in ihm (sein Gewissen oder – in der Sprache der Gestaltterapie – sein Topdog) möchte, daß er sich bessert, widersetzt sich dem ein anderer Teil (der Rebell oder Underdog) im Verborgenen und widersteht allen Versuchen, sich zu verändern. In Wirklichkeit will Topdog gewöhnlich nicht, daß die Person sich ändert. Wenn er es durch irgendein Wunder täte, hätte Topdog niemanden, den er pieksen und dem er sagen könnte, daß er sich ändern muß.

2. Der Hilflose hat keine Krankheit. Tatsächlich hat er womöglich nicht einmal Probleme. Stattdessen hat er einen Lebensstil, zu dem es gehört, hilflos und krank zu spielen. Der Klient will möglicherweise gar nicht wirklich wachsen, weil er Angst hat, daß ihn das einsam und isoliert ma-

chen würde. Da er seine Krankheit als Zulassungsprämie für die Therapie ansieht (und als eine Haupt-Trumpfkarte im Umgang mit der Welt), ist er nicht wild darauf, sie freiwillig aufzugeben. Er meint, wenn er sie aufgäbe, müßte er die Therapie beenden. Ohne seine Probleme, über die er sich so gut aufregen kann, wäre er leer und verloren, und er möchte lieber 'schlecht dran' sein als sich leer fühlen müssen.

3. Je mehr ich dem Hilflosen 'helfe', d.h. ihn unterstütze, ihn berate oder in anderer Weise Verantwortung für ihn übernehme, desto mehr belohne ich ihn und bestärke ihn in seinem Spiel. Auf der anderen Seite: Je weniger Verantwortung ich für ihn übernehme, desto mehr ist er gezwungen, unbewußte Kräfte zu entdecken und sich auf sie zu verlassen.

4. Der Hilflose ist nicht wirklich hilflos, und er kann etwas gegen sein Elend tun. Er hat immer wesentliche Entscheidungsmöglichkeiten in seinem Leben und ist nicht wirklich in der Falle, obwohl er sich vielleicht so fühlt. Vermutlich fühlt er, daß er sein Elend braucht und daß er es nicht besser verdient. So ist es sinnlos, wenn ich versuche, etwas gegen das Gefühl des Gefangenseins bei ihm zu tun, oder wenn ich versuche, ihm zu helfen, sein Elend loszuwerden. Alles, was ich tun kann, ist, mit ihm daran zu arbeiten, daß er sich klar werden kann, wie er sich selbst elend und gefangen hält, und was er letztlich davon hat.

Die oben gemachten Grundannahmen sind ein Teil von mir — wenn auch noch nicht so gut integriert, daß ich sie nicht dauernd neu entdecken müßte. Daraus ergibt sich, daß ich praktisch alle Therapiesitzungen, aber besonders die mit den 'hilflosen' Patienten, in folgender Weise durchführe:

Ich übernehme keine Verantwortung dafür,
was der Klient in der Therapie tut.

Das ist der wahrscheinlich strittigste Punkt in der Gestalttherapie, weil die autoritäre Struktur so sehr ein Teil unserer Kultur ist. Die meisten Therapeuten — ja, sogar die meisten Menschen — in unserer Kultur sind entweder offen oder versteckt autoritär. Offen Autoritäre sind Diktatoren. Sie sagen ihren Klienten, was sie tun sollen. Versteckt Autoritäre manipulieren alles Tun ihrer Klienten nach ihrem Willen. Sie sind wie viele Liberale, die glauben, daß man den armen Leuten oft helfen könne, indem man ihnen Geld gibt und daß man dann Sozialarbeiter hinschicken muß, die überprüfen und dafür sorgen sollen, daß sie das Geld 'klug' ausgeben, d.h. so, wie es liberale Mittelklasse-Leute tun. Sowohl offen als auch versteckt autoritäre Therapeuten glauben, daß die Klienten krank oder irregeleitet oder unreif sind und deshalb unfähig, für sich in der Therapie verantwortlich zu sein. Sie glauben, daß man den Klienten sagen muß, worüber sie sprechen sollen, oder daß man sie vorsichtig dazu bringen muß, darüber zu reden, was man für wichtig hält, und daß man ihnen dann Rat und Ermutigung geben muß.

Im Gegensatz dazu habe ich die Ansicht, daß meine einzige Verpflichtung in der Therapie darin besteht, dem Klienten die Selbst-Awareness zu erleichtern — besonders darüber, was er sich antut und auf welche Weise er das tut. Dem Hilflosen zum Beispiel helfe ich zu sehen, daß er den Hilflosen spielt und auf welche Weise er das macht. Ich habe weder das Bedürfnis noch das Recht, ihm zu sagen, was er mit dieser Information anfangen soll. Das ist allein seine Sache.

Ich möchte ein Beispiel geben dafür, wie ich den Anfang einer ersten Sitzung gestalten. würde.
Der Klient kommt zum ersten Mal zu mir. Nachdem ich von ihm einige Informationen bekommen haben, seinen Namen, die Anschrift, den Beruf, habe ich keine Fragen mehr. Ich sitze und warte. Er schaut mich erwartungsvoll an, aber ich schaue einfach zurück, ohne etwas zu sagen.

K(lient): Ja... äh... Ich weiß nicht, wo ich anfangen soll.

T(herapeut): Mir kommt es so vor, als wolltest du, daß ich dir sage, wo du anfangen sollst.

K: Ja, ich hatte noch nie so eine Therapie, ich weiß nicht, was ich tun soll.

T: Ich habe keine 'Sollte' für dich.

K: Ja.. Ich verstehe... (Pause)... Aber wie soll ich wissen, worüber ich reden soll, wenn du es mir nicht sagst?

T: Ich nehme an, du meinst damit, worüber du deiner Ansicht nach sprechen solltest?

K: Ja, ich möchte gern wissen, was ich hier tun soll... Ist das so komisch?... Ach, du hast mir ja schon gesagt, daß du mir nicht sagen wirst, was ich hier tun soll... Ich bin verwirrt.

T: Also, wenn ich dir keine Regeln gebe, nach denen du dich richten könntest, fühlst du dich verwirrt und verloren?

K: Ja, ich fühle mich wirklich verloren. Ich denke, das ist eins meiner Probleme. Ich will immer anderen Leuten gefallen, deshalb warte ich, daß sie mir sagen, was ich tun soll.

T: Gut, ich werde das nicht machen. Ich habe bestimmte Dinge vor und werde sie dir dann sagen. Aber ich will keine Regeln geben.

Ich tue nichts für den Klienten, wenn ich denke,
daß er das für sich selbst tun kann.

Manche Therapeuten behaupten, daß es dasselbe ist, ob sich jemand hilflos fühlt oder wirklich hilflos ist. Meine Haltung ist die: Solange der Klient potentiell in der Lage ist, auf seinen eigenen Füßen zu stehen, ist es am besten, wenn er das, was er selbst tun kann, auch selbst tut. Ein Beispiel mit einem ca. 18-jährigen Klienten:

K(lient): Könntest du meinen Vater anrufen und ihm sagen, daß ich Therapie brauche? Seit er von meiner Mutter geschieden ist, weigert er sich, für irgend etwas zu zahlen, außer Unterhalt und Kindergeld.

T(herapeut): Nein, das will ich nicht machen.

K: Aber du weißt, daß ich nicht mit ihm sprechen kann. Ich habe Angst, und er wird mir sowieso nicht glauben.

T: Ich weiß, daß du es nicht leicht hast, zur Zeit mit deinem Vater zu sprechen, aber wenn ich das für dich übernehme, nützt dir das in deiner Beziehung zu ihm überhaupt nicht. Ich werde es auf keinen Fall tun.

K: Du bist wirklich ein Blödmann. Du bist nicht besser als er.

T: Ich weiß, daß du wütend über mich bist, weil ich dir das nicht abnehme. Du hältst mich für ebensowenig gebend wie deinen Vater.

K: Na ja... nicht wirklich. Ich weiß, daß du nicht so bist wie er. Aber es wäre sicher leichter für mich, wenn du ihn anrufen würdest. So, wie die Dinge stehen, wirst du nie dein Geld bekommen.

T: Eine kleine Erpressung, ja? Okay, ich bin nicht dazu da, um dir das Leben zu erleichtern.

K: (lachend) Heej... ich weiß. Ich glaube, das täte mir auch gar nicht gut.

Ich spiele nicht Gott für die Klienten

Teil der Therapie ist es, die Awareness des Klienten zu öffnen dafür, daß er ein menschliches Wesen ist mit Ängsten und Tugenden, Fehlern und Bedürfnissen und daß er sich selbst hindert, direkt zu fordern, daß andere sich mit ihm auseinandersetzen. Das stimmt besonders für die Hilflos-Spieler, die sich meist so wertlos fühlen und fehl am Platze, daß sie glauben, nie das bekommen zu können, was sie haben möchten, es sei denn, sie manipulieren andere und erhalten auf diese Weise Nähe und Wärme etc. Die meisten Therapeuten erwecken den Eindruck, als sei es ganz richtig, den Klienten allwissend, selbstaufopfernd, geduldig, unendlich freundlich und relativ wenig gefühlsbetont zu erscheinen (d.h. Wut, Verletzung, Trauer zu unterdrücken). Die Klienten, die versuchen, solche Therapeuten zu imitieren, sind noch weniger in der Wirklichkeit als vorher. Hilflose Klienten, die sich vorstellen, daß ihre Therapeuten omnipotent und allwissend sind, werden in ihrem Glauben bestärkt, daß sie mit allen ihren Ängsten und Unsicherheiten wirklich hoffnungslos dran sind und daß sie diesem perfekten Wesen, bei dem sie in Therapie sind, weit unterlegen sind.

Ich lasse die Klienten wissen, daß ich menschlich bin, d.h. daß ich Bedürfnisse und Ängste habe wie sie und daß ich nicht in allen Lebensfragen eine Antwort weiß. Ein Beispiel:

K(lient): Glaubst du, daß mir Primärtherapie guttäte?
T(herapeut): Ich weiß nicht.
K: Aber du mußt doch eine Vorstellung haben!
T: Nein, ich habe wirklich keine. Ich kann die Zukunft nicht vorhersagen.
K: Das ist das Harte mit dir, du bist nicht... nicht... du sagst mir nichts. Du hilfst mir nicht.
T: Und du meinst, ein Primärtherapeut würde das besser machen?
K: Ja.
T: Das kann gut sein. Ich mache das nicht gern, den Leuten sagen, was sie tun sollen, und das ist sowieso zuviel Belastung für mich. Vielleicht würdest du in der Primärtherapie schneller wachsen, möglich ist es.
K: Das klingt, als sei dir das ganz egal.
T: Nein, das ist es nicht. Mein Topdog sagt mir, ich sollte mit jeder Art von Klienten reden können. Aber ich weiß, daß ich meine blinden Flecken habe. Deshalb wäre ich auch etwas enttäuscht, wenn du mit der Therapie bei mir aufhören würdest.
K: Ach, du würdest mich nicht vermissen, du hättest nur das Gefühl, nicht viel geleistet zu haben.
T: Ich habe den Eindruck, daß du mich herausfordern willst, aber ich will dir antworten. Ich schäme mich, es auszusprechen, aber ich würde dich nicht vermissen. Ich fühle mich dir nicht sehr nahe, und wenn ich mir vorstelle, daß du weggehst, fühle ich nicht viel. Ich denke, du hältst mich gut von dir fern.

Eine andere Eigenheit dieser therapeutischen Art ist es, die Klienten wissen zu lassen, daß bestimmte Bedürfnisse universell sind und daß es möglich ist, andere zu bitten, diesen Bedürfnissen zu entsprechen. Zum Beispiel merkte ich zu Beginn eines Workshops, daß mir physisch kalt war und daß ich mich ein wenig deprimiert und einsam fühlte. Ich erzählte der Gruppe, wie ich mich fühlte und sagte, daß ich ein wenig körperlichen Kontakt brauchte, bevor ich mit der Arbeit beginnen könnte. Ich ging umher und umarmte einige der Teilnehmer. Viele waren überrascht von dem Gedanken, daß ich Umarmungen brauche und daß ich einfach andere darum bitte. Ich hatte einige Bedenken. Denn es ist möglich, daß die Klienten nicht lernen, für sich selbst verantwortlich zu handeln, wenn ich selbst zu direkt und 'überrumpelnd' meine eigenen Wünsche äußere. Das passiert anscheinend häufig in Encountergruppen, in denen der Leiter mit einer charismatischen Persönlichkeit eine offene, liebevolle, anregende und fröhliche Atmosphäre schaffen kann, von der alle Teilnehmer angeregt werden. Sie sind dadurch jedoch nicht fähiger geworden, sich selbst nach der Encountergruppe anzuregen, denn sie haben nicht gelernt, wie man das macht. Wenn ich gleich losstürzen würde, um einen weinenden Klienten zu trösten, der ein Kindheitsereignis noch einmal schmerzlich durchlebt, würde ich seine Fähigkeit, die Hand auszustrecken und um Trost zu bitten, nicht fördern. Glücklicherweise bin ich scheu, und so müssen meine Klienten lernen, die Hand nach mir auszustrecken und mich um das zu bitten, was sie haben wollen.

Für die Klienten ein menschliches Wesen zu sein, heißt nicht, brutal zu sein und sie zu ängstigen usw. Als ich versuchte, mich in dieser Haltung Fritz Perls anzugleichen, der sehr grob sein konnte, blieben manche Klienten schnell aus meiner Therapie weg. Therapie ist schließlich eine Beziehung, und so wie ich mich unterschiedlich verschiedenen Freunden gegenüber verhalte, verhalte ich mich verschiedenen Klienten auch unterschiedlich gegenüber. Faszinierend ist für mich, daß ich, wenn ich grob zu einem Klienten war, dem ein 'Sollte' folgte (d.h. ich sollte immer offen und ehrlich und konfrontierend sein, statt ich selbst zu sein). Seit ich jetzt damit zufrieden bin, Steve Tobin zu sein, und nicht länger versuche, Fritz Perls zu sein, bin ich sogar ehrlicher und effektiver geworden als Therapeut. Ich sage 'ehrlicher', weil ich feststellte, daß ich häufig Angst, Verletzung und Hilflosigkeit hinter der Feindseligkeit manchen Klienten gegenüber verbarg. Jetzt kann ich solche Gefühle mitteilen:

K(lient): (schaut mich nicht an und spricht mit dumpfer Stimme) Letzte Woche ging ich zu meiner Ex-Frau, um meine Tochter abzuholen, und meine Ex-Frau hatte sie noch nicht fertig angezogen. Da sagte ich zu ihr, es wäre besser, wenn sie von nun an wirklich fertig angezogen wäre, wenn ich komme.

T(herapeut): Ich möchte dich unterbrechen. Es fällt mir schwer, dir zuzuhören. Du schaust mich nicht an und erzählst mir eine Geschichte aus der Vergangenheit und mit so lahmer Stimme... Ich...

K: Aber das ist es, wofür ich dich bezahle, daß du mir zuhörst.

T: Gut, ich will das nicht. Es hat für mich keinen Wert, und ich weiß verdammt gut, daß es dir nichts nützen wird. Dir zuzuhören, wenn du Geschichten erzählst, meine ich. Weißt du, mir ist ein anderes Gefühl bewußt geworden, das ich bei dir hatte. Ich fühle mich allein und ziemlich verletzt. Ich glaube, ich könnte einfach ein Tonbandgerät aufstellen und brauchte gar nicht da zu sein, wenn du kommst Du behandelst mich eher wie ein Ding und nicht wie ein menschliches Wesen.

K: (schaut mich zum ersten Mal an) Es ist nur, weil ich besser denken kann, wenn ich dich nicht anschaue.

T: Ich habe die Idee, daß du eine Menge Schwierigkeiten hast, anderen nahe zu kommen, und daß du deshalb keine Beziehung zu mir aufnimmst.

K: Ja... ja... Ja, ich glaube du hast Recht... (Pause)... Und ich fühle mich selbst ganz schön allein... (Pause)... Meine Tochter hat sogar zu meiner Ex-Frau gesagt, daß sie nicht gern mit mir zusammen ist, weil ich nicht mit ihr rede. Ich dachte, daß meine Ex-Frau lügt und nur versucht, meine Tochter von mir fernzuhalten, aber vielleicht fühlt sie sich auch einsam, wenn sie mit mir zusammen ist... (er ist den Tränen nahe).

T: Ich sehe deine Tränen, und ich fühle mich dir zum ersten Mal nahe. Ich habe ein warmes Gefühl für dich.

K: (bricht zusammen und weint, versucht aber offensichtlich, den Strom der Tränen zurückzuhalten) Ich bin so traurig, aber ich will nicht, daß meine Tochter das merkt... Es ist nicht gut, wenn sie ihren Vater weinen sieht...

T: Ich glaube sogar, es ist viel besser als sie im Glauben zu lassen, daß du aus Stein bist.

K: Vielleicht hast du recht.

Ich akzeptiere das Spiel des Hilflosen und ermuntere ihn dabei

Ich fälle kein Urteil über das Spiel von 'Hilflos' und versuche auch nicht, den Klienten zum Aufhören zu bewegen. Ich mag ihn wohl nicht, wenn er spielt, aber ich werde nicht mitspielen, indem ich versuche, ihn zu ändern. Da ich nicht spiele, wird er — statt meiner — frustriert sein und mag anfangen, sich auf seine eigenen Kräfte zu verlassen.

K(lient): Kann ich ihn (ein anderes Gruppenmitglied) etwas fragen?
(Ich antworte nicht.)
Ja, kann ich?
(Ich sage nichts.)
(Der Klient sieht verwirrt und unbehaglich aus.) Ich... ich... ja, ich

verstehe das nicht... (Stille)... Gottverdammt, ich will wissen, ob es in Ordnung ist, etwas zu fragen!

T(herapeut): Nicht, wenn du mich um Erlaubnis bitten mußt.

K: Dann will ich dich nicht fragen. Ich werde einfach losgehen und tun, was ich will.

Eine Technik besteht darin, den Klienten absichtlich sein Spiel spielen zu lassen. Das führte bei einem Klienten zu folgendem:

K(lient): Kann ich etwas fragen?

T(herapeut): Du möchtest mich um Erlaubnis bitten, ja?

K: Ja, ich kenne die Regeln hier nicht.

T: Okay, ich möchte gern, daß du zu jedem Teilnehmer in der Runde gehst und fragst, was hier die Regeln sind.

K: O je, das könnte ich nicht machen! Ich fühle mich so unzulänglich. Das wird lange dauern, bis ich herumgehen und das tun kann.

T: Würdest du herumgehen und mit jedem 'Hilflos' spielen?

K: Nein, das könnte ich auch nicht.

T: Aber du tust es gerade. Es ist ein vorzüglicher Anfang. Geh einfach herum und mach weiter damit.

K: Aber ich weiß nicht, was du meinst... Ach... schätzungsweise bin ich einfach zu beschränkt für diese Art Therapie.

T: Du machst das sehr gut, mach einfach weiter so. Geh rüber zu Heinz und sag ihm, wie hilflos zu bist.

K: Gut, aber ich weiß immer noch nicht, was du meinst... Heinz, ich weiß nicht, was ich machen soll. Ich bin wirklich hilflos... (geht zum Nächsten) Ich... Ich weiß deinen Namen nicht mehr. Ich habe ein so schlechtes Namensgedächtnis... (Die Gruppe lacht. Der Klient lacht und wendet sich dann wieder zu mir.) Ich fange an zu kapieren, was du meinst, Steve.

T: Gut! Mach weiter und sag jedem, wie hilflos du bist, daß du die Regeln nicht kennst, sag wie krank und dumm du bist... usw.

K: (steht vor dem Nächsten in der Runde) Weißt du, ich erinnere mich nicht, was ich tun soll... Es ist einfach weg!

T: Großartig!

K: Ich meine nicht einmal, daß ich hilflos bin. Ich glaube, ich spiele ganz schön oft den Hilflosen, nicht wahr? (schaut mich fragend an)

T: Weißt du, wie du es jetzt machst?

K: Wie?

T: Du sagst was und schaust dann zu mir, ob ich deine Aussage gut finde.

K: Aah.. Ja. Herrjeh, das mache ich oft. Okay... (wendet sich an ein anderes Gruppenmitglied) Ich weiß nicht mehr, was ich tun soll, weil ich dumm bin. Ich brauche deine Hilfe... (Pause)... Willst du mir helfen?... (Pause)... Oh, bitte! Ich bin so hilflos. Ich weiß nicht ein noch aus.

Während der Klient die Runde weitermacht, wird ihm sein Spiel, das er auch im täglichen Leben spielt, mehr und mehr bewußt. Er kann anfangen zu unterscheiden, wann er um Hilfe bittet, wenn er sie wirklich braucht, und wann er nur den Hilflosen spielt.

Eine andere Möglichkeit, einem Hilflosen sein Spiel deutlich zu machen, besteht darin, ihn aufzufordern, den Helfer und den Hilflosen zu spielen:

K(lient): Ich weiß nicht, was ich da machen soll (erwartungsvoller Blick).

T(herapeut): Ich sehe, daß du mich jetzt anschaust.

K: Tja, hast du irgendeine Idee?

T: Okay, spiel den Therapeuten, der dir einen Rat gibt.

K: (als Therapeut) Ich denke, du solltest deinen Job aufgeben, wenn du ihn so wenig magst.
(als Klient) Aber das kann ich nicht machen. Ich könnte bei keinem anderen Job so viel verdienen.
(als Therapeut) Gut, dann behalte ihn und versuche, das Beste daraus zu machen.
(als Klient) Aber es ist ein so blöder Job. Keine Freiheit, keine Kreativität. Ich hasse den Job! (schaut mich wieder an)

T: Was erwartest du jetzt?

K: Ich bin festgefahren.

T: Tja, siehst du, wie du dich selbst festfährst und jeden anderen, der dumm genug ist, dein Spiel mitzuspielen?

K: Ja, ich fühlte mich hilflos und frustrierter in deiner Rolle als in meiner. Tatsächlich kam ich mir als ich selbst sehr mächtig vor.

T: Du fängst an zu kapieren.

Der letzte Ausweg: Ich bitte den Klienten, mit der Therapie aufzuhören

Es gibt Patienten, die so unaufrichtig sind, daß sie ihre Spiele nicht als solche erkennen wollen und die es mir überlassen, damit aufzuhören. Ich habe dann keine Lust mehr, mit ihnen zu arbeiten, wenn ich nicht das Gefühl habe, daß sie irgend etwas von der Therapie haben und wenn es so aussieht, daß sie vielleicht nie von der Therapie bei mir profitieren und wenn ich mich so frustriert und gelangweilt fühle und meine Kontakte zu ihnen zu schmerzvoll sind. Mir ist ganz klar, daß solche Klienten wahrscheinlich andere Therapeuten finden, die das Frustrationsspiel mitspielen wollen, und ich bin traurig darüber. Ich habe jedoch meine Grenzen, und ich bin nicht bereit, mich zu quälen, indem ich die unmögliche Forderung an mich stelle, jeden erfolgreich therapieren zu können.

Variationen des Frustrationsspiels

Während manche Klienten und ihre Therapeuten das reine Frustrationsspiel spielen, das 'Hilfloser-Helfer–Spiel', spielen die meisten davon Variationen. Ich sehe diese eher als Variationen von Frustration denn als unterschiedliche Spiele, weil bei allen die gleiche autoritäre Struktur in der therapeutischen Beziehung vorliegt.

Der Therapeut und der Klient brauchen nur die Grundannahme über sich selbst zu machen, wie sie vorher besprochen wurde. Dann ergibt sich eines der folgenden Spiele.

Der gute Junge und der unsichere Therapeut

Der Klient, der 'Guter Junge' spielt, bevölkert die Sprechstunden der Therapeuten, die solche Klienten mögen, die ihnen scheinbar immer zustimmen, zu ihnen aufschauen und sie imitieren. Der gute Junge versucht systematisch, die Theorien und den Jargon des Therapeuten zu lernen und merkt sich seinen Geburtstag, um ihn dann ein Geschenk zu machen. Er verhält sich wie ein guter Junge, weil er als Kind gelernt hat, daß man hilfreich, freundlich, heiter, höflich und unterwürfig sein muß, wenn man etwas vom Leben bekommen möchte. Er war oft der Liebling des Lehrers und will weiterhin die Anerkennung der Autoritäten statt selbst zu lernen und zu wachsen.

Therapeuten, die auf solche Klienten fliegen, fühlen sich oft selbst unsicher, unzulänglich und ungeliebt. Ein guter Teil ihres Selbstwertgefühls ist abhängig davon, was die Klienten über sie denken und wie gut sie in der Therapie sind. Folglich fühlen sie sich gut, wenn der gute Junge eine scheinbare Besserung zeigt, und wenn sie glauben können, daß er das in der Therapie Gelernte integriert. Das Elend ist, daß keine der Besserungen echt ist. Er verschlingt alles, was der Therapeut sagt, ohne es zu kauen, ohne es kritisch zu betrachten und sich zu eigen zu machen.

Der gute Junge möchte teilhaben an der Macht seines Therapeuten und bestimmte Gunstbeweise und Behandlung von ihm bekommen und vielleicht sogar in magischer Weise seinen Platz einnehmen. Wehe dem Therapeuten, der sich in den Griffen von 'Guter Junge' verfangen hat und ihn dann enttäuscht! Der gute Junge wird dann böse und gehässig. Ich habe das selbst erfahren mit einem 'Guter-Junge'–Klienten, der mir eine ganze Menge Schwierigkeiten machte, als ich nicht herauskam mit den Zauberbonbons, die er von mir erwartet hatte. (Wie ich im vorigen Abschnitt schilderte, sind Therapeuten gewöhnlich anfällig für die Patienten, die ihnen ähnlich sind. Ich war, wie beschrieben, selbst in Gefahr, ein guter Junge bei den von mir verehrten Leuten zu werden. So war ich natürlich auch verletzbar bei Klienten, die 'Guter Junge' mit mir spielten.)

Der gute Junge ist meistens ein Schwätzer und will immer auf der Seite der Gewinner sein. Er sieht schnell, wo die Macht in einer Gruppe liegt und oft kann er sehr geschickt sehr verheerende Zustände schaffen, wenn die Macht nicht in seiner Hand liegt. Er ist ein Intrigant und schmeichelt A, indem er ihm erzählt, wieviel besser er ist als B . Dann geht er zu B und schmeichelt ihm, indem er ihm erzählt, wieviel besser er ist als A. Das Ergebnis kann ein Kampf zwischen A und B sein, bei dem der gute Junge am Rande wartet, um zu sehen, wer gewinnt.

Jeder Therapeut, der seine Augen und Ohren benutzt, kann die Möglichkeit gering halten, durch einen guten Jungen getäuscht zu werden. Er wird merken, daß der gute Junge unaufrichtig klingt, wenn er etwas sagt, um die Anerkennung des Therapeuten zu erringen und er wird merken, daß der gute Junge allem zustimmt, was er sagt.

Immerhin gehört der gute Junge zu den Klienten, die am schwersten in der Therapie zu behandeln sind. Erstens gibt es den meisten Therapeuten gar zu viel Auftrieb für das eigene Selbst, wenn sie einen Klienten haben, der ihnen Komplimente macht, sie kopiert und immer mit ihnen einverstanden ist. Zweitens sind 'Gute Jungen' sehr helle und geschickt, den Therapeuten zum Narren zu halten. Wenn der gute Junge zum Beispiel merkt, daß man von ihm erwartet, daß er auf eigenen Füßen stehen und selbständig denken soll, wird er so tun, als ob er auf eigenen Füßen steht und selbständig denkt – und tut es doch wieder nur, um Anerkennung zu bekommen.

Ich habe zwei Strategien im Umgang mit guten Jungen. Erstens billige und mißbillige ich nichts, was der gute Junge tut. Zweitens mache ich ihm klar, daß er das Spiel 'Guter Junge' spielt und ermutige ihn dazu. – Zum Beispiel hatte ich eine Klientin in den Vierzigern, die alles fraglos machte, worum ich sie bat und die mich immer lobte. Sie schwärmte, wie wundervoll ich sei, wieviel sie von der Therapie profitiere usw. Schließlich sagte ich bei einer Gruppensitzung:

T(herapeut): Du bist wirklich ein so 'Gutes Mädchen'.

K(lientin): Wieso... wieso meinst du das?

T: Ich werde es dir zeigen. Bitte steh auf!
(Sie steht auf.)
Jetzt setz dich!
(Sie setzt sich.)
Steh wieder auf.
(Sie steht wieder auf.)
Komm zu mir herüber.
(Sie kommt herüber, schaut leicht irritiert aus.)
Jetzt salutiere!

K: (sieht plötzlich albern und ärgerlich aus) Nein, ich will nicht!

T: Wolltest du wirklich etwas von alledem machen?

K: Nein, eigentlich nicht. Aber ich dachte, ich sollte genauso wie sonst ausprobieren, was du mir vorschlägst. Sicher würdest du nichts tun, was mir nicht hilft, oder?

T: Ich weiß nicht, wie ich darauf antworten soll. Ich möchte dich nicht mit Bedacht verletzen, aber ich bin sicher, daß vieles von dem, was ich dir jetzt sagen werde, an die Grenze der Verletzung gehen wird. Ich möchte dir etwas vorschlagen, was vielleicht hilfreich ist. Geh bitte herum und spiele bei jedem in der Gruppe 'Gutes Mädchen'. Sei des netteste und süßeste Mädchen der Welt.

K: Okay. (Sie geht zum ersten, zu einem jungen Mann.) Wie geht es dir heute, Kurt? (ihre Stimme klingt honigsüß)

Kurt: Lausig. Und du ekelst mich an mit deinem Gutes-Mädchen-Gequatsche. Warum fängst du nicht an, echt zu sein?

K: Hau bloß ab, du Blödmann.

T: Hast du bemerkt, wie süß du das gesagt hast? Mach weiter mit dem guten Mädchen, werde nicht wirklich ärgerlich, spiele das nur.

K: Okay, Kurt, ich weiß, daß du heute schlechte Laune haben mußt. Ich bin nicht wütend auf dich, ich werde deine brummige Stimmung einfach übersehen. (Sie geht zu einer jungen Frau daneben.)
Du siehst heute sehr gut aus, Karin. Dieses Kleid ist das reinste Wunder an dir.
(Karin gibt ein rülpsendes Geräusch von sich.)
Oh, du hast einen ervösen Magen? Laß mich dir etwas dafür geben.
(Sie geht und holt etwas Wasser. Karin trinkt.)
Ist es so besser, mein Liebes?

(Sie wendet sich wieder an mich.) Ich fange an, mich vor mir selbst zu ekeln. Ich klinge so 'süüüß'.

T: Mach nur weiter so.

Auf ihrem Weg durch die Runde wird ihr Spiel immer klarer und die vielen Arten, in denen sie es spielt: indem sie nette Sachen zu den Leuten sagt, die sie nicht wirklich so meint, indem sie immer zustimmt, indem sie immer tut, worum sie jemand bittet usw. Diese Arbeit war der Beginn einer Bewußtwerdung für ihr Spiel und einer authentischen Lebensweise.

Der Saboteur und der Diktator

Saboteur ist ein Rebell, der sich fürchtet, seine rebellische Haltung offen zu zeigen. So schauspielert er Nachgiebigkeit und Kooperationsbereitschaft, tut aber nie wirklich, worum ihn andere bitten. Folglich ist sein Therapeut nach der Sitzung immer frustriert.

Der Saboteur wird zum Saboteur, weil ihm sehr früh verboten wurde, offen und direkt 'Nein' zu sagen. So lernte er mit seinem ganzen Sein das 'Nein' auszudrücken. Er ist nie offen anderer Meinung, aber er kann auch nie wirklich zustimmen oder sich einer Sache mit ganzem Herzen widmen. Sein Selbstwertgefühl liegt in seiner Fähigkeit, den Forderungen anderer zu widerstehen, aber er macht den den ihn beängstigenden Schritt, sie offen abzulehnen.

Saboteure sind extrem schwierig für Therapeuten, die ihren Klienten gern sagen, was sie tun sollen und die ihren eigenen Gefühlen nicht trauen wollen. Sie glauben, daß der Saboteur wirklich wohlmeinend ist, weil er immer zu probieren scheint, was sie ihm vorschlagen, und sie halten sich entweder selbst für schuldig an den 'Mißerfolgen' des Saboteurs, oder sie beschließen, daß der Saboteur zu dumm oder zu krank ist.

Als Beispiel denke ich an einen Klienten, der eine Weile zu mir in die Therapie kam, ohne eine bemerkenswerte Veränderung seiner emotionalen Verklemmtheit zu erreichen. Ich stellte die üblichen Gestalt-Fragen, was sein Körper macht usw., und es kam nie etwas heraus bei seinen Schilderungen. Schließlich fand ich eines Tages heraus, daß er offensichtlich der Meinung war, daß es gar keine Rolle spielte, was sein Körper in diesem Moment tue, wenn es um seine Probleme ging. Trotz der Tatsache, daß er intellektuell die Gestaltvorstellung, daß Körpersprache oft wichtiger ist als das Denken, verstanden hatte, sabotierte er mich und sein eigenes Wachstum, indem er seine Skepsis nicht als Teil von sich erkannte.

Wie bei anderen Frustrationsspielen, verhalte ich mich bei Saboteuren in zweierlei Weise: Ich lasse sie Klarheit über ihr Spiel gewinnen, indem ich sie auffordere, es zu spielen, und ich versuche, nicht unbemerkt in das Spiel hineingezogen zu werden. Zum Beispiel merkte ich ein paar Minuten nach der Arbeit mit einem Gruppenmitglied, daß ich mich frustriert fühlte. Ich bemerkte, daß der Klient nie tat, worum ich ihn bat, mir aber auch nie sagte, daß er es nicht tun würde.

T(herapeut): Ich merke, daß ich frustriert bin. Es sieht so aus, als kämen wir nirgendwohin. Du tust nicht, wozu ich dich auffordere – zumindest machst du es nicht mit ganzem Herzen... Aber du sagst mir auch nicht, daß du es nicht machen willst. Du sabotierst und du frustrierst mich.

K(lient): (echt erstaunt) Ich sage es nicht?

T: Nein. Paß auf: Wärst du bereit, mich und den Rest der Gruppe absichtlich zu sabotieren?

K: Tja, ich weiß nicht, was du meinst... Ich... Ich wills probieren (geht unsicher zum ersten Gruppenmitglied).

T: Das ist ein guter Anfang, mach so weiter mit der guten Arbeit!

K: Ich weiß nicht, was du meinst.

T: Du machst es gut.

K: Ich? Wie?

T: Du sagst nicht zu mir:'Steve, ich will das nicht machen'. Und du machst es einfach nicht. Du sagst:'Ich probier das mal'. Du probierst immer, aber machst es nie wirklich!

K: Ja, das ist ganz neu für mich. Ich dachte, ich wäre hier sehr kooperativ. Manchmal möchte ich nicht, was ich tun soll. Okay, ich gehe jetzt zum ersten.

T: Gut.

K: Kurt... Ich... (dreht sich um, um mich zu sehen)... Ich habe vergessen, was ich tun soll (die Gruppe lacht).

T: Das ist ganz gut, mach einfach weiter damit.

K: Ach, jetzt erinnere ich mich. Ich soll jeden sabotieren. Kurt, ich will dich sabotieren, indem... (schaut mich an)... Ich bin wirklich am Ende...

Kurt: Ich werde wirklich ungeduldig. Mach entweder, was er dir vorgeschlagen hat oder setz dich hin.

K: Okay, ich werde dich sabotieren,Kurt, indem ich so tue, als machte ich, was du sagst, aber ich mache es doch nicht.

T: Merkst du, wie du mich jetzt gerade sabotierst?

K: Wie?

T: Indem du über Sabotieren redest statt es wirklich zu tun.

K: Oh, ich fange an zu verstehen...

T: Okay, geh dann zum nächsten.
K: (bleibt vor Kurt stehen) Bitte mich, etwas für dich zu tun.
T: Weißt du, wie du mich jetzt sabotierst?
K: Nein, sag mal.
T: Ich habe dich gebeten weiterzugehen, und du hast das weder getan, noch hast du gesagt, daß du es nicht willst. Du hast mich einfach ignoriert.
K: Oh verdammt... Ich will nicht alles tun, was du sagst.
T: Und ich will das auch nicht. Aber du sagst mir nicht, daß du es nicht willst. Du ignorierst mich oder spielst taub, oder du machst nur mit halbem 'Hintern', was ich dir sage. Alles, statt dazu zu stehen, was du willst.

In einer anderen Gruppensitzung ließ ich ihn probieren, offen zu rebellieren, und er fand heraus, daß er keine Angst mehr davor hatte, rebellisch zu sein. Er fand auch, daß er es genoß, offen zu seiner Aufmüpfigkeit zu stehen. Er machte eine kurze Phase der offenen Rebellion gegen die Welt durch und begann dann zu unterscheiden zwischen Forderungen von anderen, die vernünftig waren und solchen, die unvernünftig waren und die er nicht erfüllen wollte.

Alle Saboteure müssen wahrscheinlich durch eine Phase offener Rebellion gehen, bevor sie auf ihren eigenen Füßen stehen und entscheiden können, was zu ihnen paßt, anstatt automatisch gegen andere Leute zu sein.

Meine Krankheit ist größer als wir beide, Doktor

Dieses Spiel (abgekürzt MKIGAWBD) hat meist zur Bedingung, daß ein Arzt eine Krankheit festgestellt hat. Die Klienten, die ich erlebte, hatten eine neurovegetative Störung oder waren schizophren. Der MKIGAWBD-Spieler behauptet, sich ändern zu wollen und erzählt dem Therapeuten, wie sehr er unter seinem Gebrechen leidet und wie glühend er sich wünscht davon geheilt zu sein. Daran stimmt nichts. Seine Krankheit ist seine Haupt-Kontaktquelle zu anderen, sein bester — und oft einziger – Freund, das Mittel, mit dem er Macht hat über andere, sein Hauptgesprächsthema, und oft seine 'Essensmarke'.

Ich erinnere mich an einen Mann, einen typischen MKIGAWBD-Spieler, der mich voller Verzweiflung von einem öffentlichen Gebäude aus anrief und mir erzählte, daß er schon in Therapie war, aber nichts davon gehabt hatte und mich nun sofort sehen müsse. Ich gab ihm einen Termin für den nächsten Tag. Als er kam, verkündete er, daß er ein paranoid Schizophrener und hunderprozentig kriegsversehrt sei. Das bedeutete, daß er eine bescheidene Rente bekam und nicht zu arbeiten brauchte. Er war sowohl pathetisch als auch amüsant, weil die Art, wie er seine Psychose im Umgang mit der Welt benutzte, offenkundig war.

Ich habe festgestellt, daß MKIGAWBD-Spieler nicht zu therapieren sind. Die längste Zeit, die ein solcher Spieler bei mir in Therapie blieb, waren vier Sitzungen. Er war ein Hypochonder, den sein Hausarzt unter Druck gesetzt hatte, Therapie zu machen. Normalerweise bleiben MKIGAWBD-Spieler nur eine Sitzung lang. Er möchte seine Leiden gar nicht loswerden und kommt wahrscheinlich überhaupt nur zur Therapie, weil ihn jemand 'geschubst' hat.

Ähnlich, aber für die Therapie doch etwas zugänglicher, ist der Spieler des Spiels 'Mein Versagen ist stärker als wir beide, Doktor' (MVISAWBD). Er ist klug und hat offensichtliche Fähigkeiten, aber er hat aus seinem Leben ein Chaos gemacht, wenn er in der Therapie auftaucht. Als Kind hat er meistens Doppelbotschaften bekommen, wie zum Beispiel:„Du bist nichts wert, wenn du nicht Erfolg hast. – Du bist unfähig, irgend einen Erfolg zu haben." Im Angesicht dieses Dilemmas ist seine einzige Möglichkeit, einen Erfolg zu haben, zu beweisen, daß niemand ihn zwingen kann, erfolgreich zu sein, inklusive sein eigener Topdog. Der MVISAWBD-Spieler bringt andere Leute dazu, ihm zu helfen, intellektuell oder finanziell etwas zu erreichen, und der sie dann frustriert. Das Ergebnis ist ein heimliches Triumphgefühl. Unglücklicherweise kann der MVISAWBD-Spieler sich nicht richtig über sein Machtgefühl freuen, weil er sich meist seines Spiels nicht bewußt ist und sich zu sehr schämt, daß er nichts im Leben erreicht.

Wie bei allen Spielen schwieriger Leute, die das Frustrationsspiel 'Hilflos-Helfer' spielen oder eine Variation davon, mache ich keinen Versuch, einen MVISAWBD-Spieler dazu zu bewegen, sein Spiel zu beenden oder damit erfolgreich zu sein. Stattdessen versuche ich ihm zu helfen, sein Spiel zu erkennen. Ich kann ihn auffordern, sein Spiel bewußt zu spielen. Dafür habe ich ein Beispiel aus einem Workshop, den ich vor einigen Jahren leitete. Der MVISAWBD-Spieler war ein Mann Anfang Dreißig, der immer trübsinnig aussah. Seine einzigen Interaktionen mit anderen Teilnehmern bestanden in Kommentaren über sein ständiges Versagen: bei seiner Arbeit, in seinem Liebesleben und in seinen Beziehungen zu anderen Menschen überhaupt. Schließlich sagte er am letzten Morgen des Workshops, daß er mit mir arbeiten wolle. Hier ist eine Rekonstruktion unserer Arbeit. Den Klienten will ich Jan nennen:
T(herapeut): Worüber willst du arbeiten?

Jan: Ich möchte über meine Beziehung zu Frauen arbeiten. Ich war vor kurzem verlobt, aber das Mädchen hat die Verlobung im letzten Monat aufgelöst. Ich fühle mich wirklich saumäßig. Ich komme wohl nie zu Rande mit Frauen. Sie gehen ein- oder zweimal mit mir aus, und dann wollen sie mich nicht mehr sehen.

T: Wie fühlst du dich dabei?

Jan: Saumäßig! Ich fühle mich allein und deprimiert... und einfach saumäßig schlecht. Das wäre bei dir genauso, wenn du an meiner Stelle wärst.

T: Du hast so eine gewisse Aura um dich, die eines Verlierers. In diesem Workshop sind mehrere interessante Frauen, aber ich wette, daß keine dich interessiert.

Jan: Es würde mich nicht überraschen. Wenn ich eine Frau wäre, würde ich wahrscheinlich auch nicht mit mir ausgehen wollen.

T: Ich habe eine Idee. Ich möchte, daß du eine Frau spielst und Jan sagst... Setze ihn hier auf den leeren Stuhl... und Jan sagst, was du über ihn denkst.

Jan: (als Frau) Nun, du siehst nicht schlecht aus, du bist ein bißchen dünn aber nicht häßlich. Ich weiß nicht, du siehst immer so mürrisch und deprimiert aus. Ich glaube nicht, daß ich mich für dich interessieren könnte.

(als Jan) Ich bin dir nicht böse, ich habe nichts, worüber ich vergnügt sein könnte. Ich verliere vielleicht sogar bald meine Arbeit. Ich glaube nicht, daß sie sehr entzückt über mich sind bei der Arbeit... Ich bin nicht böse auf sie, weil ich nicht sehr viel tue dort. Ich habe überhaupt keine Hobbies, ich lese nicht... Ich mache gar nichts.

T: Weißt du, Jan, ich hätte gern, daß du herumgehst und allen erzählst, was du für ein Versager bist.

Jan: Gut, aber ich werde vielleicht auch drauf scheißen. (Die Gruppe lacht. Jan geht zum ersten Gruppenmitglied.)

Julia, ich bin ein Versager. Nichts wird was, wenn ich etwas anfange. Ich komme mit Frauen nicht zurecht, ich werde aus Jobs gefeuert, ich kann nichts richtig machen.

Julia: Das ist ja schlimm, du tust mir leid, Jan.

Jan: (geht zu Jane) Jane, ich bin ein schrecklicher Versager. Ich...

T: (Fang an, dich zu brüsten mit deinem Versagen, sag ihr, wie toll du im Versagen bist.

Jan: Okay, Jane. Ich bin der größte Versager aller Zeiten. Ich schaffe mehr mit weniger Potential als irgendein anderer Sterblicher (seine Stimme wird lebendig und aufgeregt).

Jane: Schau, warum gibst du dir nicht einfach mehr Mühe? Du bist ein ziemlich hübscher Junge, Jan, aber es hört sich immer alles so trübsinnig und tot an, daß ich nie mit dir ausgehen würde. Wenn du vergnügter wärst und dich nicht so abwerten würdest, käme ich vielleicht.

Jan: Das ginge nicht gut. Das wäre nur Schauspielerei. Ich würde sowieso aus dem Mund riechen, oder du hättest dich gerade verlobt. Nein, es hat einfach keinen Sinn. Ich kann einfach nirgendwo Erfolg haben.

Gerd: Ich würde dir gern was vorschlagen, was du machen könntest, um zu gewinnen, aber ich fühle mich irgendwie hilflos bei dir, Mann. Immer, wenn jemand einen Vorschlag macht, zerreißt du ihn in der Luft.

Jan: Ja, ich weiß, daß es nichts nützt.

T: Ich möchte die Aufgabe verändern. Wenn du weitermachst, beklage dich bei jedem, daß sie aus dir keinen Gewinner machen können, daß du dich weigerst, zu gewinnen, wie sehr sie sich auch abmühen, dir zu helfen.

Jan: Gut. Klaus, ich bin nicht nur ein hoffnungsloser Verlierer, du kannst auch keinen Erfolg haben, wenn du versuchtest, mir zu helfen. Ich bin der größte Versager auf der Welt, und ich will nicht, daß du versuchst, aus mir einen Erfolg zu machen.
(Jans Stimme ist plötzlich sehr kräftig und lebendig, und er lächelt zum ersten Mal während dieser Arbeit. Seine Haltung ist aufrecht, nicht mehr gebeugt, und er sieht die Leute an, statt ihnen lediglich von der Seite Blicke zuzuwerfen, was er sonst immer tat.)

T: Das ist prima! Mach weiter!

Jan: Maria, du könntest mir eine Million Dollar leihen, mir die schönsten Sachen kaufen und mich mit den häßlichsten Frauen zusammenbringen, ich würde noch darauf pfeifen. Ich will nicht, daß du einen Erfolg aus mir machst.

Maria: Ich gebe mich geschlagen (lacht). Nein, Jan, ich glaube, daß du eine Menge Potential hast und ein ganz netter Junge bist. Ich glaube, du machst dich selbst runter, wenn du das weniger tun würdest, wärest du okay.

Jan: Oh nein! Sag nicht so fürchterliche Sachen! Ich bin der größte Versager, und du kannst keinen Erfolg aus mir machen. Niemand kann das. Ich bin zu gut im Versagen.

Maria: Ich gebe auf. Du hast gewonnen.

Als Jan seine Runde machte, wurde ihm immer mehr bewußt, wieviel Spannung und Ernergie in dem Spiel steckte, das er mit sich selbst und der Welt spielte. Ich hatte nachher nicht mehr viel Kontakt mit ihm, einige Einzelsitzungen und ein Workshop ein Jahr später. Mein Eindruck von ihm war jedoch, daß er sein Spiel nicht mehr ganz so intensiv spielte und — obwohl er die Welt nicht gerade umkrempelte — konnte er doch manchmal und in manchen Dingen erfolgreich sein.

Zusammenfassung

Gestalt liefert keinerlei magische Lösungen für das Problem, mit diesen schwierigen Klienten zu arbeiten. Aber durch die Betonung der persönlichen Verantwortlichkeit und durch das Vertrauen in die natürlichen Wachstumstendenzen des Menschen, sowie durch die Betonung der Ich-Du-Beziehung in der Therapie, eröffnet der Therapeut einige neue Sichtweisen zur Therapie mit diesen Klienten.
Diese Betrachtung des Therapieprozesses kann sie aus den therapeutischen Blockierungen, in denen sich viele Klienten und Therapeuten befinden, erlösen.

Und zuletzt: Sie verhindert, daß der Therapeut sich frustriert und unfähig fühlt. Das ist kein geringer Vorteil.

DIE ARBEIT MIT TRINKERN, DIE MIT DEM TRINKEN NICHT AUFHÖREN WOLLEN

Ein Gestalt-Awareness-Prozeß

Paul E.Paige, M.S.W.

In den letzten zehn Jahren hatte ich das Glück, mit über dreitausend Leuten zu arbeiten, die ernstlich in Schwierigkeiten mit Alkohol verwickelt waren. Innerhalb des Spektrums gab es einfach exzessive Trinker, die übermäßig tranken, wenn Probleme auftauchten (Alpha-Alkoholiker), Menschen, die körperlich vom Alkohol abhängig waren und das Trinken nicht mehr unter Kontrolle hatten (Gamma-Alkoholiker), Menschen, die dauernd unter Alkohol standen, aber die Alkoholmengen kontrollieren konnten (Delta-Alkoholiker) und 'Quartalssäufer', die gelegentlich auf Zechtouren gingen (Epsilon-Alkoholiker), sowie neurologisch geschädigte Patienten und solche mit dem Koraskoff-Syndrom. Die Erfahrungen sammelte ich in sehr unterschiedlicher Umgebung: in privaten Rehabilitationskliniken, privaten Krankenhäusern, Landeskrankenhäusern, in Staatskliniken, Elendsvierteln, in Erholungsheimen, im Justizsystem und in der privaten Praxis. Bei der Arbeit mit Alkohol- und Drogenabhängigen in den verschiedenen Umgebungen war meine Erfahrung überwiegend erfolgreich, und deshalb setze ich diese Untersuchungen und Interventionen fort.

Ich möchte Ihnen die klinische Sichtweise vermitteln, die sich aus der Arbei mit Alkoholikern, die nicht aufhören wollen, entwickelt hat.
Die unaufhörliche Frage, die sich dem guten Arzt immer wieder stellt, lautet: Wie erreichen wir eine erfolgreiche Behandlung bei Leuten, die bis jetzt auf die verschiedenen Ansätze nicht angesprochen haben? Nach diversen therapeutischen 'Postmortems' mit Leuten, die von vielen Ärzten erfolglos behandelt wurden, tauchte bei mir eine zentrale Schlußfolgerung auf: Die Schlußbemerkungen der Ärzte enthalten meistens Aussagen über das Ergebnis, daß 1) der Patient nicht mehr aufhören will zu trinken, 2) daß der Patient noch ein langes Stück vor sich hat, ehe er ganz unten ist und dann bereit, sich zu ändern; 3) der Patient nimmt es nicht ernst und hat nicht genügend Motivation.

Diese Punkte können Erklärungen sein für das medizinische und therapeutische Versagen. Ich glaube, daß in den meisten Fällen erfolgloser Behandlung der letzte der angegebenen Gründe der Wahrheit ziemlich nahe kommt.

Bei der Durchsicht von etwa tausend Fallgeschichten von Personen, deren Befinden sich so verschlechtert hatte, daß sie in das Camarillo-Staatskrankenhaus in Kalifornien kamen, war das hervorstechendste Merkmal, daß sie alle schon mindestens zwei Behandlungen hinter sich hatten, ehe sie dorthin geschickt worden waren. Alle waren schon mindestens einmal vorher hospitalisiert gewesen und hatten mindestens zwei Rehabilitationsmöglichkeiten wahrzunehmen versucht: Ärzte, Anonyme Alkoholiker, Nachbetreuungskliniken oder Krankenhäuser. Diese Patienten berichteten durchgehend, daß sie zu verschiedenen Zeiten in ihrer Trinkerlaufbahn mindestens drei dieser Möglichkeiten zu nutzen versucht hatten, und sie berichteten durchgehend, daß der Erfolg minimal oder gleich Null gewesen war.

Sie berichteten weiter, daß sie sich bei mindestens zwei ihrer 'ernsthaften' Versuche motiviert fühlten, sich helfen zu lassen, bevor sie alles verloren hatten. Aber sie hatten nicht aufhören können zu trinken, oder sie konnten das Trocken-Sein nicht lange genug durchhalten.

Eine überraschende Entdeckung bei der Durchsicht dieses Materials war, daß alle Patienten in dem Jahr vor ihrer Einlieferung ins Krankenhaus beträchtliche Perioden von Abstinenz aufwiesen, und daß sie nicht ununterbrochen tranken. Fast alle berichteten auch von ausgedehnten Zeiten ohne Alkohol (ca. sechs Monate) innerhalb der letzten fünf Jahre. Alle waren in der Lage, teilweise mit dem Trinken aufzuhören und hatten das getan. Das war überraschend, weil die meisten erzählten, daß sie mit dem Trinken nicht aufhören könnten. Sie hatten jedoch tatsächlich aufgehört, aber sie hatten wieder angefangen.

Diese Unterscheidung ist wichtig. Sie hatten nicht ohne Unterbrechung getrunken, doch war die Zeit der Abstinenz offensichtlich unbefriedigend und unausgefüllt für sie gewesen. Es fehlte etwas Lebensnotwendiges und Wichtiges in ihrem Leben, und sie hatten damit nicht klarkommen können. Nüchternheit allein genügte nicht.

Faktoren des unkontrollierten Trinkens

Menschen, die wegen des Trinkens Schwierigkeiten haben und sich trotz des Drucks der Umgebung weigern aufzuhören, leiden an fehlender Ich-Stärke. Ich-Stärke wird hier definiert als Fähigkeit, sich mit dem eigenen emotionalen und körperlichen Zustand zu identifzieren, die Fähigkeit, Impulse zu kontrollieren und das Handeln auf realitätsgerechte Aufgaben zu richten. Hohe Ich-Stärke ist verbunden mit erfolgreicher Behandlung in der Psychotherapie und wird als Prognosefaktor für das Behandlungsergebnis herangezogen. Man kann das einfach so formulieren: Ich-Stärke ist notwendig für die Selbstkontrolle.

Gewöhnlich stecken folgende Probleme hinter dem Zögern des Alkoholikers, mit dem Trinken aufzuhören:

- Er hat ungenügende Möglichkeiten, mit inneren Konflikten, Kummer und Desorganisation umzugehen.
- Ihm fehlen Alternativen zum Trinken als Bewältigungsmechanismus.
- Er ist unfähig zu spüren, was in seinem Körper vorgeht wegen der betäubenden Wirkung des Alkohols und der pro-prioceptiven Gefühllosigkeit (er ist abgeschnitten und hat das Gefühl für sich selbst verloren).
- Er hat immer noch etwas zum Trinken.
- Er hält die Illusion aufrecht, daß er meistens ein 'fröhlicher Zecher' ist.
- Er hat eine tiefe Angst, daß er das Trinken nicht lassen kann, auch wenn er es noch so sehr versuchen würde.

Die tiefe Angst ist der Kernpunkt der Sache. Kommt der Behandelnde (der Arzt, der Geistliche, das Gericht oder der therapeutische Berater) zu einem Abkommen oder einem Versprechen , daß der Patient versuchen wird, ganz und gar mit dem Trinken aufzuhören, dann kommen Patient und Therapeut in eine Blockierung, und der Patient hat nicht genug Ich-Stärke oder innere Hilfsquellen, um sich einer solchen Blockierung zu stellen oder sie durchzustehen. Der Patient zieht sich zurück, fühlt sich minderwertiger und unzulänglicher als je zuvor und ist mehr denn je überzeugt, daß er sich nicht in der Hand hat oder positives Handeln in seinem eigenen Interesse nicht durchhalten kann. Ein Imperativ 'Alles-oder-nichts' führt wieder zum Versagen, welches sein Ich noch mehr zerstört und die Motivation, die er vielleicht noch hatte, verbraucht. Hier kann er das Vertrauen verlieren, dieser Anstrengung für sich selbst gewachsen zu sein, und er kann das Vertrauen verlieren in den Behandelnden.

Ich habe Ärzte, Therapeuten und Berater erlebt, die ein Alles-oder-Nichts-Ultimatum gesetzt hatten. Wenn der Patient den Erwartungen des Therapeuten nicht entsprechen konnte, wurde er wegen mangelnden guten Willens getadelt. Gewöhnlich entzieht sich der Patient dann, oder er verschwindet. Oder er kommt zurück, um eins über den Kopf zu kriegen für seine Unfähigkeit, sich im Griff zu haben (was im übrigen ja der Grund ist, weswegen er Rat sucht). Der Schlüssel ist, daß er nicht weiß, wie. Die Ärzte und andere Fachleute sagen ihm, was er tun soll, aber sie arbeiten nicht daran, wie er es erreichen kann.
Das ist der Schauplatz der Gestalttherapie: das Was und das Wie im Hier und Jetzt. Um eine Stabilisierung zu erreichen, ist es notwendig und ausreichend, vor allem mit dem Was und Wie zu arbeiten.

Immer wieder taucht dieses Hauptaxiom auf: Wenn der Patient nicht in Behandlung ist, kannst du ihn nicht behandeln. Das Gegenteil stimmt auch: Solange er an der Behandlung interessiert ist, ist Behandlung möglich.

Wenn eine Person in Behandlung ist, will sie tatsächlich etwas und ist bereit, Zeit und Geld zu investieren und was sie vielleicht im Moment sonst noch hat. Das 'Was-sie-im-Moment-sonst-noch-hat' mag nicht genug sein, um gewaltige Ergebnisse zu erzielen, wie sofort mit dem Trinken aufzuhören, aber was immer es sein mag, es ist genug für einen humanistischen Berater, um die Arbeit daran zu beginnen. Es ist wirklich nicht von Bedeutung, wie klein oder dürftig die Möglichkeiten der Person sind. Sie ist da, betroffen, bedürftig und meiner Ansicht nach arbeitsfähig. Grundsätzlich sagt unser Ansatz, dort anzufangen, wo der Klient ist, nicht, wo du ihn gern hättest. Nimm ihn ernst und fang systematisch an, ihn für die Behandlung zu interessieren, erhalte seine Motivation, baue seine Ich-Stärke auf und sein Wissen, und fang an, die für ihn möglichen Alternativen zum Alkohol zu vermehren. Solange der Klient kommt und da ist, kann er arbeiten. Ein Therapeut braucht ihn nicht fallenzulassen, weil er bestimmte Erwartungen nicht erfüllt. Wenn der Therapeut das täte, wäre es nichts anderes, als andere Laien schon getan haben.

Verschiedene Arten von Problemtrinkern

In der üblichen Praxis haben wir normalerweise drei Arten von Trinkern:
1. Die Person, die ernste Probleme mit Alkohol hat, wo der Mißbrauch dieses Mittels mit einem der Hauptlebensprobleme interferiert, aber die Person erkennt nicht den Alkohol als das Problem.

2. Die Person, die anerkennt, daß Alkohol ein Problem ist und die freimütig zustimmt, daß sie aufhören muß, aber denkt, daß sie es nicht kann.
3. Die Person, die mit dem Kopf zugibt, daß der Alkohol Probleme für Gesundheit, Anstellung und Beziehungen schafft und sie evtl. in Konflikt mit dem Gesetz bringt, die aber sagt, sie will nicht aufhören zu trinken.

Ich arbeite in unterschiedlicher Weise mit diesen verschiedenen Arten von Problemtrinkern. Das hängt davon ab, wer sie sind, welche Möglichkeiten zur Verfügung stehen, welches die bestmögliche Intervention ist, aufgrund ihrer Wirklichkeit und der Art, wie sie sich als 'Mitarbeiter' darstellen.
Mögliche Interventionsarten und -ziele sind:
1. Direkt mit der Person arbeiten, direkt über das Trinken. Ziel: kein Alkohol- oder anderer Drogenmißbrauch mehr (legal oder illegal).
2. Direkt mit der Person arbeiten, indirekt über das Trinken. Ziel: kein Alkohol- oder Drogenmißbrauch.
3. Direkt mit der Person arbeiten, direkt am Trinken. Ziel: begrenztes und kontrolliertes Trinken.
4. Direkt mit der Person arbeiten, indirekt am Trinken. Ziel: begrenztes oder kontrolliertes Trinken.
5. Indirekt mit der Person arbeiten (mit der Frau, den Kindern, Verwandten oder einem nahen Freund), direkt über das Trinken. Ziel: Stärkung der Person, mit der ich arbeite, um ihr zu helfen, eine wirkliche Hilfe für den Problemtrinker zu sein.
6. Arbeit mit dem Partner, Kind, Verwandten oder mit einem Freund, indirekt am Trinken. Ziel;Selbst-Stärkung dieser Person, herausfinden, was in dieser liebevollen Beziehung möglich ist. Kontrolliertes oder kein Trinken.

Ganz besonders frustrierend und schwierig ist die Arbeit mit dem Alkoholiker, der sagt, daß er gar nicht aufhören will mit dem Trinken. Dieser Patient ist Gegenstand dieses Artikels. Oft sehen wir die Vergeudung menschlicher Fähigkeiten und Kräfte bei Leuten, die ernste Probleme hagen, die nicht aufhören wollen zu trinken, die freimütig zugeben, daß sie gern trinken und immer noch viel davon haben. Meist ist die Situation komplex,eine oder mehr Zwang ausübende Personen drängen ihn, ganz mit dem Trinken aufzuhören: Die Feststellung des Ärztes, daß er nicht mehr lange zu leben haben wird. Das Ultimatum des Partners, daß er sonst geht oder den Trinker 'rauswirft. Ein Ultimatum vom Chef, daß er ihn entlassen wird. Ultimative Drohung mit Führerscheinentzug oder Gefängnis durch die Justizautoritäten.

Um den Trinker zu behandeln, ist es wichtig, seinen Hintergrund zu kennen. Der Patient wurde manipuliert und zur Behandlung gezwungen, damit er sein Verhalten, das er eigentlich gar nicht ändern will, ändert. Auf ihn wurde verdeckter oder offener Druck ausgeübt. Ihm wurde von den für ihn wichtigsten Leuten gedroht, aber seine Trinkgewohnheiten haben sich nicht geändert. Sie wurden vielleicht sogar schlimmer. Er hat das erwünschte Denken und Versprechen präsentiert wie „Ich werde aufhören zu trinken", doch bleibt er bei seiner Trinkgewohnheit. Er wird dann zu einem Berater oder einem Arzt geschickt, um weiter manipuliert zu werden, oder um von einem professionellen 'change agent' geändert zu werden. Nach meiner Erfahrung als Berater und Therapeut war ich nicht in der Lage, jemanden dazu zu bringen, etwas zu tun, was er nicht wollte. Ich habe diese Lektion wieder und wieder gelernt. Letztlich machen Menschen genau das, was sie wollen. Wenn der Therapeut die Aufgabe übernimmt, vom Trinker zu verlangen, daß er aufhört zu trinken, dann wird er Teil des Alkoholikerspiels 'Wetten, daß du mich nicht aufhalten kannst?'. Wenn der Fachmann ein geschickter Manipulator ist und wenn der Einsatz für den Trinker hoch ist, kann es kurze Zeiten der Nüchternheit und der Abstinenz geben. Aber es wird auch kurze oder längere Trinkrunden geben, und der Therapeut wird sich über diese Niederlage ärgern, sich frustriert und ausgenutzt fühlen.

Den Widerstand begleiten und vom Widerstand der Persönlichkeit zum Beistand der Persönlichkeit zu kommen, ist schon immer impliziter Inhalt in der ganzen Entwicklung der Gestalttherapie. A.Beisser (197o) hat das als die Theorie der paradoxen Veränderung bezeichnet: „Veränderung geschieht, wenn einer wird, was er ist, und nicht, wenn er versucht, das zu werden, was er nicht ist." Veränderung geschieht nicht durch einen krampfhaften Versuch des Individuums, sich zu ändern oder durch einen anderen. Sie findet statt, wenn sich das Individuum Zeit und Mühe nimmt, das, was es ist, zu sein, gänzlich in seiner augenblicklichen Lage zu sein. Wenn der Fachmann die Rolle des Veränderers ablehnt, macht er sinnvolle und systematische Veränderung möglich.

Dieses Gefühl, frustriert und ausgenutzt zu werden, ist den meisten Menschen in helfenden Berufen bekannt. Es ist der Grund, weshalb sie sich weigern, mit dieser Art von Patienten zu arbeiten. Meine Meinung ist, daß Fachleute, die diese Erfahrung gemacht haben, sich selbst in diese Lage gebracht hatten, indem sie sich mit dem Zwang Ausübenden verbündeten und so zur Erweiterung des Konflikts der Patienten wurden, indem sie von ihm verlangten, das Unmögliche (Sichtweise des Patienten) zu tun: ganz mit dem Trinken aufzuhören. Fritz Perls nannte das den Kampf zwischen Topdog und Underdog, wobei sich der Behandelnde als Topdog aufspielt.

Ich schlage vor, daß der Berater mit dem Widerstand des Patienten geht und innerhalb dieses Rahmens auf der Seite des Patienten arbeitet und ihm hilft, sich selbst zu gebrauchen, anstatt sich und den Alkohol zu mißbrauchen. Wenn ein Fachmann sich an den Widerstand hält und bereit ist, damit zu arbeiten, wird er entdecken, daß der Persönlichkeitswiderstand sich in Beistand verwandelt, und daß der Patient ihm traut und bereit ist, neue Möglichkeiten zu ergründen, die Welt zu sehen und in ihr zu sein. Im anderen Fall ist der Fachmann noch einer mehr, der Zwang ausübt, und der Widerstand und die Dickköpfigkeit des Trinkers würden weiter verhärtet durch die Forderung, sofort mit dem Trinken aufzuhören. Mark und Linda Sobell (1972) haben darauf hingewiesen, daß es in manchen Fällen, während des akuten Trinkens, unrealistisch und gefährlich wäre, auf Abstinenz als einzigem Behandlungsziel zu bestehen. Die Person versucht vielleicht ihr Bestes, sich jeglichen Trinkens zu enthalten und merkt, daß sie unfähig ist, die augenblicklichen Konsequenzen zu ertragen, keinen Alkohol im Organismus zu haben und ohne den sonst verfügbaren Mechanismus, mit der Umwelt und sich zurechtzukommen. Daraus ergibt sich ein weiteres Versagen und der Zusammenbruch der Begeisterung und Motivation, für sich und sein Problem etwas zu tun. Trotz der Konsequenzen konsumiert der Patient weiterhin riesige Mengen Alkohol und verschlechtert seine Kondition noch mehr. Die Sobells weisen darauf hin, daß es hier nicht um die Moral der Folgen geht, sondern mehr um die Wirklichkeit der von den Konsequenzen betroffenen Person.

Der Alkoholsüchtige, der nicht aufhören will, weiß in Wirklichkeit, daß er sich schadet, er ist jedoch zum jetzigen Zeitpunkt nicht in der Lage, allein dieser Verletzung und diesem Schmerz gegenüberzutreten. Seine Realität ist, daß er keine bessere Alternative kennt und für verläßlich hält. Er steht vor einer Blockierung: Aufhören mit dem Brauchen und Mißbrauchen und was dann? – Außerdem hat er nicht das Grundvertrauen und den Glauben an sich selbst oder seinen Therapeuten, daß sie diese Blockierung überwinden werden. Die Blockierung des Patienten wird bald zum Dilemma des Therapeuten: Der Patient muß aufhören zu trinken, sonst geht es ihm nicht besser, und dann kann ich ihm nicht helfen.

Der Awareness-Prozeß

Eine Alternative zu dem Dilemma 'Abstinenz oder Zurückweisung' ist, was ich den kontrollierten Trinkplan nenne. Ich entwerfe mit dem Patienten einen Kontrakt, sein Trinken unter Kontrolle zu bringen, und mit den Konsequenzen realistisch Schritt für Schritt umzugehen. Mit kontrolliertem Trinken meine ich eine bestimmte Menge zu einer bestimmten Zeit unter bestimmten Bedingungen mit einem expliziten vereinbarten Kontrakt, den beide Parteien freiwillig eingegangen sind, der Berater und der Patient.

In den meisten Fällen ist dem Patienten nicht klar, wieviel er eigentlich durchschnittlich trinkt. Er weiß wohl, daß er zuviel trinkt, weiß aber nicht, was das genau heißt.

Als ersten Schritt soll der Berater mit dem Patienten die vergangene Woche überprüfen, um zu einer guten Schätzung von Qualität, Quantität, Umständen und finanziellen Ausgaben des Trinkverhaltens zu kommen.

Der zweite Schritt ist, den Patienten zu veranlassen, am Ende jeden Tages einen genauen Bericht über das tägliche Trinken, über Qualität, Quantität, die Umstände, mit wem und was es kostet, zu machen. Durch diese Methode kommt es dem Patienten klar zu Bewußtsein, was er tut. Durch den Bericht bekommt der Berater eine Vorstellung, wie motiviert der Patient ist und wie gut er Anweisungen folgen kann.

Der dritte Schritt besteht aus der Beschäftigung mit der Struktur und der Funktion des Trinkverhaltens. Der Berater achtet auf Details und findet heraus, was die verschiedenen Teile des Trinkens dem Patienten bedeuten, bevor er sich das Ganze ansieht. Er kann herausfinden, welche Teile der Patient nicht mag und von welchen er negative Verstärkung bekommt.

Im vierten Schritt tragen der Berater und der Patient gemeinsam ein vollständiges und detailliertes Protokoll zusammen über jedes getrunkene Glas. Dabei werden die Lösungen, die der Alkohol für den Umgang mit Problemen anbietet, detailliert betrachtet und Alternativen, die auch akzeptabel sind, gesucht und spezifiziert.

Im fünften Schritt entwickelt der Berater im Detail die therapeutische Arbeit, die nötig ist, um funktionale und kreative Alternativen zu finden für einige der realen Probleme, denen der Patient gegenübersteht, wie zum Beispiel: Umgang mit Wut, Angst, Feigheit.

Der sechste Schritt findet statt, wenn sich der Klient völlig klar ist über das Ausmaß seines Trinkens und bestimmte Zielbereiche ins Auge gefaßt werden, die therapeutisch bearbeitet werden sollen. Gleichzeitig hört der Patient – da er die Funktion des Trinkens nicht mehr braucht – auf, Alkohol als Mittel zu benutzen, um zurechtzukommen. Er braucht sich nicht mehr auf Alkohol als Mittel zu verlassen, sondern kann seine eigenen Möglichkeiten nutzen und frei wählen, was er tun will, auch beim Gebrauch und Mißbrauch von sich selbst.

Wenn jemand gewahr wird, welche Struktur und Funktion das Trinken hat, fängt er sofort an, sich zu ändern. Vom Schwerpunkt Trinken ausgehend, fängt der Berater an, die Awareness des Patienten für sich und für die Welt auszuweiten. Der Problemtrinker fängt an zu lernen, zu entdekken, welche Möglichkeiten für sein eigenes Wachstum, seine Entwicklung er hat, und er sieht seine eigenen kreativen Ausgleichsmöglichkeiten, anstelle von Alkohol oder Drogen, mit der Welt und sich selbst klarzukommen.

Phasen im Behandlungsprozeß

Der Patient geht grundsätzlich durch drei Phasen, die für alle Alkoholiker, Drogensüchtige und einige andere Patienten in der Therapie typisch sind: Stabilität, Wiederherstellung und Entdeckung.

Um die Phase der Stabilität, die hier der Schwerpunkt ist, zu erklären, möchte ich erst die beiden anderen definieren.
Zur Wiederherstellung richtet der Patient seine Aufmerksamkeit auf den Wiedergewinn der von ihm abgespaltenen Teile, die für seine Existenz und für sein ganzes Leben-Können von zentraler Bedeutung sind. Oft ist das 'typische' Gestaltarbeit, wie sie mit überkontrollierten Patienten allgemein gemacht wird. Um mit dem Trinken aufzuhören und sich aus der Haltung des unkontrollierten Trinkens aufzuraffen, hat er sein An-sich-Halten bis ins Extrem übertrieben. Er hat seine Fähigkeit verloren, wirklich zu fühlen, tief zu erleben und auf andere Leute und die Welt draußen einzugehen. Er muß seine Beweglichkeit und Ausdrucksfähigkeit wiedergewinnen.

Entdeckung ist der abschließende Prozeß, durch den der Patient stabilisiert wird, indem er weitgehend aufgehört hat, mit dem giftsüchtigen Verhalten inklusive dem Trinken und die Persönlichkeitsfunktionen und -fähigkeiten wiederhergestellt hat. Der Motivationsprozeß geht von der Hoffnungslosigkeit, je Stabilität erreichen zu können, zur Begeisterung, die Gefühle und die ganze Funktion wieder herzustellen und weiter bis zur Faszination, zu entdecken, was im Leben wirklich möglich ist. Der Entdekkungsprozeß findet dort statt, wo jemand es wünscht und dazu fähig ist, sein Leben und seine Ausdrucksfähigkeit auszubilden. Mit einer Anpassungsstrategie der Therapie zu arbeiten, nämlich den Patienten dahin zu bringen, sich in seiner banalen Existenz einzurichten, steht im Gegensatz zu einem solchen Lebensprozeß. Dies ist der Punkt maximalen Wachstums und der maximalen Entwicklung, wo die Person am besten fortgeschrittene Erfahrungen und Techniken wie Rolfing oder andere tiefgehende und expansive Formen von Wachstum integrieren kann. Zu diesem Zeitpunkt ist der Drang nach neuer Erfahrung, zu Erweiterung der persönlichen Erfüllung ganz verinnerlicht und selbstbestimmt. Die Rolle des Beraters verändert sich radikal. Er wird zum Weggenossen auf der Suche nach alternativen Sicht- und Seinsweisen in der Welt.

Stabilität — die erste Phase im Behandlungsprozeß — ist ein Prozeß der drei Hauptstadien hat, die ziemlich sicher vorhersagbar sind:

1. Anfangseuphorie: Der Klient hat entdeckt, daß er den Zyklus des progressiven Trinkens durchbrochen hat, daß er sein Trinken kontrollieren kann und daß er nicht 'außer Kontrolle' ist. Er beginnt allmählich, sich körperlich und gefühlsmäßig besser zu fühlen, und seine Umgebung (Partner, Job, Freunde und Therapeut) geben ihm das positive Feedback, daß er besser aussieht, sich besser benimmt und daß alles besser geht. Dieses Stadium und der Enthusiasmus des Klienten sind meist von kurzer Dauer.

2. Übergangskrise: Die stattfindenden Veränderungen verursachen ein Ungleichgewicht und beschwören eine von mehreren Krisen herauf, entweder vom Partner/Partnerersatz her (vgl.Paige, Le Pointe & Küber, 1971) oder von der Umgebung her (Job, Freunde, Gesetz oder Schulden). Der Klient versucht vielleicht, diese Krise mit seiner gewohnten Reaktion zu bewältigen, mit vermehrtem Alkoholkonsum. Es ist sehr wichtig, daß der Berater den Klienten jetzt nicht zurückstößt, wenn der tut, was seine zweite Natur ist, sondern die Trinkgeschichten mit ihm der Reihe nach durcharbeitet und diese Situation als Lernerfahrung benutzt, um genaue Alternativen herauszufinden und herauszuarbeiten, die der Patient vielleicht entwickelt hat und in Zukunft statt Alkohol heranziehen kann. Nicht nur mit dem Bewältigungsmechanismus (Trinken) muß gearbeitet werden, sondern die aktuelle Krise erfordert Aufmerksamkeit, wie zum Beispiel Umgang mit dem Partner, der Lärm schlägt und — absichtlich oder unabsichtlich — den Behandlungsprozeß sabotiert.

3. Erden (Grounding): Dies ist ein bioenergetischer Begriff, der ausführlich beschrieben wird von Stanley Keleman (1973):„Für mich bedeutet Erden in unserem physisch-psychischen Wachstumsprozeß verankert sein: Ausdehnen, Zusammenziehen (Beschränkung und Rückzug), Aufladen und Entladen." Das Gegenteil von Erden ist Flucht oder Beeinträchtigung un-

seres menschlichen Wesens oder unserer Substanz, was zu Angst, Wut, Frustration und Unzufriedenheit führt. Menschen, die Drogen nehmen, beeinträchtigen ihre biologische Basis der Orientierung und sind außerhalb ihres eigenen Organismus. Grund bekommen, Erden, ist das wichtigste Stadium im Stabilisierungsprozeß, in dem der Patient ein Stück seiner Fähigkeit, sich selbst zu fühlen, wiedergewinnt und sich am eigenen Körper und an der eigenen Seele orientieren kann. Erden ist ein andauernder Prozeß, er läuft durch den ganzen Behandlungsprozeß, wobei der Klient immer ausgeglichener wird und sich in seiner eigenen Haut zunehmend wohlfühlt. Ein verwandter Prozeß ist, den Mittelpunkt zu fühlen (centering), der während des Stabilisierungsprozesses stattfindet. Den Mittelpunkt fühlen ist ein Begriff, der von vielen Gestalttherapeuten benutzt wird, um zu beschreiben, wo jeder Mensch den Kern der Aktivität, der Einflußnahme und der Macht wahrnimmt.
Alkoholiker und andere Drogenabhängige nehmen ihr Zentrum außerhalb von sich wahr. Das kann in einem Gegenstand, in einer bestimmten Beziehung oder überhaupt in der Welt außerhalb sein. Wenn ein Mensch in seinem Mittelpunkt ist, ist er empfänglich und fähig, auf sich und seine Umwelt zu reagieren, das Wesen der Handlung kommt aus ihm selbst.

Wenn ein Mensch stabilisiert ist und mit seinem Berater verbunden ist, ist er in der therapeutischen Beziehung zu Hause. Er hat Vertrauen zu dem Menschen, mit dem er arbeitet, und er hat Vertrauen zu sich selbst. Er beginnt zu glauben, daß er und sein Leben besser sein könnten, und er hat die Mittel, mit seinen eigenen Problemen sinnvoll umzugehen. Er glaubt, daß er wirklich die Macht (Ich-Stärke) hat, sich selbst und seine Lebensumstände zu ändern, wenn er lernt, statt Alkohol sich selbst zu benutzen. Er glaubt, daß er für den Therapeuten als Person akzeptabel ist, und er betrachtet diesen als Verbündeten oder als seinen persönlichen Berater und glaubt, daß der Therapeut ihn nicht mißachten und nicht versuchen wird, ihn zu manipulieren oder zu etwas zu zwingen.

Wenn der Patient die therapeutische Beziehung eingegangen ist, fängt er an, sich auf den Therapeuten zu verlassen, ihn zu gebrauchen und ihm zu vertrauen. Indem er die Grundlage zum Verstehen und zu gegenseitiger Achtung, Akzeptierung und Vertrauen mit dem Berater aufgebaut hat, wird der Patient fähig, sich selbst zu akzeptieren, vertrauen und zu verstehen. Der Patient, der am Punkt des Abschlusses seiner Stabilisierung ist, freut sich über seine Abstinenz und fühlt, daß er wichtig und wirklich ist. Das ist der Zeitpunkt, an dem die meisten hospitalisierten Patienten entlassen werden, da sie gut aussehen und berichten, daß sie sich gut fühlen. Wenn die Behandlung nicht bis zur nächsten Phase, der Wiederherstellung, weitergeht, wird diese Stabilität begrenzt und kurz bleiben, und der Patient wird später rückfällig werden.

Dieser Stabilisierungsprozeß bildet die Nahrung und das Rohmaterial, das nötig ist für die wirkliche therapeutische Arbeit, nämlich das erfolgreiche Durcharbeiten der chronischen Depression und der zugrundeliegenden Neurose. Zur wirklichen therapeutischen Arbeit gehört ein größeres Ausmaß an Engagement, Risikobereitschaft und Ich-Stärke, um sich die abgespaltenen Teile der Persönlichkeit wieder anzueignen und sich in Richtung Integration und Ganzheit zu bewegen. Die Stabilsierungsphase der Behandlung hat den Patienten mit einem soliden Grund versehen, auf dem er mit seinen eigenen Füßen stehen und so sein Stehvermögen in der Welt verbessern kann, ohne Alkohol oder andere Drogen zu brauchen oder zu mißbrauchen.

Zusammenfassung

Eine klinische Auffassung seitens des Fachmanns wird beschrieben, mit deren Hilfe therapeutische Arbeit möglich werden kann. Diese klinische Sichtweise ist nicht nur eine gestalttherapeutische oder eine humanistische, sie ist jedoch im Rahmen dieser Betrachtungsweisen besonders kongruent. Der beschriebene Prozeß kann mit vielen verschiedenen Therapien verbunden werden — mit unterschiedlichen Ergebnissen.

In der allgemeinen Praxis sehen wir drei Typen von Alkoholikern: den Alkoholiker, der nicht akzeptiert, daß Alkohol sein Problem ist, den Alkoholiker, der freimütig zugibt, daß Alkohol sein Problem ist und daß er aufhören muß, und den Alkoholiker, der intellektuell zustimmt, daß Alkohol Probleme mit der Gesellschaft, mit der Arbeit usw. schafft und der sich weigert aufzuhören.
Es wird ein klinischer Ansatz empfohlen, mit diesem Widerstand zu arbeiten, in welchem der Arzt nicht mit denen, die Zwang ausüben, unter einer Decke steckt. Er engagiert den Patienten in der Therapie und geht mit seinem Widerstand, damit sich der Patient stabilisieren kann, so daß die wirklichen Probleme, mit denen der Patient zu tun hat, erfolgreich bearbeitet werden können. Der Alkohol als solcher ist nicht das Problem. Er hat eher als 'Lösung' gedient für eine Vielzahl von Problemen, denen diese Leute gegenüberstanden.

Literatur

Beisser, A.R., The paradoxical theory of change. In: Fagan/Shepherd (eds) Gestalt Therapy Now. Palo Alto 197o.
Keleman, S., The human ground. San Francisco, 1973.
Paige, P.E., A humanistic treatment program for the treatment of the substance abuser. Monograph. Santa Monica, 1972.
Paige, P.E., La Pointe, W., Krueger, A., The marital dyad as a diagnostic and treatment variable in alcoholic addiction. Psychology 8, 1971.
Perls, F., The Gestalt approach and eye witness to therapy. Palo Alto 1973.
Sobell, M + L., Individualized behavior therapy for alcoholics. Research Monograph, California Department of Mental Hygiene, 1972.

GRASS–ROOTS

Gestalt mit den Unterprivilegierten*

John Elliot, B.S. und Vickie Ficht, B.S.

Unserer Erfahrung nach kann Gestalttherapie bei unterprivilegierten Klienten erfolgreich angewandt werden. Unterprivilegierte definieren wir durch bestimmte Grundmerkmale der Klienten: niedriges Einkommen, wenig oder keine Schulbildung, Kommunikations- und Problemlösungsfähigkeit sind schwach ausgebildet, und es fehlt Unterstützung von außen (Beruf, Familie usw.). Sie haben wenig oder gar keine Vorstellung von gefühlsmässigem Wachstum und sind kaum motiviert, etwas an den äußeren Bedingungen zu ändern. Solche Leute sind sich oft nicht klar darüber, welche Vorteile es hat, sich selbst und seine Gefühle zu kennen.

Überflüssig noch zu erwähnen, daß viele dieser Klienten unterdrückte Minderheitengruppen sind oder in Kriminalität und/oder Drogenmißbrauch verwickelt sind. In vielen Fällen sind sie durch die Strafverfolgungsbehörde, durch die Sozialfürsorge oder durch Schulen aufgefordert worden, zur Beratung zu gehen. Deshalb treffen wir auf viele widerwillige Klienten, die keinen Sinn in der Therapie sehen. Die meisten Klienten haben schon negative Therapieerfahrungen hinter sich, wenn sie zu uns kommen.

Bei der Behandlung von grass-roots-Klienten gehen wir von einer Gestalt aus, die größer ist als die Gestaltsitzung selbst. Das ist ein Ansatz, der die Verwendung der therapeutischen Techniken erweitern kann, wenn wir auch dabei immer im Auge behalten, daß die Beziehung zwischen dem Berater und dem Klienten Vorrang hat vor den besten Techniken. Einige wichtige Grundbegriffe in diesem Ansatz sind: Vertrauen, Modell-Lernen, Bereitschaft (readiness), Druck, Verstärkung, direktives Verhalten, Grenzen, Umwelt und Kontakt.

----

*Anm.d.Übers.: Unterprivilegiert gibt die komplexe Bedeutung von grass-roots – Graswurzeln – nur unvollständig wieder. Es steckt darin: revolutionäres Potential, unverzichtbare Wurzeln des Volkes, zu Unrecht als Bodensatz betrachtet.

Da Gestalt eine sehr kreative und flexible Therapieform ist, variieren die Vorgehensweisen der Therapeuten. Einige nutzen den Gruppendruck, um Abwehrhaltungen zu bewältigen. Andere benutzen Frustration als bevorzugtes Werkzeug, um durch eine Blockierung durchzustoßen. Als Teil des therapeutischen Prozesses werden auch gelegentlich mal Manipulationen benutzt.
Wir merkten, daß diese Vorgehensweisen bei der Population, mit der wir arbeiten, meist unwirksam sind. So viele andere Leute haben in ihrem Leben diese Methoden benutzt, um sie zu motivieren, daß sie sich aufgrund ihrer schlechten Erfahrungen jetzt widersetzen. Für uns ist wichtig, welches Gefühl von Kontrolle der Klient hat. Wir möchten, daß er lernt, seiner sicher zu sein, und sich darüber klar zu sein, daß er in einer Therapiesituation Kontrolle über sich selbst behalten kann. Wir finden es gut, wenn die Gruppe den Klienten unterstützt und wenn sich der Therapeut darauf einläßt, seine eigenen Gefühle zu zeigen (obwohl zu wortreiche Unterstützung am Anfang und zu starker Ausdruck von Gefühlen leicht für unecht oder albern gehalten werden). Flexibilität bei den Techniken wie Psychodrama, Bilderleben, Körpertherapie und Verhaltensmodifikation haben sich als erfolgreich erwiesen. Wir glauben. daß das daran liegt, daß es bei diesen Formen keine strengen Bewertungen über richtig oder falsch gibt.

Eine der Hauptschwierigkeiten, mit denen wir bei den Klienten zu tun hatten, ist der Mangel an persönlicher Motivation, etwas zu ändern. Viele hatten niemals ein gesundes Rollenmodell und wissen deshalb nicht, was gesunde Persönlichkeitsausprägungen sind. Unser Ansatz kann für diese Klienten sehr attraktiv sein, weil sie sich nicht verbal ausdrücken oder den Erwartungen des Therapeuten entsprechen müssen. Die Klienten gehen in ihrem eigenen Tempo voran und im allgemeinen genießen sie die Vielfalt der Interaktionen, die durch die Anwendung verschiedener Techniken ermöglicht werden.

Wegen der sehr ernsthaften Probleme der Klienten passiert es leicht, daß der Therapeut zu viel seiner Energie auf den Klienten konzentriert und nicht mehr für sich selbst sorgt. Es kommt einem ganz natürlich vor, sich zu engagieren, wenn jemand hereinkommt, der von seinen 3o Jahren acht im Gefängnis war und dessen Frau eine Prostituierte ist. Dieses starke Konzentrieren auf den Klienten scheint ein Faktor zu sein, der zu dem allgemein bekannten Ausgebrannt- und Ausgelaugt-Sein führt. Der Therapeut wird ausgesaugt, frustriert und ärgerlich und möchte oft aufgeben. Er muß konstant auf sich selbst achten, um zu merken, wie seine eigenen Gefühle in die Interaktion mit dem Klienten eingehen. Viele Klienten arbeiten an Problemen, die auch beim Therapeuten ungelöst sind. Zum Beispiel kann es sein, daß ein Therapeut, der früher selbst abhängig war, nicht klar und aufnahmefähig ist in seiner Arbeit mit Drogensüchtigen. Daraus kann sich ergeben, daß der Klient in einer bestimmten Phase steckenbleibt, oder daß der Therapeut seine zurückliegende Erfahrung auf den Klienten projiziert. Es ist sehr wichtig, daß dieser Prozeß klar erkannt wird, damit der Therapeut die Interaktion mit dem Klienten zurechtrücken kann. Zu diesem Zurechtrücken könnte es gehören, ein neues Muster von Mitteilungen über sich selbst zu beginnen, zu nonverbalen, Körper- oder Bildtechniken überzugehen, andere Therapeuten auf theoretischer oder Erfahrungsbasis zu konsultieren, oder sogar, den Klienten abzugeben.

Bereitschaft

Mit Bereitschaft meinen wir die Fähigkeit des Therapeuten und Klienten, mit einem bestimmten Niveau des Problems umzugehen. Jeder Klient mag, aus welchen Gründen auch immer, mehr oder weniger bereit sein, sich nach kurzer Zeit auf intensive Probleme einzulassen. Wenn der Therapeut einen Problemschwerpunkt zu schnell verfolgt, ist der Klient vielleicht nicht in der Lage, seine Arbeit völlig zu integrieren. Wenn der Therapeut einen Schwerpunkt nicht schnell genug verfolgt, kann die Bereitschaft des Klienten, an tieferen Schichten seines Problems zu arbeiten, schwächer werden. Die Weiterarbeit in diesem Bereich könnte sogar blockiert werden.

Um die Bereitschaft des Klienten festzustellen, kann man ihn direkt fragen, ob er bereit ist, tiefer zu gehen. Das hat zudem den Vorteil, daß das Gefühl von Kontrolle und Verantwortung beim Klienten verstärkt wird. Zum Beispiel:

T(herapeut): Ich denke, wir haben nun wirklich viele Aspekte deiner Scheidung betrachtet, und ich wüßte jetzt gern, ob du ein wenig tiefer gehen magst.

K(lient): Ja, ich bin's leid, so zu sein. Was weiß ich schon?
(oder) Nein, ich habe für heute 'ne Menge getan.

Ein anderer Aspekt der Bereitschaft hat mit Einzel- und Gruppenarbeit zu tun. Es kommt bei uns selten vor, daß wir einen Klienten gleich in ein Gruppensetting bringen. Das Vertrauensniveau ist beim ersten Kontakt extrem niedrig, und dann intensiver Gruppenarbeit ausgesetzt zu sein, kann Klienten sehr ängstigen. Wir haben die allgemeine Regelung, mit den Leuten in Einzelsitzungen Kontakt aufzunehmen, bevor wir sie in eine Gruppe nehmen, damit sie erst einmal Vertrauen entwickeln und die neuen Begriffe und Techniken kennenlernen können.

Verstärkung

Beim ersten Mal legen unsere Klienten ein Verhalten an den Tag, das die Aufmerksamkeit enorm auf sich zieht. Dieses Verhalten kann entweder in detaillierten Berichten über Gewalt oder in totalem Rückzug gipfeln. Viele Untersuchungen haben bewiesen, daß in unserem täglichen Leben Konditionierung stattfindet. Augenkontakt, eine Berührung oder ein Nicken dient als wirksame Verstärkung zur schrittweisen Veränderung von Verhalten. Statt diese Werkzeuge als 'ungestaltisch' zu ignorieren, benutzen wir sie. Wir versuchen uns gewahr zu sein, was der Klient wirklich möchte, und wir verstärken jene Qualitäten und Verhaltensweisen, die der Klient für sich zu erreichen sucht. Wenn der Berater eher seine eigenen Werte als die des Klienten verstärkt, hält die Veränderung in der Haltung und im Verhalten des Klienten nur so lange an, wie er in Kontakt mit dem Verstärkenden ist. Das mag erklären, warum manche Programme oder Therapeuten so sehr erfolgreich zu sein scheinen und die Klienten doch wieder in ihre alten Muster zurückfallen, wenn sie weg sind.

Um weiterhin auf uns selbst zu achten, verstärken wir bewußt nur Verhalten, bei dem wir uns wohlfühlen. Auf keinen Fall bedeutet das, daß wir ständig mit dem Klienten übereinstimmen. Aber in den meisten Fällen vertrauen wir doch auf die Fähigkeit des Klienten, sich selbst zu regulieren.

Es ist wichtig, daß mindestens ein wichtiger Mensch (Bezugsperson), besonders der Therapeut, den Klienten akzeptiert, wie er ist. Der Therapeut mag der erste Mensch sein, dem der Klient in seinem Leben begegnet, der ihn darin bestärkt, er selbst zu sein. Man hört sehr häufig Klienten über sich als die 'schwarzen Schafe' reden, die sie immer waren, und daß sie nie jemandem gefielen. Der unerledigte Konflikt von traumatischen Kindheitserfahrungen ist häufig der Schwerpunkt der Arbeit. Das dunkelste Kind in einer mexikanischen Familie zu sein, kann die Ursache von Problemen sein und die Etikettierung dauert an, bis er sich in einer Gruppe damit auseinandersetzt. Häßlich zu sein, dumm oder arm zu sein, führt zum Gefühl, abgelehnt zu werden und läßt den Menschen in die Rolle fallen:'Einer, der abgelehnt wird'.

Vertrauen

Vertrauen scheint bei den grass-roots-Klienten ganz besonders zu fehlen, sowohl Vertrauen zu anderen als auch zu sich selbst. Der Therapeut muß sich sehr darum bemühen, dem Klienten zu ermöglichen, allmählich Vertrauen zu ihm und zur Gruppe zu gewinnen. Ein sehr schnell gezeigtes Verständnis für den Klienten, um so sein Vertrauen zu gewinnen, kann sich negativ auf die Beziehung auswirken. Der Klient zieht sich dann vielleicht zurück oder weist wirklichen Kontakt zurück.

Wir definieren Vertrauen als ein Gefühl von Sicherheit und Zuversicht. Das konsistente Verhalten des Therapeuten mag einer der wichtigsten Faktoren sein, damit der Klient Vertrauen entwickeln kann. Dazu gehört zu vermeiden, daß Gruppenmitglieder ihn 'runtermachen' oder beschämen, und auch, die Zeit für die Sitzungen konsequent einzuhalten. Ein anderer Faktor ist das Ausmaß, in dem der Therapeut dem Klienten traut. Wenn sich der Therapeut bedroht fühlt, werden diese Gefühle den Klienten erreichen. In einer solchen Situation ist es wohl am besten, das zu erwähnen und den Klienten dabei doch merken zu lassen, daß man Herr über sich selbst ist. Es gibt auch verschiedene Vertrauensgrade des Klienten im Verhältnis zum Therapeuten. Aus der Sicht des Klienten ist der Therapeut vielleicht wirklich nicht vertrauenswürdig.

Die Werte sind unterschiedlich, je nach sozioökonomischer, kultureller Schicht und je nach Alter. Was dem Therapeuten vertrauenswert erscheint, d.h. Ehrlichkeit, Offenheit, Kontakt und Konsistenz, kann dem Klienten ganz unwichtig sein. Vielleicht erscheint ihm jemand vertrauenswürdig, der ihn vor der Polizei versteckt, ihm Geld leiht oder der seinen Bewährungshelfer belügt.

Es ist eine sehr traurige Tatsache, daß der Therapeut womöglich der einzige Mensch ist, der sich aufrichtig um den Klienten kümmert und ihn stützt. Mit dieser Sache muß sehr feinfühlig umgegangen werden. Den meisten unserer Klienten fehlt eine Differenzierung ihrer Gefühle gegenüber dem anderen Geschlecht. Die Gefühle zum Therapeuten werden oft sexuell. Deshalb muß der Therapeut auf diesen Prozeß achten und seine Gefühle und Absichten klar kundtun. Die Absichten und Gefühle können sehr unterschiedlich sein. Ein Therapeut kann sexuelle Gefühle für seinen Klienten haben, ohne zu beabsichtigen, sexuellen Kontakt aufzunehmen. Der Klient kann es ablehnen, daß der Therapeut sich weiter um ihn kümmert, wenn der Therapeut keinen intimen Kontakt möchte.

Das kann eine Phase sein, in der sich der Klient zurückzieht und Zeit braucht, um sich einzupendeln. Das kann fünf Sekunden dauern oder fünf Wochen. Es kann auch ein unbewußter Versuch sein, den therapeutischen Kontakt zu unterbrechen, weil es dem Klienten tatsächlich ermöglichen könnte, die Konfrontation mit seinen Problemen zu vermeiden, wenn sie die Zeit als Liebespaar und nicht als Therapeut/Klient verbringen würden.

Eine attraktive Therapeutin erlebte regelmäßig eine Phase in der Therapie, in der männliche Klienten versuchten, sich ihr sexuell zu nähern, und sich dann zurückzogen, wenn sie auf einer lediglich therapeutischen Beziehung bestand. Ein Gespräch zwischen ihr und dem Klienten könnte so verlaufen:

K(lient): Da ist etwas, was ich dir schon lange sagen wollte. Du gefällst mir sehr. Ich würde gern mit dir schlafen.

T(herapeutin): Es tut mir gut, daß du mich so magst. Ich fühle mich wohl mit dir zusammen. Aber ich möchte nicht mit dir ins Bett gehen, obwohl ich mich dir manchmal nah und warm und zugewandt fühle.

K: Ich bin eben nur irgendein Klient für dich. Du wirst bezahlt für die Therapie, und ich weiß, daß es dir eigentlich egal ist.

T: Es ist mir nicht egal. Aber ich will keine sexuelle Beziehung zu dir.

Dieser Klient hörte mit der Therapie auf, ohne anzurufen, und kam dann nach drei Wochen zurück. Er nahm die Therapie wieder auf und war sogar engagierter als vorher, weil seine bis dahin ungeäußerten Gefühle und seine Angst vor Zurückweisung jetzt zum Fokus geworden waren.

Umwelt

Es ist wichtig, die Umwelt zu verstehen, aus der unsere Klienten kommen. Es kann für einen Therapeuten, der finanziell sichergestellt ist und eine gute Ausbildung hat, von Zeit zu Zeit wichtig sein, in die Rolle seiner Klienten zu schlüpfen, um den Kontakt zu ihren Gefühlen, die sich von den seinen vielleicht sehr unterscheiden, zu behalten.

Besuche im Hause oder in der Schule können eine Hilfe für den Therapeuten sein, seine Klienten besser zu verstehen. In der Umwelt, in der diese Klienten leben, mag es unangebracht und gefährlich sein, Awareness für den Körper zu entwickeln, im Hier und Jetzt zu leben, Verantwortung zu übernehmen, direkt zu sein und seine Gefühle auszudrücken. Zum Beispiel wird in der Gruppe Lächeln erwartet und es wird akzeptiert, Wärme auszudrücken. Aber draußen auf der Straße kann das bei Männern und Frauen sehr schnell als Schwäche interpretiert werden und deshalb zum emotionalen oder körperlichen Mißbrauch herausfordern.

Die Familie und die Bekannten des Klienten können sehr interessiert daran sein, daß sich der Klient nicht verändert. Ein Junge oder ein Mädchen wurde vielleicht von einem der Eltern, der Schwierigkeiten bei der Arbeit hatte, als Sündenbock für Härte und Ärger benutzt. Wenn sich das Kind verändert und normaler wird, werden die Eltern niemanden mehr haben, den sie beschämen können, und an dem sie ihre Aggressionen auslassen können. Deshalb diskutieren und arbeiten wir über die Realität, daß der gesunde Ausdruck von Gefühlen in bestimmten Situationen nur weh tun wird bei der Interaktion in ihrer jetzigen Umgebung.

Der Klient kann auch abhängig und ohne die nötige finanzielle und soziale Mobilität sein, um seine in der Therapie entdeckten Bedürfnisse zu befriedigen. Ein Klient, dem klar wird, daß es für ihn nötig ist, aus seiner Gemeinschaft auszuziehen, hat womöglich gar kein Geld, keinen gesetzlichen Status oder keine Methode, um an Geld zum Umziehen zu kommen. Der Therapeut muß deshalb ganz langsam und vorsichtig vorangehen. Der Klient braucht Zeit, um seine Umgebung auszugleichen oder um die nötige Stärke für die Befriedigung seiner Bedürfnisse zu gewinnen. Zusätzliche Sitzungen können nötig sein, damit Diskussionen speziell für diese Angleichungen Platz finden können.

Wenn der Therapeut dabei zu schnell vorgeht, den Klienten für tiefe, unerwünschte Gefühle zu öffnen, ohne den Rückhalt in der Umgebung, kann der Klient schlechter dran sein als vor der Therapie. Wir betrachten die Widerstände des Klienten als sehr delikate Schutzmechanismen, die er viele Jahre lang benutzte, um sich vor unerträglichem Schmerz zu schützen. Diese Widerstände beiseite zu lassen, würden den Klienten verletzlich und geschwächt hinterlassen, ehe er oder sie einen positiven Ersatz dafür gefunden hat.

Ein Beispiel für eine solche Verletzlichkeit gibt ein vormals Abhängiger, der mit der Hoffnung in die Therapie kam, der Rückkehr zum Heroin vorzubeugen. Innerhalb von zwei Sitzungen wurde er sich seiner Einsamkeit und seiner Trauer zutiefst bewußt. Er war nicht darauf vorbereitet, mit diesen Gefühlen umzugehen, und er hatte keine sozialen Fähigkeiten entwickelt, um seine bis dahin unerkannten Bedürfnisse zu befriedigen. Da er nicht fähig war, Freunde zu finden oder seine Bedürfnisse anderen mitzuteilen, blieb er sehr allein. Die Folge war, daß er zum Heroin zurückkehrte, um seinen Gefühlen zu entfliehen. Idealer wäre ein Prozeß, währenddessen herausgefunden wird, welche Muster er hat im Umgang mit Einsamkeit, bevor man ihn so tiefe Gefühle erleben läßt.

Eine Möglichkeit, ein externes System für seinen Rückhalt zu entwickeln, wäre, ihn dazu zu bringen, sich für neue Interessen und Aktivitäten zu engagieren. Wenn der Klient wächst, wird er ein stärkeres Bedürfnis haben, sich kreativ auszudrücken. Gemeinschaftszentren, soziale Gruppen, Museen und spirituelle oder religiöse Versammlungen können sowohl Unterstützung als auch alternative Formen des Ausdrucks bieten.

Unsere Klienten bekämpfen ständig Etikettierungen wie „verrückt", „kriminell" und „drogensüchtig". Der Therapeut wird vielleicht die Umgebung, besonders die Familie, um Hilfe ersuchen oder sie anleiten, Hilfe zu leisten. Zum Beispiel kann ein Vater, der die Empfindsamkeit seines Sohnes nicht respektiert, wenn dieser zum Beispiel weint, gebeten werden, in Gegenwart seines Sohnes keine Bewertungen des Verhaltens abzugeben. So wird die negative Verstärkung möglichst klein gehalten. Familien, Lehrer, Bewährungshelfer, Polizisten müssen oft erst über die Ursachen und die Behandlung asozialen Verhaltens aufgeklärt werden, ehe man ihre Mitarbeit gewinnen kann. Ein Bewährungshelfer sieht den Drogenkonsum vielleicht automatisch als 'angeboren' an und glaubt, daß sich kein Drogenabhängiger je wirklich ändert. Die Information über andere Fälle, in denen eine Therapie erfolgreich war, ist oft alles, was er braucht, damit er Klienten nicht ins Gefängnis, sondern zur Therapie schickt.

Grenzen

Für uns ist deutlich sichtbar, daß die Bezugspersonen des Klienten keine Grenzen für annehmbares Verhalten setzen und aufrechterhalten. In der Familie und ihrer Umgebung ist das erste Zeichen für das Verlangen des Jugendlichen nach konsequenteren Grenzen ein Austobe-Verhalten, Ladendiebstahl, Schuleschwänzen oder Farbe schnüffeln. Wenn das Kind weiß, daß die Eltern keine Grenzen setzen wollen für sein Tobeverhalten, hat es auch keine Garantie dafür, daß seine Eltern Grenzen setzen werden, um seine Sicherheit und Unversehrtheit zu gewährleisten. Der Therapeut muß auch aus diesen Gründen Grenzen setzen.

Hier folgen einige Aussprüche von Jugendlichen der Drogenberatung im Zentrum von Fort Worth in Texas:

Verführ mich nicht. (Ich weiß genau, daß ich nicht alles kriegen sollte, wonach ich frage. Ich probier aus, was du machst.)

Hab keine Angst, streng zu mir zu sein. (Es ist mir lieber so, ich fühle mich dadurch sicherer.)

Mach nicht, daß ich mir kleiner vorkomme, als ich bin (Es läßt mich nur ganz blöd 'groß' spielen).

Wenn es möglich ist, kritisiere mich nicht vor anderen. (Ich passe viel besser auf, wenn du es mir ruhig und allein sagst.)

Gib mir nicht das Gefühl, daß meine Fehler Sünden sind. (Es ärgert mein Wertgefühl.)

Schütze mich nicht vor Konsequenzen. (Manchmal brauche ich die schmerzliche Lernerfahrung.)

Reg dich nicht auf, wenn ich sage, daß ich dich hasse. (Nicht dich hasse ich, sondern deine Macht, mir einen Strich durch die Rechnung zu machen.)

Mach nicht zuviel Wind wegen meiner kleinen Mißlichkeiten. (Manchmal kriege ich durch sie die Aufmerksamkeit, die ich brauche.)

Bohre nicht. (Wenn du's machst, muß ich mich schützen, indem ich mich taub stelle.)

Vergiß nicht, ich kann mich nicht so gut ausdrücken, wie ich es möchte. (Deshalb bin ich nicht immer so genau.)

Mach keine schnellen Versprechungen. (Denk daran, daß ich mich ganz schön verarscht fühle, wenn Versprechen nicht gehalten werden.)

Halte nicht zu viel von meiner Ehrlichkeit. (Ich lüge leicht aus lauter Angst.)

Sei nicht inkonsequent. (Das bringt mich total durcheinander, und ich verliere das Vertrauen.)

Erzähl mir nicht, daß meine Ängste dumm sind. (Sie sind fürchterlich wirklich, und du kannst viel tun, um mich sicherer zu machen, wenn du versuchst, mich zu verstehen.)

Laß mich nicht abfahren, wenn ich Fragen stelle. (Wenn du es machst, wirst du sehen, daß ich bald nicht mehr frage und mir meine Informationen woanders hole.)

Behaupte nie, du seist perfekt oder könntest dich nicht täuschen. (Der Schock ist zu groß, wenn ich entdecke, daß es nicht stimmt.)

Glaub nicht, es sei unter deiner Würde, dich zu entschuldigen. (Eine ernsthafte Entschuldigung erweckt bei mir warme Gefühle für dich.)

Vergiß nicht, wie schnell ich erwachsen werde . (Es muß ganz schwierig sein, Schritt zu halten mit mir, aber bitte versuche es.)

Vergiß nicht, daß ich gern was probiere. (Ich kann ohne das nicht weiterkommen, mach also bitte weiter damit.)

Vergiß nicht, daß ich ohne Liebe nicht gedeihen kann. (Aber ich brauche dir das nicht zu sagen, oder?)

James Baldwin sagt,daß ein Kind, dem nicht gesagt wird, wo seine Grenzen sind, sein ganzes Leben versuchen muß, sie zu entdecken. Dazu gehört auch Therapie. Der Prozeß zu übertreiben oder auszuprobieren, kann auch in der Therapie vorkommen. Es wäre für den Klienten schädlich, wenn der Therapeut mit seinen Grenzen inkonsequent wäre. Hat der Therapeut das im Kopf, kann er das Ausprobieren des Klienten als einen Prozeß der Vertrauensbildung erkennen. Konsequenz ist für grass-roots-Klienten ganz besonders wichtig. Ein unerwartetes neues Gruppenmitglied oder eine Veränderung im Gruppenzeitplan kann sie und ihr Engagement sehr durcheinanderbringen. Sie können sich verschließen oder vorwurfsvoll werden und diese Tatsache nicht bearbeiten wollen.

Druck

Unserer Ansicht nach ist Druck normalerweise nicht sinnvoll als Hilfe für das Wachstum des Selbst. Druck kann ein Individuum wirksam verändern, aber die wirkliche Natur der Veränderung des Klienten ist dann fremdbestimmt statt selbstbestimmt. Wenn sich jemand ändern will, finden wir es besser, wenn er sich selbst ändern kann und sich nicht auf andere verläßt oder von ihnen abhängig macht, damit sie ihn ändern – d.h. Druck auf ihn ausüben. Einige Klienten kommen nur, um zu lernen, wie man die Werkzeuge und Techniken von Gestalt anwendet, und steigen in der Gruppe nie in eine tiefe Gestaltarbeit ein. Manchmal kommen sie dann später zurück in die Gruppe und teilen die Erfahrungen ihrer Selbsttherapie mit. Da Druck von innen wie von außen kommen kann, ist es sehr schwer festzustellen, welches Ausmaß an Druck ein Mensch erlebt. Zuviel Druck kann schon zu einem Motivationsverlust führen und Gefühle von Hoffnungslosigkeit auslösen. Viele unserer Klienten passen in diese Kategorie. Da sind dauernde Forderungen an sie, nur um in ihrer Umgebung zu überleben. Natürlich, ihre zähen, gemeinen und bösen Fassaden können das überdekken.

Wir wollen nicht ausdrücken, daß die gelegentliche Anwendung von Druck total verwerflich sei. Wir sprechen vom allgemeinen Zugang und der Haltung den Klienten gegenüber. Wir haben die Erfahrung gemacht, daß, wenn der Therapeut noch mehr äußeren Druck auf den Klienten ausübt, Schuld- und Vorwurfsreaktionen meistens zum Abbruch der Therapie führen.

Modell-Lernen

Gefühle zu erleben, mag für den Klienten sehr neu und unangenehm sein. Es hilft ihm, wenn der Therapeut emotionale Reaktionen als Beispiel zeigen kann. Ein erster Schritt ist, den Klienten mit einem Vokabular emotionaler oder affektiver Worte vertraut zu machen, das ausführlich diskutiert werden kann. Der Therapeut kann auch die Reaktionen des Klienten in spezifischen Worten spiegeln. Zum Beispiel:

Klient: Meine Schultern sind so oben, und es kommt mir hier mit dir komisch vor.

Therapeut: Ich stelle mir vor, daß sich deine Schultern verspannt anfühlen und daß du dich mit mir nicht recht wohlfühlst.

Der Therapeut hat vielleicht auch den Wunsch, seine eigenen Gefühle offenzulegen als Modell für den Klienten. Der Prozeß, sich selbst zu zeigen, sollte langsam gehen.Klienten dieser Population sind gewöhnt, andere 'runter'- oder lächerlich zu machen. Intensive tiefe Gefühlsausbrüche können beängstigend sein. Wir haben erlebt, wie Bandenführer oder Bandenmitglieder, die als Hauptmerkmale Feindseligkeit zeigten, schreckliche Angst bekamen bei einem echten Ausdruck von Trauer, Wut oder Liebe.

Direktiv-Sein

Da die Mehrzahl unserer Klienten durch andere Leute motiviert wurde, ist es für uns während der ersten ein oder zwei Monate der Therapie wichtig, relativ direktiv zu sein. Wenn dir immer gesagt wurde, was du tun sollst, wie du sein sollst, braucht es eine Weile der Umgewöhnung, um zu merken, daß du Wahlmöglichkeiten hast. Der Begriff der individuellen Entscheidung ist dieser Population oft fremd. Sie wissen – vielleicht –, was sie nicht wollen, oder was die Bewährung will oder was die Schule will. Wenn sie mit ihrem Recht auf Entscheidung konfrontiert werden, werden unsere Klienten verwirrt, unsicher, und sie geraten gewöhnlich so aus dem Gleichgewicht, daß sie sich auf nichts festlegen können. Viele humanistische Ansätze scheinen mangels Flexibilität in dieser Sache zu scheitern. Sie sind nicht so direktiv, wie es für den Klienten anfangs nötig ist. Ein Teil unseres Prozesses besteht darin, einfach darauf zu reagieren, wo der Klient ist. Zum Beispiel:

T(herapeut): Ich sehe ziemlich viel Spannung in deiner Faust, während wir über deinen Vater sprechen. Ich möchte jetzt gern ein Experiment versuchen. Stell dir vor, das Kissen sei dein Vater. Schlage auf das Kissen.

K(lient): Ach geh, ich komm mir blöd vor.

T: (mit fester Stimme) Ja, ich weiß, du kommst dir blöd vor. Ich möchte trotzdem, daß du weitermachst.

Wenn der Klient auf diese Aufforderung nicht reagiert, würden wir an dieser Stelle nicht weitermachen. Wir könnten weniger bedrohliche Formen anbieten, wie Papier zerreißen oder malen.

Sobald sich der Klient wohler fühlt und ausbalancierter wird, kann der Therapeut sein direktives Verhalten allmählich zurücknehmen und ihn zu mehr Verantwortlichkeit ermutigen, vor allem für die jeweilige Richtung der Therapiearbeit und für die Beziehung zum Therapeuten.

Schluß

Die Anwendung von Gestalt für die Population der grass-roots-Klienten ist relativ neu. Daher ist vieles in unserer Arbeit ein Versuch, und wir lernen dauernd an unseren Fehlern und Erfolgen. Für den Therapeuten ist es extrem wichtig, sich seiner gewahr zu sein und flexibel bei der Anwendung von Techniken in der Interaktion mit Klienten.

Das Problem dieser Population kann nicht mit rein psychologischen Mitteln gelöst werden. Man muß auch die Probleme in der Umgebung, Erziehung und Bildung, den beruflichen Hintergrund und materielle Bedürfnisse betrachten. Unsere Arbeit mit den Klienten ist sehr schwierig. Wir beabsichtigen mit unserem Ansatz nicht, leichte Antworten oder Lösungen zu geben. Unsere Arbeit ist aber sehr lohnend, weil unsere Klienten tief im Innern wirklich sehr feinfühlig sind, und oft geradezu darauf warten, jemanden in ihrem Leben akzeptieren zu können. Gestalt ist ein ausgezeichneter Ansatz, diesen tief verborgenen Gefühlen ans Licht zu helfen, um sich mit ihnen auseinanderzusetzen.

Als Therapeuten machen wir selbst bei der Arbeit mit unseren Klienten viele Veränderungen durch. Wir erleben Liebe, Angst, Wut, Trauer und Frustration bei den nutzlosen Ungerechtigkeiten, die das tägliche Brot im Leben unserer Klienten sind. Bei der Arbeit mit ihnen haben wir gelernt, die grundlegende Menschlichkeit, die uns alle verbindet, anzunehmen und mit ihr in Kontakt zu bleiben.

GESTALTTHERAPIE MIT KINDERN

Vergleiche mit der Gestalttherapie mit Erwachsenen

Charles S.Brudo, Ph.D.

Ziel dieses Beitrags ist es, aus der Sicht des Gestalttherapeuten zu betrachten, wie sich die Arbeit mit Kindern von der mit Erwachsenen unterscheidet.

Die Gestalttherapie ist von Fritz Perls aus seiner beruflichen Erfahrung heraus mit Erwachsenen entwickelt worden, nicht mit Kindern. Tatsächlich sprachen seine Theorien zur Persönlichkeit und zur Psychotherapie und seine Lehrverfahren nur den Erwachsenen an. Auch sein Kollege und früherer Schüler, James Simkin, beschäftigte sich hauptsächlich mit Erwachsenen, als er seinen eigenen Stil, seine Techniken und theoretischen Betrachtungen entwickelte.

Als ich Mitte der sechziger Jahre meine Gestaltausbildung bei Perls und Simkin begann, hatte ich mehr als zehn Jahre therapeutische Erfahrung sowohl mit Kindern als auch mit Erwachsenen. Damals war noch nichts veröffentlicht worden über Gestalttherapie mit Kindern, und in der Ausbildung wurden Kinder nicht einmal erwähnt.

Seither sind ein paar Artikel über Gestaltarbeit mit Kindern veröffentlicht worden. Cohn (197o) hat über ihre gestalt-psychoanalytische Arbeit mit einem Kind geschrieben. Kempler (1973) hat einige Gestaltprinzipien diskutiert und demonstriert, wie er sie bei der Arbeit mit Kindern in der Familientherapie angewandt hat. Lederman (197o) schrieb über Gestaltarbeit mit kleinen Kindern in einer Schule. Rhyne (1973) schrieb über die Anwendung von künstlerischer Arbeit in der Gestalttherapie bei Erwachsenen und Kindern. Ich möchte diesen Informationen meine Haupteindrücke, Erfahrungen und Schlußfolgerungen hinzufügen, die ich als Gestalttherapeut bei der Arbeit mit Kindern entdeckt habe.

Bevor ich mehr ins Detail gehe, möchte ich sagen, daß ich festgestellt habe, daß die Arbeit mit Kindern besonderer Überlegungen bedarf. Ich habe aber auch festgestellt, daß einige Gestalttechniken, die für Erwachsene entwickelt worden sind (z.B. Perls Arbeit mit Träumen), ohne weiteres auf Kinder übertragen werden können. Die meisten Techniken, die schon von Kindertherapeuten verschiedenster Orientierungen benutzt worden sind, eignen sich besonders gut, jene therapeutische Interaktion zustande zu bringen, die sich aus der Sichtweise der Gestalttherapie vom dauernden Lebensprozeß ergibt.

Drei Hauptfaktoren, die zur Arbeit mit Kindern gehören und die sich unterscheiden von der Arbeit mit Erwachsenen

Bei meiner Arbeit mit Kindern sind drei wichtige Faktoren aufgetaucht, die für mich einen beträchtlichen Unterschied in der Anwendbarkeit der Gestalttherapie ausmachen. Diese drei Faktoren sind;

1. Kinder leben nicht so stark durch Worte wie Erwachsene.
2. Kinder kommen meist auf Veranlassung der Eltern in die Therapie, nicht von selbst.
3. Kinder sind abhängig von den Eltern oder deren Stellvertreter.

Keiner dieser Faktoren ist neu. Therapeuten, die mit Kindern arbeiten, halten sie für selbstverständlich. Als ich jedoch versuchte, meine Gestalterfahrung von Erwachsenen auf Kinder zu übertragen, forderten diese Faktoren doch neue Beachtung.

1. Ich sagte, daß Kinder nicht so sehr durch Worte leben wie Erwachsene. Obwohl der Anteil der Kinder, die sich verbal fließend ausdrücken, so groß sein mag wie bei Erwachsenen, drücken sich Kinder doch mehr als Erwachsene in der Aktion, im Spiel, im Ausagieren ihrer Phantasien aus und erfahren sich so (daher die Verwendung von Spieltherapie bei Kindern). Das ist natürlich vorteilhaft für den Gestalttherapeuten, da Gestalt ja das Erleben durch sensorisches und motorisches Beteiligtsein betont, durch Aktion, statt nur durch Worte. Die Tatsache, daß Gestalt stark an Worten als Erfahrungsmedium hängt, bleibt jedoch bestehen. Der Prozeß des Bewußtseinskontinuums, die Techniken des Topdog-Underdog und das „Und gib dem... eine Stimme" brauchen zum Beispiel Wörter als Medium, um zur Erfahrung seiner selbst zu kommen und sie auszudrücken.
Die verschiedenen Protokolle aus 'Gestalt Therapy Verbatim' von Perls und andere Gestalttexte machen das sehr deutlich.
Außerdem gibt es einen deutlichen Unterschied zwischen Erwachsenen

und Kindern, wieviel sie durch Aktion und nicht durch Worte ausdrücken und erfahren, ebenso wie es diesen großen qualitativen Unterschied gibt, wie Kinder und Erwachsene mit Worten umgehen. Kinder drücken sich weit mehr als Erwachsene symbolisch aus. Im Spiel können sie Soldaten oder Mütter oder Superman, Tiere oder Babies, Väter oder Fußballhelden sein.
Ein weiterer Faktor, der besonders Kinder betrifft, ist die offensichtlich schmerzliche Assoziation, die Kinder hinsichtlich ihrer direkten verbalen Interaktion mit Erwachsenen haben. Ich stellte fest, daß Kinder sich oft widersetzen, wenn sie ihre Gefühle in verbaler Form direkt ausdrücken sollen. Ich meine damit nicht ein Phänomen der Entwicklung und Reifung, auch nicht, ob Kinder mehr oder weniger geschickt sind mit Wörtern oder nicht, daß sie sich lieber auf Aktion als auf Worte verlassen, um etwas auszudrücken. Ich meine Widerstand und Vermeidung. Die meisten Therapeuten kennen die Tatsache, daß manche Kinder zögern, vermeiden, sich weigern zu reden.

Von meiner klinischen Erfahrung mit Kindern und ihren Familien her kam ich zu der Hypothese, daß diese Kinder verbale Interaktion wirklich als Mittel erlebt haben, das die Erwachsenen benutzen, um sie zu manipulieren, klein zu machen oder um Dinge von ihnen zu fordern, die sie nicht erfüllen können oder wollen. Diese Kinder haben oft erlebt, wie sie von ihren Eltern oder anderen Erwachsenen unter eine Lawine von Worten nahezu erstickt werden. Ernste, direkte verbale Interaktion mit Erwachsenen war für sie mit Schmerz verbunden, und sie vermeiden diesen Schmerz. In anderen Beispielen haben Kinder die Einschärfung verinnerlicht: „Du darfst mir nichts sagen, was meinen Ansichten oder Handlungen zuwiderläuft oder was böse ist gegen mich".

Was auch immer die Umstände waren,die zur Entstehung eines solchen Widerstandes gegen das Reden führten, ist es therapeutisch, dem Kind Möglichkeiten zu schaffen, sinnvoll über sich selbst zu sprechen. Ja, das wäre es sicher! Zur Zeit der ersten Kontakte werden aber andere Probleme im Vordergrund stehen, die für das Kind viel wichtiger sind als sein Unwillen oder seine unterentwickelte Fähigkeit zu sprechen. Der Gestalttherapeut, der die ersten Dinge zuerst macht, wird die Probleme, die im Vordergrund stehen, ansprechen, ohne sich zuvor mit der Frage des Verbalisierens zu beschäftigen.

2. Der zweite Unterschied, den ich erwähnte, ist der, daß Kinder viel häufiger auf Veranlassung anderer zur Therapie gebracht werden, d.h. auf Veranlassung ihrer Eltern. Perls sagte (1973, S.11o): „Gestalttherapie geht von

der Grundannahme aus, daß der Patient keine Selbstunterstützung hat, und daß der Therapeut für das unvollkommene Selbst des Patienten steht. Der erste Schritt in der Therapie ist, herauszufinden, was der Patient braucht. Wenn der Patient nicht psychotisch ist... ist er sich teilweise darüber klar, was er braucht und kann das zumindest teilweise ausdrücken. Aber es gibt einige Bereiche, in denen der Patient sich entweder seiner spezifischen Bedürfnisse nicht bewußt ist, oder er kann nicht fordern, was er braucht. Oft findet der Therapeut heraus, daß sich der Patient schämt, bestimmte Wünsche zu äußern, ebenso oft findet er, daß der Patient davon überzeugt ist, daß die einzig wertvolle Hilfe, die er bekommen will,die ist, die jemand erahnt und um die man nicht bitten muß. Oft weiß er nicht, wie er fragen soll, oder er ist sich nicht klar, was er wirklich will. Aber wenn er einmal seine Wünsche, seine Forderungen, seine Befehle und Ansprüche direkt äußern kann und wirklich meint, was er sagt, hat er den wichtigsten Schritt in seiner ganzen Therapie getan."

Die Tatsache bleibt jedoch, daß ein Kind vielleicht weiß, aber vielleicht auch nicht weiß, was ein Therapeut ist, so daß es vielleicht sogar noch weniger weiß, was es vom Therapeuten will. Es weiß allerdings vielleicht, was es will, zwar nicht hinsichtlich des Therapeuten, sondern in seinem Leben. Es möchte, daß die Mutter aufhört herumzunörgeln, oder daß der Vater aufhört, die Beherrschung zu verlieren, oder es möchte keine Alpträume mehr haben, oder es möchte, daß die anderen Kinder es mögen. Oder vielleicht ist ein Kind so wenig in Kontakt mit sich selbst, daß es sich über nichts im klaren ist – alles ist in Ordnung. Oder wenn es vielleicht eine schwache Ahnung hat, was es möchte, ist das Tabu womöglich zu stark in ihm, als daß es seine Wünsche aussprechen könnte. Einige Kinder mögen vielleicht die Tatsache, daß sie zum Therapeuten gebracht werden, als einen Ausdruck der elterlichen Unzufriedenheit oder mit sich selbst oder beides erleben. Dieses Gefühl steht oft deutlich im Vordergrund und überschattet die Schmerzen, die Frustration und die Wut, die Kinder in anderen Bereichen haben.

Daher wird der Gestalttherapeut, der mit Kindern arbeitet, hier viel häufiger als bei Erwachsenen feststellen, daß das Kind nicht weiß, was es will, oder daß es nicht zum Therapeuten gebracht werden will, oder daß es sehr ambivalente Gefühle gegenüber dem Therapeuten hat. Indem der Gestalttherapeut damit arbeitet, was für das Kind im Vordergrund steht, und indem er den Hintergrund im Auge behält, wird er Kontakt aufbauen und ihn erhalten, um mit dem Kind zu interagieren. Wenn er so mit dem Kind geht, wird das Kind ihn meistens – nicht immer – als Mittel zur Förderung seiner Selbstverwirklichung akzeptieren.

Es kann auch vorkommen, daß das Kind den Therapeuten weiterhin zurückweist, ganz egal, wie gut er mit dem Kind mitgeht. Möglicherweise glaubt das Kind, den Therapeuten zu akzeptieren, bedeute, der Überzeugung der Eltern zuzustimmen, daß das Kind, und nur das Kind, sich ändern muß, und so weigert es sich unerschütterlich und ausdauernd, die therapeutische Hilfe anzunehmen, besonders wenn die Eltern nicht bereit sind, von dieser offen oder verdeckt geäußerten Position abzurücken.

Dieser Verweigerung liegt manchmal eine Vermeidung des Redens,von der ich noch nicht gesprochen habe, zugrunde. Während einige Kinder ihre Verweigerung in Worte fassen, drücken andere sich dadurch aus, daß sie die von den Eltern vorgeschlagenen Themen meiden oder indem sie fast nichts sagen. Ein Kind kann sich machtlos fühlen, und es auch wirklich sein, weil es von den Eltern einfach zur Therapie gebracht wird. Aber es kann feststellen, daß es fähig ist, die Interaktion mit dem Therapeuten zu verweigern. Diese Verweigerung der Interaktion ist dann das, worauf sich der Therapeut bezieht. Und das bringt uns zum dritten Faktor.

3. Für diesen dritten Faktor möchte ich darauf hinweisen, daß Perls in allen seinen Schriften betont, wie wichtig die Zunahme der Selbstunterstützung des Patienten ist, seine Fähigkeit, Verantwortung zu übernehmen. Das ist der wichtigste Prozeß, der zur Auflösung neurotischer Haltungen beiträgt, aufgrund derer man sich nicht selbst verwirklicht. Es scheint, daß dies für die meisten Erwachsenen in unserer Kultur eine mögliche und realisierbare Lebensform ist.

Nach Perls genügt der Erwachsene sich nicht selbst. Er hängt für sein Überleben und für seine Befriedigung von anderen ab. Aber wie Perls betont, wird der Mensch in dem Maße, in dem er sein Selbst stützt, in dem er Selbstunterstützung hat, frei sein, seine Energien dort zu suchen, wo er sich noch nicht selbst genügt.
Bei Kindern ist jedoch ein extremer Mangel an diesem Sich-selbst-genügen, eine extreme Abhängigkeit von anderen, um zu überleben, von höchster Bedeutung in der Entwicklung oder eben in der mangelnden Entwicklung der Selbstunterstützung. Von daher ist es geboten, daß die Eltern oder ihre Stellvertreter am therapeutischen Prozeß teilnehmen.

Fritz Perls und andere Gestalttherapeuten unterlassen es meistens, dem Klienten direkt zu helfen, weil dadurch die schon vorhandenen neurotischen Muster verstärkt werden könnten. Stattdessen achten sie darauf, ein Milieu oder Umstände zu schaffen, die eine Selbstverwirklichung ermöglichen. Aber je jünger das Kind ist, desto größer ist seine tatsächliche Ab-

hängigkeit. Manchmal verlangen die Eltern eines Kindes aufgrund ihrer eigenen emotinionalen Disfunktion, daß das Kind unterwürfig und abhängig bleibt. Unter solchen Umständen kann das Kind trotz der Bemühungen des Therapeuten nicht viel Autonomie entwickeln. Das Kind mag mehr oder weniger bewußt fühlen – und oft genug mit einem gewissen Sinn für Realität –, daß sein Überleben als emotionale und physische Ganzheit abhängig ist davon, daß es verschiedene Aspekte seines Selbst opfert, tötet, auch seine Selbstunterstützung. J.Fagan (1974,S.4) hat diesen Punkt für seine Therapie mit schizophrenen Erwachsenen klar ausgeführt:
„Bei der Langzeittherapie mit Schizophrenen – ein verwirrender und frustrierender Prozeß – hat es meinem gesunden Verstand manchmal geholfen, zu sehen, daß ich es mit zwei Kindern in einem Raum zu tun habe: mit einem Säugling und einem Fünfjährigen. Der Säugling hat Hunger, ist naß, kalt und schreit. Da sind Schritte im Flur – ein Erwachsener, Vater oder Mutter, geht vorbei und wird gleich hereinkommen. Der Fünfjährige weiß, daß der Erwachsene das Kind töten wird, wenn er es schreien hört. Deshalb fängt er an, allen möglichen Lärm zu machen, Verhalten zu produzieren, das die Aufmerksamkeit ablenkt und vertuscht. Das klappt, und der Erwachsene hört das Kind nicht weinen. Der Fünjährige wendet sich dann dem Säugling zu und versucht, ihn so gut wie möglich zu versorgen. Er überlegt dabei, daß er nicht stark genug ist, um ihn hochzunehmen und daß er nur Kekse hat, um ihn zu füttern. In der Sprache der Transaktionsanalyse heißt das: Diese Blockierung steht zwischen dem kleinen Erwachsenen im Kind und dem Kind im Kind... Die elterliche Einschärfung aus dem Kind der Mutter für den zukünftigen schizophrenen Säugling lautet:„Hab keine Bedürfnisse", was für einen Säugling so gut ist wie:„Stirb", worin sich eher die Hilflosigkeit der Mutter ausdrückt als ihr Ärger. Da die Bedürfnisse des Kindes nach Nähe und Genährtwerden in der Mutter sehr mächtige Ängste und Selbstvorwürfe wecken, lernt der frühreife kleine Erwachsene die Mutter zu verstehen und die Bedürfnisse des Säuglings zu unterdrücken, damit die Mutter ihn nicht total im Stich läßt oder überschnappt oder ihn tötet."

Hier ist ein weiterer Unterschied zur Arbeit mit Erwachsenen; Während die Erwachsenen, mit denen der Therapeut gearbeitet hat, meistens selbst eine gewisse Motivation hatten, Therapie zu machen, sind sich die Eltern gestörter Kinder nicht klar, daß sie selbst wahrscheinlich einen großen Teil des Problems ihres Kindes ausmachen. Dieses fehlende Bewußtsein mag ihre psychologische Naivität widerspiegeln oder eine Begleiterscheinung ihrer Selbstentfremdung sein. Manchmal steckt in den Aussagen der Eltern über das, was sie wollen, die Versicherung:„Ich habe nichts damit zu tun, daß Max so ist." Und die Forderung lautet:„Verändere ihn!" Der Gestalttherapeut, der mit Kindern arbeitet, muß bereit sein, sich auf zögernde Eltern einzulassen und nebenbei mit ihnen Therapie zu machen. Er muß bereit sein, sie zu erziehen und zu informieren.

Im folgenden Beispiel ging der Therapeut irrtümlich davon aus, daß im Vordergrund die sich dramatisch darstellenden Symptome stünden, welche Mutter und Kind beschrieben, und er übersah, daß die Therapie nicht befriedigend verlaufen könne, wenn er nicht auf die Mutter ebenso achtete wie auf das Kind. Ich denke dabei an einen elfjährigen Jungen in großer emotionaler Not. Seine Mutter war in einer Gestalttherapie-Gruppe, hatte aber erst an drei oder vier Sitzungen teilgenommen. Auf Anraten des Therapeuten brachte sie ihr Kind zu einem Gestalttherapeuten, der mit Kindern arbeitete. Sie sprach so, als seien ihre finanziellen Mittel sehr begrenzt und als wäre klar, daß sie mit den Problemen des Sohnes nichts zu tun habe. Der Kindertherapeut achtete nicht auf das eigene Gefühl der Beunruhigung. Er willigte ein, ihren Sohn zu behandeln und forderte nicht, daß sie sich in die therapeutische Beziehung mit einbrachte. Er beruhigte sich damit, daß ihre eigene Arbeit in der Therapiegruppe genug bringen würde und daß er sich erlauben könne, nur mit dem Kind zu arbeiten. Das war falsch. Das ist fast immer falsch. Selbst wenn der Vater oder die Mutter in der Therapie nicht an Problemen arbeiten, die in direktem oder unmittelbarem Zusammenhang mit ihrem Kind stehen, oder wenn die zeitliche Abstimmung nicht so klappt, daß der Umgang mit dem Kind in seiner Situation sofort besser wird. Wenn ein Kind in einer Einzeltherapie ist, ist es meistens wünschenswert, daß die Eltern besonders unter dem Gesichtspunkt ihrer Beziehung zum Kind einbezogen werden. Das führt natürlich oft dazu, daß unerledigte Probleme bearbeitet werden, die die Eltern ganz allgemein bewegen, aber die Eltern-Kind-Beziehung wird dabei nicht aus dem Auge verloren.

Die Symptome, die diese Mutter beschrieb, waren dramatisch. Obwohl ihr Sohn körperlich gesund war, erlebte er Zeiten der Schwäche, fiel fast in Ohnmacht und hatte panikartige Angst vor dem Sterben. Er erkannte dies als Symptom und wollte Hilfe. Er hatte vor kurzem das Haus des Vaters verlassen, der in einem anderen Staat lebte, und war zu seiner Mutter gekommen. Sein Bruder war bei dem Vater geblieben. Der Therapeut hatte ungefähr vier Einzelsitzungen mit dem Kind. Sie kamen gut miteinander aus, aber der Therapeut fühlte sich unbehaglich, weil der Junge bei den Treffen so oft Aktivitäten entwickelte, die einen offensichtlichen Rückzug von den konfliktgeladenen, schmerzhaften Bereichen bedeuteten, die er und seine Mutter dargestellt hatten. Dann machte der Therapeut den verspäteten Versuch, die Mutter einzubeziehen. Er bat sie, zusammen bei

ihm zu arbeiten. Die Mutter war bereit, der Junge stimmte nur zögernd zu. In den gemeinsamen Sitzungen zeigte die Mutter eine scharfe,starke, manchmal direkte, oft indirekte und meistens unerbittliche Feindseligkeit dem Sohn gegenüber, weil er so wenig mit ihr sprach. Der Therapeut konnte ahnen, daß ihr Schmerz über das Elend des Kindes und darüber, was sie als ihren eigenen Anteil daran erkannte, selbst so akut war und sich dann in einen starken Ärger verwandelte als Reaktion auf das selbstschützende Schweigen ihres Sohnes. Der Sohn litt selbst genug, so daß er spontan jede der drei Sitzungen verließ und schon nach der ersten gemeinsamen Arbeit die Therapie beenden wollte — anscheinend als Vergeltungsangriff gegen die Attacken seiner Mutter, wahrscheinlicher jedoch, weil er sich Schmerzen ersparen wollte. Die Problembereiche, die die beiden ursprünglich beschrieben hatten, waren schon an sich sehr dramatisch, aber besonders dramatisch und weit mehr im Vordergrund standen die konflikthaften Aspekte der Eltern-Kind-Beziehung und die zugrundeliegenden Einstellungen und Gefühle.
Wann immer ein Elternteil besonders feindselig auf das Kind reagiert, muß dieser nicht nur von Anfang an an der Behandlung beteiligt werden, sondern muß auch allein zur Therapie kommen. Wenn dieser Elternteil dann seine eigenen Schmerzen und seine Wut in Beziehung zum Kind und in Beziehung zu anderen unerledigten Problemen aus der Vergangenheit durcharbeitet, kann er dem Kind mehr und mehr freie Fahrt geben, es selbst zu werden und von der Therapie zu profitieren. Gemeinsame Sitzungen können dann später möglich sein.

Indem der Therapeut mit den Eltern arbeitet, anerkennt er die Abhängigkeit des Kindes. Das Kind ist daneben auch vom Therapeuten selbst abhängig. Die Abhängigkeit des Kindes wird ein Teil der Beziehung und muß im therapeutischen Kontext berücksichtigt werden.

Wenn die Eltern das Kind zum Therapeuten bringen, versuchen sie damit, ihre Macht mit dem Therapeuten zu teilen oder an ihn zu delegieren. Das trifft besonders dann zu, wenn sich die Eltern darüber klar sind, daß ihre Beziehung zu ihrem Kind wichtig dafür ist, wie es 'funktioniert'.

Indem der Therapeut die Therapie übernimmt, akzeptiert er einiges von dieser Macht, wenn auch nicht notwendigerweise alles. Obwohl die Eltern ambivalente Gefühle haben, werden sie dem Kind wahrscheinlich sagen: „Was der Therapeut sagt und tut, ist für uns in Ordnung. Wir wissen, daß er vielleicht Dinge sagen oder tun wird, die anders sind als unsere Art zu handeln, aber wir vertrauen ihm. Wir möchten, daß er unseren Einfluß dort auflöst, wo er dir schadete und daß er ihn dort unterstützt, wo wir ihn zu wenig geltend machten." So ist der Therapeut in den Augen des Kindes mit einer gewissen Macht ausgestattet, die Tabus und 'Sollte' zu durchbrechen, die das Kind durch seine Erfahrungen in der Familie verinnerlicht hat.

Der Therapeut muß sich jedoch seiner Grenzen bewußt bleiben: Die Ausübung seiner Macht hängt immer von der Zustimmung der Eltern ab. Er ist auch kein Elternteil und das Kind lebt bei den Eltern und ist von ihnen abhängig. Sein Verhalten dem Kind und den Eltern gegenüber ist auch entscheidend dafür, ob die Eltern ihre therapeutischen Bemühungen fortsetzen. Die gestalttherapeutische Arbeit mit den Eltern und dem Kind hat das Ziel, für das Kind zu ermöglichen, daß es seine Selbstunterstützung, seine Lebensfähigkeit und seine Selbstverwirklichung verstärken kann.

Die Tatsache, daß Kinder von ihren Eltern abhängig sind, erstreckt sich auch auf den Bereich der Werte. Ich denke, daß die meisten Kindertherapeuten wissen, daß sich Kinder in der Regel selbst so einschätzen, wie es ihnen von den Eltern vermittelt wird. Wenn die Eltern ihr Kind geringschätzen, übernimmt das Kind diese Bewertung in der Regel. Halten die Eltern ihr Kind für wertvoll, wird das Wertgefühl des Kindes in diese Richtung beeinflußt. Wenn die Eltern ihr Kind für wertvoll halten, sich selbst aber geringschätzen, wird ihr Kind dennoch durch seine Identifikation mit ihnen, dazu neigen, sich selbst gering zu schätzen. Es wird das Gefühl der Wertlosigkeit im Vergleich zu anderen Leuten außerhalb der Familie entwickeln.
Natürlich spielen in der Entwicklung eines Kindes viele Faktoren eine Rolle, doch ist der Abhängigkeitsfaktor einer der wichtigsten. Von daher wird der Therapeut gern bereit sein, das Kind mit dem Aussprechen seiner Realität zu unterstützen, damit seine eigene Wertschätzung und Achtung für das Kind dessen Selbstwertgefühl aufblühen lassen kann. Dorothy Baruchs Beschreibung ihrer Arbeit (1966, S.38) mit einem kleinen Jungen enthält ein lebendig beschriebenes Ereignis, in dem ihre positive Einstellung zur Männlichkeit des Kindes offensichtlich dazu beitrug, daß es dem Kind besser gelang, sich als männlich zu erfahren.

Bei Erwachsenen würden Gestalttherapeuten mehr darauf bestehen, daß der Klient seine eigene Quelle für die Selbstverwirklichung ist. Der Gestalttherapeut, der mit Erwachsenen arbeitet und Achtung hat vor der Stärke des Klienten (also nicht 'hilfreich' ist) trägt zur Selbstverwirklichung des Klienten bei. Wenn er in einer Gruppe arbeitet, veranlaßt er die Teilnehmer oft, dem Klienten ihre Eindrücke über ihn mitzuteilen.
Bei Kindern muß der Therapeut dem Kind jedoch deutlich machen, daß

es sich getrost in Richtung Selbstverwirklichung bewegen kann und er muß es dabei mit dem Ausdruck seiner positiven Gefühle begleiten. Das Kind braucht diese Quelle der Anerkennung von außen stärker als der Erwachsene, damit es die Wertschätzung seiner selbst verinnerlichen kann. Es kann sich dann allmählich mehr und mehr selbst stützen. Wenn die Umgebung des Kindes noch unsicher ist bezüglich der Selbstverwirklichung des Kindes, muß der Therapeut diese Realität beachten und anerkennen. Er sollte eine gewisse Sympathie für den Zustand des Kindes ausdrücken, aber wenn er dabei stehenbleibt, schürt und verstärkt er nur das Gefühl des Kindes, daß es hilflos sei. Das Ausmaß und die Art der angesprochenen Gefahren sind für das Kind oft sehr undeutlich. Es kann ein allgemeines Gefühl böser Ahnungen haben, ein Gefühl, das sehr intensiv sein kann. Dem Kind dann Gelegenheit zu geben, in der Phantasie die tatsächlichen Dimensionen solcher Gefahren auszumalen und zu erfahren, macht es ihm möglich, besser mit sich und den tatsächlichen Gefahren zurechtzukommen. Dieser Prozeß gibt dem Kind Gelegenheit, seine Selbstunterstützung so zu verstärken, daß sie mit der gegebenen Umgebung vereinbar bleibt.

Es gibt eine weitere Tatsache, die es wünschenswert macht, daß die Eltern therapeutisch mit einbezogen werden: Es ist notwendig, daß die Eltern das Gefühl haben, stetig greifbar und informiert darüber zu sein, wie der therapeutische Prozeß vorangeht. Dabei darf nicht das Vertrauen des Kindes mißbraucht werden. Doch damit die Eltern dem Therapeuten vertrauen, muß er ihnen verständlich machen, wozu die Kontakte des Kindes zu ihm notwendig und nützlich sind.
Abgesehen davon kann sich der Therapeut auf diese Weise darüber informieren, was im Alltagsleben des Kindes geschieht, was für seine persönliche Erfahrung und sein Wachstum wichtig ist.

Ob die Eltern für solche kindzentrierten Sitzungen mit dem Therapeuten ihres Kindes oder mit einem anderen, der mit diesem eng zusammenarbeitet, zusammenkommen, hängt sowohl von praktischen wie von klinischen Überlegungen ab.
Zu den klinischen Überlegungen würden die folgenden gehören: Sind die Eltern und das Kind ziemlich paranoid? Wären dann zwei Therapeuten besser als einer, oder einer besser als zwei? Wenn ein Elternteil Vorurteile gegen das Geschlecht des Therapeuten hat, wäre es dann besser, sein Vorurteil zu berücksichtigen oder es durchzuarbeiten? Hat der Therapeut zur Zeit Schwierigkeiten, mit diesen Eltern zu arbeiten?
Praktische Überlegungen sind: Steht ein anderer Therapeut zur Verfügung? Stehen die Eltern zur Verfügung? Welche finanziellen Überlegungen sind anzustellen? Wie weit entfernt wohnen Kind und Eltern?

Einige kommentierte Beispiele gestaltorientierter Interaktion

Schmerz

Perls sagt, daß „...der Feind der Entwicklung diese Schmerzphobie ist... dieses Nicht-Bereitsein, ein winziges bißchen Leiden zu ertragen... In der Therapie kann es sein, daß der Klient einfach phobisch wird und wegrennt." (Gestalt Therapy Verbatim, 1969, S.52)

Mein Beispiel von dem elfjährigen Jungen zeigt, wie notwendig es ist, mit den Eltern des Kindes zu arbeiten. Es zeigt aber auch die Notwendigkeit, Perls Überlegungen zur Schmerzphobie zu betrachten.

Wenn phobische Angst vor Schmerz im Vordergrund steht, muß der Therapeut bereit sein, auf diese Phobie einzugehen. Im allgemeinen haben Kinder eine geringere Toleranz für Schmerzen als Erwachsene, oder sie sind weniger gut geschützt. Wenn ich Familientherapie mache, kläre ich diesen Punkt oft zu Beginn mit den Eltern und Kindern gemeinsam. Das erleichtert es mir, etwas zu tun, was der geringeren Schmerztoleranz von Kindern Rechnung trägt: Ich gebe dem Kind Gelegenheit, sich körperlich oder gefühlsmäßig aus der Situation zurückzuziehen. Dieser Prozeß gibt ihm Anerkennung und positive Beachtung seines Schmerzes bei dem geringen Risiko, daß die Eltern es ihn büßen lassen werden. Ich gebe jedoch in diesem Punkt dem Kind auch Gelegenheit zu lernen, sich selbst zu stützen, so daß es anfangen kann, sich selbst ganz offen eine Pause, einen Rückzug oder ein Ausruhen zu erlauben. Damit will ich nicht sagen, daß Familiensitzungen immer besonders schmerzlich sind — aber manchmal sind sie es.

Einige Theorien der Gestalttherapie durchdringen tatsächlich unser tägliches Leben, wenn sie Teil unserer Wahrnehmung von uns und von der Welt werden. Ich möchte am Rande gern zwei kleine Ereignisse erwähnen, bei denen es um individuelle elterliche Einstellungen geht.

Spielen

An einem Nachmittag spielten ein Kind und sein Vater Fußball in der Allee hinter dem Haus. Sie fühlten sich beide wohl, jeder für sich und jeder mit dem anderen. Sie kickten den Ball hin und her. Das Kind wurde ein wenig ärgerlich, weil der Ball zu oft nach links ins 'Aus' ging, es wollte

doch geradeaus schießen. Was machte der Vater? Schimpfte er sein Kind aus, weil es nicht aufpaßte? Sagte er ihm, daß es den Fuß geradehalten sollte? Sagte er, daß das nichts macht? Sagte er, daß es vielleicht verlieren wird? Fragte er, ob es vielleicht keine Lust hat zum Spiel? Anerkannte er, daß das Kind ärgerlich war? Ermutigte er es, sich mehr anzustrengen? Übersah er die Situation einfach? Fragte, er, ob das Kind vielleicht müde ist? Sagte er, daß es vermutlich nächstes Mal besser gehen würde? Meinte er, daß es dem Kind vielleicht unangenehm wäre zu gewinnen? Schlug er vor, mit dem Spiel aufzuhören? Oder schaute er, wie das Kind seinen Fuß hielt, um dann hilfreiche Vorschläge zur Verbesserung zu machen?
Einige diese Reaktionen wären vielleicht nützlich für das Kind, besonders wenn sich beide weiterhin miteinander wohlfühlen. In diesem Fall sah der Vater jedoch offensichtlich ganz richtig, daß das Kind Hilfe haben wollte, und er schlug ihm vor, seinem Drang nachzugeben und einige Male absichtlich kräftig nach links ins 'Aus' zu schießen. Das Kind tat es und kickte danach den Ball für einige Zeit durchgehend geradeaus. Dann wiederholte es das Experiment und schoß wieder einige Male absichtlich nach links. Danach hatte es für diesen Nachmittag keine Schwierigkeiten mehr. Welcher Natur auch immer seine Schwierigkeiten waren, seine Bereitschaft, dranzubleiben und mit ihnen zu gehen oder die Bereitschaft des Vaters mitzugehen oder die Kombination beider, erlaubten es dem Jungen, aus der Verwirrung und Frustration und aus seinem Dilemma den Ball gerade und doch krumm schießen zu wollen, herauszukommen.

Angst

Eines sonnigen Tages spielte ein elfjähriges Mädchen im Schwimmbad. Seine Mutter saß am Rande. Beide verstanden sich gut und beide verbrachten die Zeit angenehm. Das Kind schwamm zur Mutter und sagte etwas wie: „Weißt du, Mutti, am Ende des Beckens, wo das Wasser rausgesogen wird durch dieses Loch mit dem Gitter davor: Weißt du, das macht ein so komisches Geräusch, daß ich Angst habe, wenn ich da in die Nähe komme." Natürlich antworten verschiedene Mütter unterschiedlich, und zu verschiedenen Tagen und Momenten unterschiedlich, je nach Laune und Situation.
In dieser speziellen Situation sprachen aus der Antwort der Mutter Gestalttechniken und -prinzipien: Sie schlug der Tochter vor, zurück zu dem Abzugsloch zu schwimmen, sich dort zu erlauben, Angst zu haben und das Angstgefühl ganz kräftig zu übertreiben. Das Kind tat dies und hatte Spaß daran, seine Angst zu übertreiben. Und es fürchtete sich nicht länger.

Alpträume

Ein junges Mädchen wachte fast jede Nacht nach Alpträumen auf, in denen es gejagt und gekidnappt wurde. Statt zu fragen, was sie zu den verschiedenen Aspekten ihres Traumes assoziieren könne und statt diese Assoziationen dann zu deuten, schlug der Therapeut vor, die verschiedenen Elemente ihres Traumes auszuagieren. Sie machte das mit Vergnügen, der Therapeut spielte gelegentlich mit, indem er das Kind nach dessen Anweisungen darstellte, während das Kind selbst den Kidnapper spielte. Bei diesem Beispiel wurde dem Mädchen klar, daß der Kidnapper sie nicht verletzen, sondern für sich haben wollte.)(Neben anderen Konflikten befand sich das Mädchen mitten in einem Machtkampf der geschiedenen Eltern, die beide das Sorgerecht für sie beanspruchten. Sie selbst hatte ambivalente Präferenzen.) Auf Betreiben des Mädchens wurde der Traum noch etliche Male dargestellt.

Mogeln

Ein Mädchen mogelte jedes Mal, wenn sie mit dem Therapeuten 'Dame' spielte. Der Therapeut bemerkte seine eigenen Gefühle wie das Verhalten des Mädchens beim Mogeln und sagte: „Ich sah dich gerade lächeln, als du das und das sagtest. Was hattest du für ein Gefühl?" Das Mädchen sagte, es fühlte sich gut. Als sich diese Sequenz immer und immer wiederholte, wurde deutlich, daß das Kind weniger Vergnügen am Gewinnen des Spiels hatte als daran, den Therapeuten an der Nase herumzuführen. Mit Wissen des Kindes ging der Therapeut diesem nach und gab vor, an der Nase 'rumgeführt zu werden, worauf das Mädchen mit großem Vergnügen reagierte. Sie begann, ihr eigenes Bedürfnis zu akzeptieren und genoß es. Es folgten weitere Interaktionen über die Erfahrungen des Mädchens mit dem Täuschen und Getäuscht-Werden.

Ein anderes Kind mogelte gleichfalls bei solchen Spielen, die es mit dem Therapeuten zusammen spielte. Doch erkannte dieses Kind bald sein extremes Vergnügen am Gewinnen und seine extreme Mißstimmung beim Verlieren. Der Therapeut half dem Kind, mit seinem Wissen zu mogeln und zu gewinnen. Es konnte allmählich mehr und mehr seinen Gefühlen folgen und war beim Spiel weniger 'angetrieben'.

Manchmal wird ein Kind über seinen Schmerz sprechen, weil es offenbar immer der Verlierer ist bei den zwischenmenschlichen Transaktionen, und manchmal wird es diese Erfahrungen nicht in Worte fassen können. So oder so erfährt es in derartigen Sitzungen etwas über seine Wünsche und Gefühle in bezug aufs Gewinnen und Verlieren und gibt ihnen offen Ausdruck,ob es diese Wünsche nun in Worte kleidet oder nicht. Die Wünsche so offen zu realisieren gibt dem Kind die Möglichkeit, weiterzugehen und nicht stehenzubleiben und dasselbe Muster zu wiederholen.

Macht haben und Kontrolle ausüben

Ein Junge kontrollierte seinen Therapeuten. Er sagte: „Laß uns das machen." – „Mach jetzt das, nein, nicht so." – „Nein, mach das nicht, tu das andere, beobachte mich jetzt." Der Junge kontrollierte automatisch. Der Therapeut fühlte sich gebändigt und unterdrückt. Er weigerte sich, das zu tun, was der Junge ihn hieß und sagte ihm, wie er sich im Moment fühlte. Ab und an gab er dem Jungen jedoch Gelegenheit, ihm für eine Weile zu sagen, was er zu tun habe. Allmählich wurde sich der Junge seines Tuns und seiner Gefühle dabei bewußt. War er beim Therapeuten, riefen seine Kontroll-Versuche nicht nur ein „Nein, nein" hervor. Er konnte sein Bedürfnis, Kontrolle auszuüben, frei leben und erleben. Allmählich verlor dieser Kontrollwunsch die Qualität eines nicht-integrierten Teils seiner Person, der dauernd lebendig wurde, ohne Beziehung zu anderen Realitäten der Situation.

Das Gefühl, keine liebende Mutter, kein liebender Vater zu sein

Manche Eltern lesen Bücher darüber, wie man ein guter Vater oder eine gute Mutter ist und profitieren davon mal mehr mal weniger. Einige profitieren etwas für ein paar Tage oder Wochen oder für noch weniger Zeit. Dasselbe gilt übrigens für die Ratschläge, die ihnen von Fachleuten (Psychologen, Beratern etc.) direkt gegeben werden.
Oft versuchen die Eltern dann vergeblich, solche wünschenswerten Einstellungen ihren Kindern gegenüber zu zeigen, weil sie organisch mit ihnen nicht vereinbar sind.
Eine Mutter fühlte keine Liebe zu ihrer neunjährigen Tochter, obwohl sie ihre anderen Kinder liebte. Jeden Morgen ließ sie sich von ihrer Tochter zu einem Streit provozieren, und oft war dies der einzige persönliche Kontakt zwischen beiden während eines ganzen Tages. In der Sitzung mit der Mutter forderte der Therapeut sie auf, sich an das Kind zu wenden (für das ein Kissen im Stuhl herhielt) und ihm zu sagen, wie sie es nicht mochte und welche anderen ablehnenden Gefühle sie habe. Die Mutter verstummte

und sagte, daß ihr Kopf ganz leer sei. Eine Weile verharrte sie so und erinnerte sich dann daran, wie sie sich selbst als Kind nach der Liebe des Vaters gesehnt und versucht hatte, sie durch gute Noten und ein ordentliches Verhalten zu erringen, und wie sie dann irgendwann den Versuch aufgegeben hatte, seine Zuneigung zu gewinnen. Sie identifizierte sich dann mit ihrem eigenen Kind, daß sie nur auf Befehl ihres inneren 'Sollte' zu berühren bereit war. Es war, als hätte sie auf ihr Kind ihr eigenes Erstarrtsein übertragen, das über ihren Wünschen nach der Zuneigung des Vaters lag.

Die Frau akzeptierte die Hausaufgabe des Therapeuten: Sie sollte ihr Mädchen ansehen, bevor sie es am Morgen aufweckte und sich still versichern, wie sie im Begriff war, die Liebe zu diesem Kind zu verleugnen, gerade wie sie sich selbst die Wünsche nach der Liebe des Vaters nicht erlaubt hatte. Nach einigen solchen Morgen hatte sie Lust, ihr Kind zu umarmen, als sie es weckte. Offenbar übernahm nun der warme Kontakt die Stelle des kämpfenden Kontaktes.
Dies ist natürlich eine stark vereinfachte Darstellung des wirklichen Geschehens. Die Mutter hatte noch viel zu arbeiten, um ihre 'unerledigten Probleme' mit dem Vater zu beenden.

Rückzug in die Phantasie

Während der Familiensitzungen waren die Reaktionen eines siebenjährigen Mädchens durch Indirektheit gekennzeichnet. Das war zum Teil so stark, daß es oberflächlich gesehen oft keinen Zusammenhang zu geben schien zwischen einer Frage der Eltern und der Antwort des Mädchens. Im besten Fall waren ihre Antworten peripher. Sie schien sich ziemlich oft in ihre eigene Welt zurückzuziehen. Die Mutter regte sich immer darüber auf und schien sehr irritiert, während der Vater genervt und scharf reagierte. Die Situation entsprach genau der Situation zu Hause.
Als das Mädchen wieder einmal sehr zurückgezogen zu sein schien, fragte der Therapeut, was es im Moment erlebe. Das Mädchen berichtete darauf von einer Phantasie mit Planeten, die im Raum herumschwirrten, aneinander vorbeiflogen oder sich kreuzten, aber immer in großem Abstand voneinander, so daß sie nicht aneinanderkrachen und sich zerstören konnten. Das Berichten dieser Phantasie brachten die Eltern und das Kind einander näher. Die Eltern waren bewegt. Sie erfuhren mehr über ihr Kind, und das Kind erfuhr mehr von sich selbst. Es sprach dann seine Ängste und Sorgen direkter aus, die es hatte, wenn es darum ging, dem Vater direkt entgegenzutreten.

Therapeutische Möglichkeiten und Techniken – ihre Anwendung in der Gestalttherapie mit Kindern

Bevor der Arzt eine Psychotherapie für ein Kind empfiehlt oder durchführt, hat er meistens die Gesamtsituation eingeschätzt. Häufig umfaßt diese Einschätzung einfach ein paar Sitzungen mit dem Kind, den Eltern und Geschwistern, allein oder zusammen. Gelegentlich kann eine solche Einschätzung auch eine Beratung mit den Lehrern umfassen (wenn das Kind besondere soziale oder Lernprobleme hat) oder ein Gespräch mit dem Arzt des Kindes (wenn es körperliche Symptome, z.B. Kopfschmerzen, hat). Möglicherweise wird auch eine Einschätzung der Lernfähigkeit des Kindes vorgenommen mit Hilfe eines Spezialisten für Lernschwächen oder für psychometrisches und/oder projektives Testen.
Es kann dabei herauskommen, daß Therapie der einzige empfohlene Prozeß ist oder daß er Teil einer Zahl helfender Prozesse ist.

Wenn eine Therapie empfohlen wurde, muß der Arzt auch einen vorläufigen Plan erstellen, welcher der zur Verfügung stehenden Möglichkeiten am besten sind für den Anfang (Gruppen-, Individual oder Familientherapie, Extrasitzungen für die Eltern, Gruppen- oder Einzelarbeit für die Eltern) und welche Kombinationen sich empfehlen. Das setzt natürlich voraus, daß man offen bleibt für eventuell notwendige Änderungen.

Es wird klar, daß der allgemeine Kontext einer Therapie mit Kindern komplexer ist als bei Erwachsenen. (Das ist also ein weiterer Unterschied zur Arbeit mit Erwachsenen.) Der springende Punkt – welche Form auch immer gewählt wird – ist das, was die Therapie zur Gestalttherapie macht: Wie benutzt sie der Therapeut und wie reagiert er? Die Form selbst ist unwichtig. Dasselbe kann über die Techniken gesagt werden. Traumarbeit und Phantasien können Gestalt sein oder etwas anderes. Die Interaktion zwischen dem Therapeuten und dem Klienten kann die Art und Weise der Wahrnehmung der Gestalttherapie wiedergeben oder andere Sichtweisen. Manche Techniken jedoch sind typisch für Gestalttherapie, so die von-Angesicht-zu-Angesicht-Methode, die Simkin entwickelt hat oder die Topdog-Underdog-Interaktion von Perls.

Je nach Alter der Kinder werden unterschiedliche Techniken benutzt. Sie differieren auch je nach ihren verbalen Fähigkeiten oder ihren Vorlieben. Natürlich spielen auch die Fähigkeiten und Vorlieben des Therapeuten eine nicht unwichtige Rolle.
Ich möchte kurz einige Techniken der Gestaltarbeit mit Kindern bringen:

Therapeutische Fragen

Während Aktivitäten und Interaktionen im Gange sind, können Richtfragen wie zum Beispiel: „Was fühlst du jetzt?" – „Wo fühlst du das in deinem Körper?" gut und nutzbringend angewendet werden.

Mit-Gehen

Absichtliche Wiederholungen, symbolisches Umsetzen in einer Aktion oder Übertreiben von selbstentfremdeten oder andere-entfremdeten Verhaltensweisen sind gern benutzte Techniken. Beispiele wären: Absichtlich mogeln, eine gezeichnete Wiedergabe vom Raum des Therapeuten wird zerrissen (anstatt in Wirklichkeit gegen die Wände zu treten), den Therapeuten kontrollieren in gegenseitigem Einvernehmen, eine Schachtel zertreten (anstelle eines anderen Jungen aus der Gruppe).

Bewußtseinskontinuum

Obwohl ich diese Technik mit Erwachsenen gelegentlich gern anwende, fühle ich mich weniger wohl, wenn ich sie mit Kindern ausführe. Im Grunde habe ich sehr schnell den Gedanken aufgegeben, sie zu benutzen. Das mag meine persönliche Absonderlichkeit sein, doch glaube ich, daß diese Technik bei den meisten Kindern unangebracht ist. Ich habe auch von keinem anderen Gestalttherapeuten gehört, der diese Technik in seiner Arbeit mit Kindern anwendet.
Ich denke dabei an den konstanten, fortgesetzten Versuch, den Klienten registrieren und aussprechen zu lassen, was er gerade wahrnimmt. Selbstverständlich bleibt es wichtig, die Aufmerksamkeit eines Kindes darauf zu lenken, was es empfindet.

Diese Technik ist fast zum Warenzeichen der Gestalttherapeuten geworden. Ich bedauerte, daß sie für Kinder nicht brauchbar ist. Und hin und wieder fühle ich das Bedauern noch heute. Perls' Äußerung (1973,S.85) half mir, mich zu trösten: „Es gibt eine offensichtliche Begrenzung für die Anwendung der Awareness-Technik für sich allein. Es würde Jahre dauern, ihre Ergebnisse zu bekommen, wie bei den meisten orthodoxen Therapien. Aber wenn wir die Beziehung zwischen Phantasie und Aktualität erkannt haben, können wir in der Therapie vollen Gebrauch vom Phantasieren und allen seinen zunehmenden Intensitätsstadien in Richtung Aktualität machen... eine ausgesprochene Phantasie oder eine niedergeschriebene, oder eine, die als Psychodrama ausgespielt wird."

Spielphantasie ohne Requisiten

Kinder produzieren oft spontan Phantasien, die ihre Wünsche und Ängste ausdrücken. Der Therapeut begleitet sie dabei und erlaubt ihnen, sich frei zu entfalten. Wenn ihn das Kind in seine Phantasie einbezieht, so daß jeder verschiedene Rollen und Funktionen darstellt, ist es sinnvoll, daß der Therapeut einen Rollentausch vorschlägt.
Träume: Kinder reagieren meistens gut auf die Gestaltmethoden, die mit dieser spezifischen Art von Phantasie arbeiten.

Puppen, Marionetten etc.

Phantasien, die durch Requisiten ausgelöst werden, eignen sich gut dazu, das Kind die Einstellungen und Gefühle ausdrücken und erleben und sich aneignen zu lassen.

Geschichten erzählen

Durch Bilder oder ganz aus der eigenen Vorstellung sind solche Phantasien leicht zu wecken. Wie bei allen anderen, ist auch hier der Gestalttherapeut ganz darauf eingestellt, wie das Kind die Geschichte erzählt (gefühlsmäßiger und motorischer Ausdruck) und was es sagt.

Zwischenmenschliches Encounter

Kinder reagieren sehr gut auf diese therapeutische Methode. Das zwischenmenschliche Encounter eignet sich selbst sehr gut zu den Prinzipien des Ich und Du, des Hier und Jetzt der Gestalttherapie und ist besonders nützlich in der Familientherapie. Diese Technik kann allerdings destruktiv sein, wenn der Therapeut nicht auf die manchmal ausufernde Feindseligkeit eingestellt ist, die die Familienmitglieder gegeneinander hegen oder wenn er nicht in der Lage ist, deren Ausdruck zu begrenzen.
Nebenbei möchte ich anfügen, daß jede Art von Gestalttechniken in der Familientherapie nützlich sind, inklusive Traumarbeit, Mit-Gehen etc. Die Encounter-Technik wird natürlich auch in der Gruppentherapie mit Kindern angewandt, und ebenso kann sie mit dem Therapeuten stattfin-

den, sei es nun in der Einzeltherapie oder in der Gruppentherapie bzw. Familientherapie.

Innerpersönliches Encounter

Zu solchen direkten Gesprächen zwischen Topdog und Underdog oder dem ängstlichen Teil und dem ärgerlichen Teil können Kinder manchmal angeregt werden. Doch sind diese Techniken für die meisten Kinder ein bißchen zu schwierig. Die Darstellung von Phantasien mit verschiedenen Medien können auf einfachere Weise zu demselben Ergebnis führen.

Bewegung

Bei Kindern ist der motorische Ausdruck meistens spontan und kommt während verschiedener Tätigkeiten zum Vorschein, bei Phantasien mit oder ohne Requisiten, beim Geschichten-Erzählen oder bei den mit-gehenden Wiederholungen und Übertreibungen. Deshalb ist es für den Therapeuten meist einfach, den motorischen Ausdruck zu ermutigen. Manche Kinder sind motorisch schlaff oder zäh und müssen zur Bewegung angeregt werden, und es braucht mehr Arbeit, sie hervorzulocken.
Es gibt einen kurzen Film (Looking for Me, 197o), in dem das Spielen der Bewegung eines Klienten und – viel später in der Therapie – die Bewegung, die vom Therapeuten verursacht wird, als hauptsächliches therapeutisches Mittel angewendet wird bei sehr kleinen, autistischen Kindern. Ich fand die Interaktion und die Entwicklung der Interaktion wunderbar. Nichts im Verlauf des Films legt mir nahe, daß die Technik offensichtlich etwas mit Gestalttherapie zu tun hatte, und doch schien es, daß es Gestalttherapie par excellence war, ein wahrhaftiges Gedicht in den Dimensionen des Ich und Du und des Hier und Jetzt.

Naranjo (1972, S.3) sagt:„Die Techniken der Gestalttherapie sind zahlreich, und sie umspannen ein breites Spektrum von Verhaltensweisen: Verbales und Nonverbales, Strukturiertes und Nichtstrukturiertes, Innen- und Außengeleitetes, Introspektives und Interpersonelles, Symbolisches und Nichtsymbolisches. Einige dieser Techniken sind nicht einzigartig für die Gestalttherapie und vielleicht wird jede von ihnen als eine Variation betrachtet (mehr oder weniger absichtlich), eine Variation über eine Technik, die in einer alternativen Therapieform zu finden ist oder in einer Art System spiritueller Führung... Zu seinen Lebzeiten erweiterte Perls sein

Repertoire mit allem, was dazu diente, seine Patienten bewußter und verantwortlicher zu machen. Er adaptierte, borgte, kombinierte und hörte nie auf, Techniken zu erfinden; nicht wohlerwogen, sondern mit dem spontanen Assimilieren, dem Erschaffen des Lebens selbst.''

Zum Schluß möchte ich sagen, daß ich sehr begeistert bin bei meiner Gestaltarbeit mit Kindern.

Die drei genannten Hauptfaktoren, worin sich Gestalttherapie-Arbeit mit Erwachsenen von der mit Kindern unterscheidet, sind ein Teil der Realität, Teil des Lebensprozesses. Mit ihrer Betonung der Realität, des Hier und Jetzt, des Ich und Du und der dynamischen Beziehung zwischen Figur und Grund, Vordergrund und Hintergrund, ist die Gestalttherapie in theoretischer Hinsicht eminent geeignet, effektive Arbeit mit Kindern im Kontext ihres Lebens mit den Eltern zu machen.

Ähnlich ist es mit dem Gepräge, das die Gestalttherapie der therapeutischen Technik gibt: Die wirkliche Affinität, die Gestalttherapie zu diesen Dimensionen hat, ebenso wie ihre Betrachtung der vollen organismischen Erfahrung, trifft sich gut mit der Affinität, die Kinder dazu haben, etwas aufzuführen, auszudrücken und zu erfahren durch Phantasie und Bewegung.
Gestalttherapie ist von Natur aus gut geeignet zur Modifikation, Entwicklung und Entfaltung therapeutischer Techniken und Einstellungen im Feld der Psychotherapie mit Kindern beizutragen.

GESTALTTHERAPIE MIT KINDERN DURCH KÜNSTLERISCHEN UND KREATIVEN AUSDRUCK

Violet Oaklander, Ph.D.

Ich möchte eine Methode beschreiben, die ich bei Kindern – einzeln und in Gruppen – anwandte. Sie besteht aus einer Vielzahl kreativer expressiver Techniken, die innerhalb des Gestaltrahmens ihren Platz finden. Das Hauptanliegen der Methode ist, dem Kind zu helfen, sich selbst zu spüren. Ich helfe ihm, das Jetzt seines Erlebens und seiner Existenz ganz zu erfahren und herauszufinden, was es im Leben tut, wie es das tut, und welches die Folgen dieses Verhaltens sind.

Die Techniken sind interessant und machen Spaß, eine sehr wichtige Sache bei der therapeutischen Arbeit mit Kindern. Durch Kunst und andere kreative Ausdrucksformen beginnt das Kind, seine innere Welt offen auszudrücken, ein Ort, der sonst sehr versteckt und geheim ist. In diesem Prozeß kann das Kind seine innersten Gefühle entdecken und aufdecken, es fängt an, sich viele Ängste, Befürchtungen, unerledigte Situationen, Vermeidungen und die vielen Teile seiner selbst klarzumachen. Durch die Selbstentdeckung – das Kind lernt seine eigenen Gefühle, Verhaltensweisen und Einstellungen kennen –, beginnt es, sich als ein einzigartiges, wertvolles menschliches Wesen zu begreifen, mit einer gewissen Kontrolle und Entscheidungsmöglichkeit für die Befriedigung seiner Bedürfnisse, und im Grunde für die Bestimmung seines eigenen Schicksals. Durch eine neue positive Einschätzung und ein Gefühl für das eigene, besondere Selbst, eine Wertschätzung, die seine eigene Einzigartigkeit hervorhebt, beginnt es zu erwachen und Kontakt mit seiner Welt und den Menschen seiner Welt aufzunehmen als eine integrierte, wahrnehmende, verantwortliche, dynamische, energische, vertrauende, unabhängige, forschende und fühlende Person. Es findet heraus, daß es besser mit seiner Welt und mit den Problemen der Realität, wie sie so kommen, umgehen kann.

Ich benutze eine Vielzahl von Aktivitäten und Medien, aber der Schwerpunkt und das Ziel sind immer gleich. Kinder machen gern alles mögliche, und das Kind oder eine Situation mögen selbst eher zu der einen als zu der anderen Technik führen. Wenn der Therapeut eine spezielle Technik anwendet, bleibt es wichtig, daß er immer den Prozeß im Auge behält, der vom Kind ausgeht. Die Technik ist ein Katalysator und soll nie selbst als Mittel für ein Ziel betrachtet werden. Wenn man das bedenkt, ist klar, daß jede Sitzung unvorhersehbar ist, weil sie vom Kind (den Kindern) und der Situation abhängt, und daß eine Idee zur nächsten führt, daß sich dauernd neue Techniken für den kreativen Ausdruck entwickeln, und daß der therapeutische Prozeß dynamisch, kreativ und offen ist.

Die Techniken, die ich benutze, umfassen Zeichnen, Malen, Ton, Collage, Phantasie, Geschichten, Musik, Schreiben, Dichten, Spielzeug, den Sandkasten, die Tafel, Bilder, Photographien, Skulpturen, dramatisches Spiel, Holzarbeiten, Comics, Folklore, Puppen, Haftfiguren, Träume, Bewegungen des Körpers, Aktivitäten für das sensorische Gewahrsein, Fadengemälde, Fingermalen, Muscheln und Schwemmholz, Mosaik, Plastilin, Kritzel- oder Schnörkelmalerei, Gestaltspiele, aktive Imagination, Masken und Kostüme und Hüte, projektive Tests, Geräte zum Ausagieren von Feindseligkeit, Wasser. Jede Technik kann unendlich vielseitig und in Kombinationen angewandt werden. Obwohl dies schon eine lange Liste zu sein scheint, gibt es noch viele andere Möglichkeiten, wie sich Kinder ausdrükken können, und die Kinder wissen es oft viel besser als ich, was sie machen wollen, was sie brauchen, und wie sie es machen können.

Es wäre unmöglich, alle diese Ideen bei jedem Kind, mit dem ich arbeite, anwenden zu wollen, aber sie sind einfach da und noch andere mehr, und ich kann daraus schöpfen, je nach Alter des Kindes oder der Kindergruppe, je nach Situation und Bedürfnis. Viele Dinge sind bei recht gut angepaßten Kindern angewandt worden — alle Kinder haben Spaß daran und ziehen reichen Nutzen aus der kreativen Aktivität. Ich habe einige dieser Techniken in der therapeutischen Arbeit mit Kindern angewandt, die vielerlei Probleme hatten, wie Konflikte mit den Geschwistern, mit den Eltern, Rückzug, Isolation, soziale und zwischenmenschliche Schwierigkeiten, extreme Aggressivität, Hyperaktivität, Hypochondrie, unausgedrückte (und in manchen Fällen schwelende) Wut, körperliche Manifestationen der Angst (wie Ticks), Schulschwierigkeiten, vielerlei Phobien und Ängste, unangemessene Kommunikation von Gedanken, Vorstellung oder bestimmten Gefühlen, ein durchdringend niedriges Selbstkonzept, Frustration und eine allgemeine Unfähigkeit, mit den Zwängen und Forderungen der Umwelt zurechtzukommen. Durch die projektiven Methoden wurden Kinder fähig, ihre Ängste, Befürchtungen, Vermeidungen, Frustrationen, Bedürfnisse und — was ich für den Kern ihres Seins halte — ihre Gefühle zu erkennen und offen auszudrücken.

Oft wird das nach außen sichtbare Verhalten des Kindes als Ausdruck seiner wahren Gefühle mißinterpretiert. Diese wahren Gefühle sind oft in einem großen Sumpf defensiven Verhaltens begraben — Verhalten, das womöglich für andere Kinder oder für die Erwachsenen in seiner Welt unakzeptabel ist, das aber gewöhnlich die Art und Weise ist, wie das Kind um seine Existenz kämpft oder um sein Überleben überhaupt. Dieses Verhalten — sei es Ausagieren oder eine 'Es ist mir egal'—Haltung, ein verstummender Rückzug in sich selbst oder irgendeine Art von physischem Symptom wie Bettnässen — ist die Möglichkeit des Kindes, seine Lebensenergie für den Lebenskampf einzusetzen.

Es geschieht viel, wenn sich das Kind entfaltet. Als sein Therapeut weiß ich, daß ich dem Kind dabei helfen muß, neues Handwerkszeug für seinen Umgang mit dem Leben zu entdecken, statt der alten unergiebigen Verhaltensweisen, die meistens dazu gedient hatten, es in die Therapie zu bringen. Mit den Eltern zu arbeiten und den Lehrern, da Kinder ihr halbes Leben in der Schule verbringen — das ist gewiß ein wichtiger Aspekt der therapeutischen Arbeit. Das Kind selbst fängt an, Stärke und Selbststützung zu gewinnen für den Umgang mit den vielen Frustrationen, die mit dem Aufwachsen in der Welt heutzutage einhergehen. Manche Kinder, besonders sehr kleine, brauchen ihre Entdeckungen, Erfahrungen, geistigen Einsichten, ihr Gewahrwerden des Was und des Wie ihres Verhaltens oder ihrer Gefühle nicht unbedingt in Worte zu fassen. Oft scheint es, daß sie durch das Herausbringen, durch eine Möglichkeit des Ausdrückens (wie das künstlerische Tun) dieser blockierten Gefühle, die mit dem emotionalen Wachstum des Kindes interferierten, zu integrierten, verantwortlichen, fröhlichen Menschenwesen werden können. Sie können allmählich Gefühle von Ruhe, Freude und Selbstwert erleben.

Es folgen einige kurze Beispiele, wie ich etliche dieser Techniken bei Kindern benutze.

Ton

Die Geschmeidigkeit des Tons macht ihn zum vollkommenen Ausdrucksmittel und dient vielen Zwecken. Es macht kinesthetische und taktile Erfahrungen möglich. Hier ist das Beispiel einer Sitzung und einer Möglichkeit, mit Ton zu arbeiten:
Ich verteilte umgreifbar große Tonportionen an alle Kinder in einer Gruppentherapiesitzung. Nach einer Weile des Experimentierens ohne jede Instruktion bat ich die Kinder, die Augen zu schließen und meinen Anwei-

sungen zu folgen. (Vielen Kindern fällt es schwer, die Augen zuzulassen; meistens rege ich sie an, immer, wenn sie es brauchen, kurz zu blinzeln und dann die Augen wieder zu schließen.) Ich sagte Dinge wie:„Fühle deinen Ton. Ist er weich? Rauh? Hart? Sanft? Ist er knollig? Ist er schwer? Leicht? Kalt? Trocken?" Ich ließ ihnen etwas Zeit, mit ihrem Stück Ton bekannt zu werden, Dann, um die Sensitivität zu mehren und um ihr Repertoire, was man mit Ton alles machen kann, zu erweitern, sagte ich: „Drücke dein Tonstück, kneife es, glätte es, streichle es, knuffe es und patsche darauf, bohre ein Loch hinein und komm auf der anderen Seite mit deinem Finger wieder heraus, reiß es auseinander, backe es wieder zusammen, rolle es, pätschle es, mach es hoch und dann mach es flach. Was kannst du dir noch ausdenken? Kannst du Rillen machen? Beulen und kleine Löcher? Magst du deine Fingernägel nehmen, deine Finger, Knöchel und Handflächen? Kannst du den Ton beherrschen? Beherrscht er dich? Will er in seiner eigenen Art gehen? Kannst du ihn das machen lassen?" Zwischen jeder Anweisung lasse ich einige Sekunden Zeit vergehen. "Probiere doch ein paar von diesen Möglichkeiten, mit deinem Ton zusammenzusein, und schau, was du nicht machen willst. Wenn du genug probiert hast, mach was mit deinem Tonstück mit geschlossenen Augen, so daß es eine Überraschung wird, was dabei herauskommt." Jedes Kind wurde dann gebeten, sein Objekt zu beschreiben, als wäre es selbst das Objekt.

Jimmy (11 Jahre): Ich bin ein Aschenbecher. Ich habe einen glatten Boden und rundherum einen Wulst. Ich habe auf jeder Seite Platz für eine Zigarette. Ich habe ein paar rauhe Stellen und Kratzer an mir.

T(herapeutin): Jimmy, wer benutzt dich?

J: Mein Vater.

T: Hmm, wie benutzt er dich?

J: Er läßt Asche in mich fallen und dann quetscht er die Zigarette in mich, um sie auszumachen.

T: Paßt das irgendwie zu deinem Leben als Jimmy?

J: (mit erhobener Stimme) Ja, das ist es, was er mit mir macht. Er quetscht mich... er zerreibt mich wie eine Zigarette.

T: Möchtest du uns etwas mehr darüber sagen?

Jimmy nickte und begann zum ersten Mal in der Gruppe zu erzählen, wie er die Beziehung zu seinem Vater wahrnimmt und begann über seine Gefühle des Nicht-verstanden-werdens zu sprechen. Er fing an zu weinen. Die anderen Kinder traten vorsichtig in die Diskussion ein und zeigten, wie gut sie verstanden, was Jimmy erlebt. An einem bestimmten Punkt dankte ich Jimmy dafür, daß er uns teilnehmen ließ an seinen Gefühlen, und ich wußte durch den ruhigen Ausdruck auf seinem Gesicht, daß er wieder einen Schritt vorangekommen war auf dem Weg zur Ganzheit und Reife.

In dieser Episode tauchte auf, was für Jimmy jetzt Vordergrund in seinem

Leben war, nämlich die gespannte Beziehung zu seinem Vater. Ich hätte auch Jimmys Aussage über die rauhen Stellen und Kratzer aufgreifen können. Ich hätte ihn bitten können, seinem Aschenbecher weiter eine Stimme zu geben und mit diesen rauhen Stellen weiterzumachen, um den Inhalt in seine wirkliche Lebenssituation zu bringen. Ich vermute, daß der Vordergrund der gleiche gewesen wäre. Jimmy konnte leicht Kontakt zu seinen Gefühlen aufnehmen, als er sprach. Er erlaubte sich, vor der Gruppe zu weinen und die Gefühle der Trauer über seinen Vater und sich herauszukristallisieren. In späteren Sitzungen war Jimmy in der Lage, seine Gefühle der Wut gegen den Vater auszudrücken und zu verstärken, etwas, was ihn lange Zeit mit Angst erfüllt hatte. Er sprach über seinen 'idealen' Vater, den Vater, den er gern gehabt hätte. Er fand heraus, wie er den Vater provozierte, was er von ihm wollte, wie er es anstellen konnte, um zu bekommen, was er wollte und brauchte, ohne zu manipulieren, sondern durch Authentizität.

Ein anderes Beispiel aus dieser Sitzung:

Sheila (11 Jahre): Ich bin eine Sonne. Ich bin flach. Ich habe zwei Augen und Flecken in meinem Gesicht. Ich mag die Sonne, weil sie warm ist und die Dinge glänzen läßt. Ich habe ein lächelndes Gesicht.

T(herapeutin): Sheila, sagst du das noch einmal, und jedesmal, wo du 'Sonne' sagst, sage stattdessen 'Ich'.

S: Ich mag mich, weil ich warm bin und die Dinge glänzen lasse. Und ich habe auf mir ein glänzendes Gesicht.

T: Hat irgend etwas von dem, was du gesagt hast, etwas mit dir in deinem Leben zu tun, Sheila?

S: Ja, ja. Manchmal kann ich Sachen... Leute sich warm fühlen lassen. Manchmal fühle ich mich glänzend und warm. Ich lächle, weil ich mich jetzt wohlfühle. Ich mochte den Ton richtig gern. Aber ich lächle nicht immer. Meistens ist mir nicht nach Lächeln zumute.

In diesem Augenblick veränderte sich Sheilas Gesichtsausdruck, ihre Schultern zogen sich hoch und sie vermied den Augenkontakt mit mir und den anderen in der Gruppe. Eines der anderen Kinder fragte Sheila, was für Dinge sie nicht lächeln ließen. Sie schaute uns alle an und erzählte uns von ihren Schwierigkeiten mit Freunden, dem Lehrer, den kleinen Geschwistern und den Eltern. Alle hörten jetzt aufmerksam zu und ich zeigte mein Interesse an dem, was sie sagte, indem ich ihr widerspiegelte, wie ich ihre Gefühle aus dem Ton ihrer Stimme wahrnahm. Sheila nickte heftig, als ich das tat, und ich sah, daß sie das Gefühl hatte, daß ihr zugehört wurde, daß sie akzeptiert und verstanden wurde – wesentliche Zutaten für ihr therapeutisches Wachstum. Dann fragte ich sie, welches die Dinge sind, die sie lächeln machen, und sie sprach darüber und brachte sich dabei zurück in den Raum und zu ihrer Erfahrung mit dem Ton. Sheila fand viel Freude an der Arbeit mit dem Ton, wie ihr glänzendes Gesicht und ihr breites Lachen jetzt zeigten. Sie hatte viele Konflikte in ihrem Leben. Sie regte sich über alles auf und erwartete immer das Schlimmste. Mit dieser Sitzung beginnend und durch viele andere hindurch hat sie seither gelernt, mit einigen ihrer wirklichen Konflikte umzugehen. Sie hat gelernt, sich an den guten Dingen in ihrem Leben zu freuen, wenn sie geschehen, statt diese guten Gefühle zu ruinieren durch ihre düsteren Zukunftsprognosen. Sie hat etwas verstanden über die Polaritäten ihrer Existenz und ihrer eigenen Gefühle. Sie weiß, daß sie, wenn sie ärgerlich oder traurig ist, sich erlauben kann, ihre eigenen Gefühle zu akzeptieren, im Bewußtsein, daß sie sich ein anderes Mal ruhig und glücklich fühlt. Sie kann jetzt ihre frohen Augenblicke wie ihre elenden ohne Angst erleben.

Ein anderes Beispiel:
Joe (12 Jahre): Ich habe gar nichts gemacht.
T(herapeutin): Du hast da etwas. Beschreibe einfach, was es ist, so, wie es ist.
J: (starrt einen Moment auf sein Stück Ton) Es ist nur ein Klumpen Nichts. Ich bin ein Klumpen Nichts. Und so fühle ich mich meistens wie ein Klumpen Nichts.
T: Und jetzt? Wie fühlst du dich jetzt?
J: Genau jetzt fühle ich mich wie ein Klumpen Nichts.
T: Du fühlst dich, als seist du nicht viel wert?
J: Stimmt. Ich bin nichts wert.
T: Danke, daß du uns daran teilnehmen läßt, Joe. Ich mag dich sehr, weil du das tust.
J: (lächelt ein wenig) Das ist gut.
Ganz offen zeigte uns Joe hier sein niedriges Selbstwertgefühl. Und indem er das tat, indem er diese Aussage machte, tat er, glaube ich, einen Riesenschritt in Richtung auf ein neues Selbst. Viele seiner Werkarbeiten wiederholten dieses Thema. Seine Zeichnungen waren oft durch große weiße Stellen beherrscht, oder durch winzige schwarze oder weiße Formen. Mit den hier beschriebenen Techniken begann Joe, viel von seinem inneren Leben zu enthüllen und konnte seine innere 'Ich setze mich herab'—Haltung erkennen. Bei einer Sitzung entfuhr ihm der Satz: „Ich habe gar nichts gezeichnet, weil ich wollte, daß es perfekt ist, und ich wußte nicht, wie man das macht." Ich bat ihn, uns zu sagen, wie er, Joe, denn als perfekter Junge wäre. Er erzählte uns von seinen Selbsterwartungen, und durch das Feedback der Gruppe und durch den Dialog mit seiner eigenen realistischeren Seite fing er an zu begreifen, daß diese Erwartungen ziemlich unrealistisch waren. Ich bat ihn dann aufzustehen und den perfekten Joe zu

spielen und zu übertreiben dabei. Joe hatte einen Mordsspaß dabei und lachte manchmal so sehr, daß er nicht mehr stehen konnte. Er fing an zu verstehen, daß er, wenn er von seinen Eltern, dem Lehrer oder irgend jemand anderen für etwas kritisiert worden war, diese Kritik (wie kleine Kinder das tun) ganz geschluckt und auf alle Aspekte seines Seins verallgemeinert hatte. Er sah allmählich, daß er von sich Perfektion erwartete, um jegliche Kritik und jegliches Versagen zu vermeiden. Und da das eine unmögliche Aufgabe war, blieb er in seinen eigenen Augen leer, nichts und wertlos und, wie er dachte, auch in den Augen aller anderen. Schritt für Schritt begann Joe zu experimentieren, zu erforschen, neue Sachen zu versuchen, ein kleines Risiko einzugehen und den Wert seiner eigenen Individualität zu erleben. Er übte – mit Ermutigung der Gruppe – zu 'zerkauen', was andere, besonders die Eltern, über ihn sagten oder wirklich über alles, und er fand, daß er das, was er nicht gut fand und was nicht auf ihn zutraf, zurückweisen konnte, und daß er das, was seiner Meinung nach brauchbar war, akzeptieren konnte. Weiterhin lernte er, das mit Würde und angemessenem Verhalten zu tun. Er lernte, seine eigene Position im Leben festzustellen, seinen eigenen Standpunkt zu haben – und bekam so viel Achtung sowohl von den anderen als auch von sich selbst. Unnötig zu sagen, daß die anderen Kinder in der Gruppe durch Joes Kampf ihrerseits wuchsen.

Zeichenmaterialien
(Kreiden, Pastellkreiden, Filzschreiber, Bleistifte, Tusche etc.)

Nach einer geleiteten Phantasie, in der ich die Kinder einer Gruppe durch Wälder, einen Berg hinauf, in Höhlen, in denen sie Türen fanden, durch die jeder hinausgehen konnte, um seinen eigenen besonderen Platz zu finden, gehen ließ, ergab sich folgendes:
Die 13jährige Linda zeichnete ein Schlafzimmer, in dem es ein Bett, einen Tisch, einen Stuhl gab und drei stehende Hunde, und an der Wand das Bild eines Hundes. Linda beschrieb ihr Bild, und die anderen stellten Fragen nach dem Wie und Warum. Ich bat Linda, etwas aus dem Bild auszuwählen, mit dem sie sich identifizieren könnte. Sie wählte den Hund auf dem Bild. Ich bat sie, der Hund zu sein und zu reden, als hätte sie als Hund Stimme und Worte.

Linda: Ich wollte, ich könnte von dieser Wand 'runterkommen und zu den anderen Hunden gehen, die auf dem Boden spielen.

T(herapeutin): Wie fühlt sich das an, dort oben an der Wand zu sein?

L: Ich fühle mich einsam, ganz allein. Ich mag nicht den Hunden beim Spielen zusehen.

T: Fühlst du dich als Linda auch manchmal so?
L: Ja, ich bin wirklich wie der Hund. Ich bin immer außen vor.
T: Wie ist das hier in dieser Gruppe?
L: Ja, ich fühle mich hier auch so, aber nicht so sehr wie sonst.
T: Woran könnte es liegen, daß es hier ein bißchen besser ist als sonst?
L: (sehr nachdenklich) Nun, ich tue was. Ich sitze nicht nur die ganze Zeit einfach da wie der Hund an der Wand.

Ein anderes Mal bat ich die Kinder, ihre Welt auf Papier zu malen, nur mit Formen, Linien, Farben und Kurven. Zunächst bat ich sie, die Augen zu schließen und sich diese Welt vorzustellen und für sich selbst in dieser Welt einen Platz zu finden.
Thomas (9 Jahre) malte eine Reihe von Kurven, die wie Hügel aussahen, und er malte eine riesige lächelnde Sonne, die hinter den Hügeln hervorkam. Er selbst war ein kleiner Punkt hinter einem dunklen Hügel am unteren Rand, wie er uns sagte. Manche Hügel waren hell angemalt und einige dunkel. Er benutzte eine Kombination von Filzstiften, Pastellfarben und Kreiden.
Thomas: Ich bin am Fuß der Hügel, und ich muß hinaufsteigen. Das ist nicht so leicht. Manche von den Hügeln sind nett, und manche sind schwierig. Ich kann auf manchen Hügeln ausruhen und auch spielen. Ich versuche, auf die Spitze zu kommen, dahin, wo die Sonne ist. Es wird lange dauern...
Diese Ausdrucksweise enthielt Früchte für eine umfangreiche und produktive Arbeit. Die Zeichnung selbst sagte nicht viel darüber, was in Thomas vorging.
Ich bin immer wieder gerührt von der Tiefe des Gefühls und der Einsicht, die so kleine Kinder zum Ausdruck bringen. Bei der Arbeit mit Thomas könnte ich ihn bitten, sich über jeden Hügel auszulassen, wie er sich als kleiner Punkt hinter einem Hügel erlebt, wie es ist, die Sonne zu sein, oder ich könnte ihn ein Gespräch zwischen dem Punkt und der Sonne führen lassen.

Bei meiner Arbeit mit Kindern merke ich, daß sie im allgemeinen leicht auf Phantasie ansprechen, ebenso wie auf die Möglichkeit, daraus dramatische Szenen zu spielen. Gelegentlich ist ein Kind so voller Abwehr oder so verwirrt und verschlossen, daß es unfähig ist, sich frei in die Gefilde der Vorstellung gehen zu lassen. Wenn das vorkommt, gehe ich mit dem jeweiligen Kind in der Weise um, die ich in dieser Situation passend finde. Vielleicht sage ich einfach: „Ich weiß, daß das schwierig ist oder komisch. Würdest du es trotzdem probieren?" Oder das Kind braucht erst Erfahrung mit den Aktivitäten, die ihm helfen könnten, seine Phantasie zu befreien. Das könnte erreicht werden durch Wasserspiele, Sand, Ton, Plastilin, Tafel und Kreide, Fingerfarben, Kritzeleien, Körperbewegung, Atmen und Entspannungsübungen, leichte Vorstellungsübungen, die in sehr kleinen Teilen angeboten werden, und eine Vielzahl von Spielen. Ich könnte auch direkt auf die Angst eingehen, die hinter dem Widerstand steht oder auf die Projektion hinter der Verwirrung, oder ich könnte dem Kind einfach erlauben, selbst zu entscheiden, wann es bereit ist, etwas zu riskieren, das schwierig und neuartig ist. Wenn die Kinder anfangen, sich erst leicht durch das Phantasiematerial und die verschiedenen Arten expressiver Projektionen auszudrücken, dann versuche ich sanft, sie zurückzuführen in die Realität ihres Lebens und sie so sich Teile ihres Selbst wieder aneignen zu lassen, die sie selbst enthüllt haben, damit sie allmählich ein neues Gefühl von Selbst-Identität, Verantwortlichkeit und Selbstunterstützung empfinden. Für viele Kinder ist das schwierig, und ich muß diese Aufgabe mit viel Zartheit und Geduld angehen.

Sand

Ich halte Sand für das fast ideale Medium für die Arbeit mit Kindern jedes Alters. Für meine Zwecke kaufte ich einen Sack feinen, weißen Sand und schüttete ihn in eine quadratische Fußbadewanne, die auf einem niedrigen Tisch steht. Ein Plastikläufer unter dem Tisch fängt alles auf, was überläuft. Manchmal bitte ich die Kinder, sich alle Dinge rauszusuchen, die sie brauchen, um eine Szene im Sand darzustellen und dann bitte ich sie, mir darüber eine Geschichte zu erzählen oder die Szene sich weiter entwickeln zu lassen, indem sie die Dinge oder Figuren bewegen. Manchmal wähle ich Dinge aus, um auf eine bestimmte Situation zu fokussieren. Auf Regalen sind Körbe mit Figuren, Möbeln, Cowboys und Indianern, mittelalterliche Ritter, alle Arten von Tieren, Soldaten, Autos, Flugzeuge, Schiffe, kleine Klötze, Gebäude, Bäume, Flechten, Muscheln und noch vieles mehr.

Debby (7 Jahre) lebte in einem Pflegeheim und besuchte ihre Mutter zweimal im Monat übers Wochenende. Sie wurde zu mir überwiesen wegen ihres extrem aggressiven Verhaltens nach diesen Besuchen. Aus irgendeinem Grund war Debby unfähig, ihre wahren Gefühle auszudrücken, obwohl sie für jeden anderen offensichtlich zu sein schienen. Bei einer Sitzung bat ich sie, die Besuche bei ihrer Mutter im Sand darzustellen. Sie wählte Figuren für ihre Pflegeeltern aus, für die anderen Kinder im Pflegeheim, für sich selbst, für ihre Mutter, ihre kleine Schwester, die in einem anderen Pflegeheim lebte, und für den Freund ihrer Mutter, der sie und die Schwester für die Besuche abholte. Sie baute die jeweiligen Häuser aus kleinen Klötzen

und arrangierte sogar einige Zimmer, für die sie kleine Möbel benutzte. Sie setzte dann jede Figur an die richtige Stelle und stellte mit ihrem Puppenselbst den ganzen Prozeß dar, vom Abgeholtwerden bis zur Rückkehr ins Heim. Während ich sie beobachtete, wurde mir klar, daß die Anstrengung bei diesen Besuchen für Debby ungeheuerlich war, obwohl ihre Stimme beziehungslos, kühl und sachlich klang, während sie erzählte. Als ich den Bewegungen der Puppen zusah und das Ausmaß an emotionalem und kognitiven 'Gänge-Schalten' erkannte, fühlte ich mich selbst erschöpft. Ich äußerte meine eigenen Gefühle von Müdigkeit, und daß ich mir vorstellte, daß die Puppe und vielleicht Debby selbst sich ähnlich fühlten wie ich, die ich doch der ganzen Sache lediglich zugesehen hatte. Debby schaute mir ein paar Sekunden lang aufmerksam in die Augen und als ich den Blick erwiderte, verzog sich ihr Gesicht, ihr Körper sackte zusammen, sie brach in Tränen aus, kroch auf meinen Schoß und schluchzte.
Mit diesen neuen Aspekten von Debbys Besuchen, die nun für Debby selbst und die Erwachsenen in ihrem Leben zutage gekommen waren, konnten wir einige Veränderungen vornehmen, um die Situation zu verbessern.

Solche Darstellungen wirklicher Situationen im Leben eines Kindes können auch ohne Sand sehr wirksam gemacht werden. Ich finde Sand jedoch für Kinder so anziehend, daß er sich selbst zu freierem Ausdruck anbietet.

Ich möchte anfügen, daß ich diesen Bericht für ein gutes Beispiel dafür halte, wie wichtig es für den Therapeuten ist, auf die eigenen Gefühle zu achten. Ich habe gelernt, meinen eigenen Gefühlen und Körperwahrnehmungen zu trauen und davon Gebrauch zu machen, wenn ich mit Erwachsenen arbeite. Bei der Arbeit mit Kindern ist dieser Aspekt sogar noch intensiver, weil Kinder feinfühliger sind und scharf beobachten. Wenn ich vorgebe, interessiert zu sein, obwohl ich mich langweile, so kann ich damit ein Kind kaum zum Narren halten. Als Debby in meine Augen schaute, wußte sie, daß ich ihr die Wahrheit gesagt hatte und daß sie mir vertrauen konnte.

Die 12jährige Julia lebte ebenfalls in einem Pflegeheim, besuchte ihre Eltern jedoch nie. Ihr Verhalten wurde als vordelinquent bezeichnet. Julia wurde gebeten, irgendeine beliebige Szene im Sand darzustellen. Sie arbeitete eifrig, schuf eine Wüste mit einigen vereinzelten Büschen, einem Hasen, einer Schlange, die in eine Höhle schlüpfte, und mit einem Mädchen, das auf einem Hügel stand. Julia wollte keine Geschichte erzählen, sie beschrieb mir lediglich die Szene. Sie war bereit, sich mit der Wüste und mit jeder anderen Figur der Szene zu identifizieren. Als ich sie danach fragte, ob irgend etwas von dem, was sie erzählt hatte, auch zu ihrem wirklichen

Leben paßte, begann sie von ihrer schrecklichen Einsamkeit zu sprechen. Als sie in der Lage war, ihre tieferen Gefühle in unserern Sitzungen auszudrücken, wurde ihr rebellisches Agieren allmählich weniger.

Das Thema Einsamkeit kommt oft vor in vielen Sandspielen der Kinder. Ich fand, daß Kinder selten zugeben wollen, daß sie sich allein fühlen, und doch: Wer von uns kann in seine Kindheit zurückschauen, ohne dabei auf dieses Gefühl zu stoßen? Kinder, die in ihrer Umgebung für disfunktional gehalten werden, sind besonders allein.

Der 9jährige Mark stellte viele Schlachtszenen im Sand dar, mit Armeesoldaten, Rittern und Cowboys. Am Ende jeder Szene blieb immer eine Seite übrig, mit einem einzigen Überlebenden, der traurig seine Kameraden begrub, während die andere Seite ihren Sieg feierte, vielleicht ein bis zwei Tote begraben mußte. Wenn er gefragt war, welche Figur er selbst verkörperte, wählte er immer den Befehlshaber der Gewinnerseite. Mark wollte unbedingt auf der Gewinnerseite sein in seinem Leben. Es brauchte mehrere Sitzungen, bis er sich das als Wunsch oder Bedürfnis zueigen machen konnte, und sich mit dem einsamen Überlebenden auf der anderen Seite identifizieren konnte (wenigstens hat der doch überlebt!).

Dies sind einige Beispiele für Möglichkeiten, wie ich expressive Techniken bei der Arbeit mit Kindern anwende. Egal, welche Art ich oder das Kind in einer Sitzung wählen, der Zweck ist der gleiche, und der Prozeß ist immer unterschiedlich. Mein Ziel ist, dem Kind zu helfen, sich seiner selbst und seiner Existenz in der Welt bewußt zu werden. Jeder Therapeut wird seinen eigenen Stil finden, um diese delikate Balance zwischen dem Leiten und Führen der Sitzung und dem Mitgehen und Folgen, wohin das Kind führt, zu erreichen.

BERATUNG VOR DER EHE
UND
SCHRIFTLICHE ÜBEREINKOMMEN

Frederick H.Grosse, Ph.D.

In Phoenix werden jährlich mehr Scheidungen als Hochzeiten registriert. Personen, die zu heiraten planen, scheinen mehr als je zuvor betroffen zu sein von der ehelichen Unfallstatistik.
Im Laufe der Jahre begann ich bei der Arbeit mit bekümmerten Paaren und Familien zu realisieren, wieviel schwieriger es ist, bereits katastrophale Situationen wieder in Ordnung zu bringen, als funktionierende Familiensysteme zu schaffen, ehe es zu den Lebenskrisen überhaupt kommt. Das brachte mich zu der vorehelichen Beratung und zum Kontrakt-Ansatz.

Paul war fast ein Jahr lang allein und in einer meiner Gruppen. Er ist sehr oft deprimiert. Seit zwei Jahren geschieden, vermißt er eine Familie um sich. Es ist ihm klar, daß er in seiner zwölfjährigen Ehe vieles weniger schmerzvoll hätte machen können. Jetzt möchte er sich gern mit mir und seiner zukünftigen Frau zusammensetzen, um ihre Beziehung zu strukturieren. Paul äußert klar, daß er dieser neuen Beziehung die bestmöglichen Chancen geben möchte, daß sie ein Erfolg wird. Er möchte, daß ich dabei bin, damit ein weiteres Paar geübter Augen und Ohren da ist, während sie gemeinsam über ihr Leben verhandeln.

Janne ist eine prächtige Frau. Sie ist seit kurzem geschieden und hat ein dreijähriges Kind. Sie ist lebhaft und etwas mißtrauisch, was passieren könnte. Sie hat von Pauls Arbeit bei mir gehört und ist zu unserem ersten gemeinsamen Treffen eindeutig auf seinen Wunsch mitgekommen.

Bei unserem ersten Treffen waren wir alle etwas unbeholfen und scheu. Paul wollte, daß ich seine wunderschöne Beziehung zu Janne überwache, damit sie durch all die Belastungen ihres zukünftigen Lebens bestehen bleibt. Jannes Wünsche waren mir nicht so klar. Ich stelle mir vor, daß sie das Mysterium der Liebe zu einer gesteigerten Awareness, all dessen, was sie zusammen tun, vorzieht. Sie scheint das Gefühl zu haben, daß die Flitterwochen ewig dauern werden. Wir machen weiter mit der Arbeit. Einige Probleme tauchen auf: Beide müssen von ihren früheren Partnern Abschied nehmen. Paul will seine liebevollen Gefühle für seine weit entfernt lebenden Kinder ausdrücken. Janne hat sich von einer kontrollierenden Mutter zu befreien, beide müssen sich mit der Entscheidung auseinandersetzen, daß Jannes Mutter ins Krankenhaus muß, obwohl sie darauf besteht, daß es keine Symptome gibt. Außerdem verhandeln sie in meiner Anwesenheit darüber, wie und wann sie in Zukunft verhandeln wollen, wie sie mit Ärger, Geld, Aufgaben, Familie umgehen wollen, und was jeder bei dem, was er ausspricht, fühlt. Sie überlegen, wie sie ihre Art, miteinander umzugehen, am wirksamsten modifizieren können, damit sie in Zukunft noch wirksamer sein kann. Ein durchgehendes Thema lautet: Wie können sie so wenig Schmerz wie möglich und so viel Freude wie möglich in ihrem Zusammenleben haben?

Paul, Janne und ich arbeiten sechs Monate lang vor ihrer Hochzeit. Wir treffen uns während der nächsten zwei Jahre gelegentlich, wenn sie miteinander in einen Engpaß geraten, wenn zum Beispiel seine Kinder für den Sommer kommen und der halbwüchsige Sohn von der Polizei aufgegriffen wird, oder wenn Janne einen Job annimmt.

Paul und Janne haben nie tatsächlich ein der Hochzeit vorangehendes Übereinkommen aufgeschrieben. Sie erkundeten ihre Beziehung und lernten, wie sie mit Situationen sinnvoll umgehen können, ehe die Belastung sie überwältigt. Es ist wie das Bauen von Dämmen am Mississippi während der Trockenzeit, weil man weiß, daß man die Dämme bei Flut brauchen wird. Die Arbeit konnte vor der Krise getan und die Systeme konnten zum Umgang mit der Krise geschaffen werden.

Was wir zusammen erarbeiteten, scheint wie eine traditionelle Eheberatung auszusehen. Es unterscheidet sich jedoch von ihr in folgenden Punkten:

1. Die Partner verhandeln aus einer unabhängigen und sich selbst unterstützenden Position. Sie fühlen sich nicht eingesperrt, sie können ihre Meinung ändern.
2. Sie haben noch nicht die eingefahrenen Wege, die 'verheirateten' Wege, miteinander beschritten in bezug auf ihren Umgang miteinander. Vielmehr strukturieren sie ihr Familiensystem in Anwesenheit eines geschulten Beraters.
3. Die Partner sind miteinander in einer herzlichen Atmosphäre und verhandeln mit offenem Herzen und Sinn, mit gutem Willen und Vertrauen.

Lernen, sich mit dem Partner zu einigen, ehe man heiratet

Ich bin davon überzeugt, daß Beratung vor der Hochzeit und Übereinkünfte vor der Ehe starke stabilisierende Faktoren in einer neuen Ehe sein können. Ich habe einige Möglichkeiten, das zu tun, herausgearbeitet und möchte sie gern darstellen.

Ich stellte fest, daß die meisten Paare in meine Praxis kommen, damit ich eine Art Hochzeitszeremonie veranstalte. Normalerweise haben sie niemals daran gedacht, eine Beratung vor der Hochzeit zu nehmen. Personen, die heiraten wollen, fließen gewöhnlich fast über vor lauter guten Gefühlen für den Partner, und meistens sind sie unvorbereitet für die Belastungen der Ehe, die nach den Flitterwochen kommen, selbst wenn dies eine zweite oder eine dritte Ehe ist. Viele haben die unangenehmen Themen miteinander vermieden, und sie wollen zunächst nicht hinschauen, wie das Leben als Paar tatsächlich aussehen wird. Meiner Erfahrung nach bereiten sich die Partner auf diese langdauernde Gemeinschaft weniger gründlich vor als auf einen Autokauf. Sie tun, als beträfen die Mißerfolgszahlen (daß sich von je zwei Paaren eines trennt) lediglich andere Leute oder andere Zeiten.

Meine erste Aufgabe: Nach der kurzen Begrüßung stelle ich dar, wie ich meinen Kontrakt mit ihnen verstehe. Ich mache sie mit der Idee der Beratung vor der Ehe bekannt und erkläre ihnen, daß sie ihre Entscheidung, zu heiraten, umso klarer noch einmal treffen können, je mehr sie voneinander wissen. Ich weise darauf hin, daß gerade die Zeit vor den Flitterwochen die beste Zeit ist, um in gutem Einvernehmen miteinander die Vielfalt von Themen zu besprechen, die die meisten Paare erst in angespannten Zeiten entdecken. Jetzt ist die Zeit, den Rahmen ihrer Beziehung so klar wie möglich auszufeilen, bevor sie Lebensmuster bilden, die in schlimmen Zeiten nicht standhalten. Ich deute einige Themen an, mit denen wir arbeiten werden: Wie werden sie umgehen mit Ärger, Geld, Arbeitsverteilung, persönlichen Empfindlichkeiten, Vertrauen, Verwandten, Freunden, Macht? Ich sage ihnen, daß ich ihnen Rückmeldung geben werde darüber, wie sie miteinander kommunizieren, wie sie über einen fortlaufenden, sich erneuernden Ehekontrakt verhandeln können, wie sie ihre Erwartungen eindeutig ausdrücken, wie sie mit vorhandenen oder zukünftigen Kindern, mit Krankheiten, Umzügen zurechtkommen können. Und ich erwähne, daß möglicherweise weitere Themen erst im Laufe der Arbeit auftauchen werden.

Ich erkläre eindeutig, daß ich das gleiche Honorar für eine Hochzeit mit

Beratung nehmen werde wie ohne Beratung. Ich ermutige die Paare zur Beratung vor der Ehe. Ich lasse ihnen jedoch auch ganz eindeutig die Möglichkeit zu einem Nein. Ich weise darauf hin, daß alles, was wir miteinander verhandeln, anschließend in einem Kontrakt niedergeschrieben wird, den sie vereint immer auf dem Laufenden halten und von Zeit zu Zeit während ihrer Ehe erneuern können.

Die meisten Paare sagen, daß sie noch nie an so etwas gedacht hätten. Sie sind sehr dankbar, daß ich es zur Sprache bringe. 12 von 64 Paaren lehnten die Beratung ab. Zu den angegebenen Gründen gehörten: keine Zeit vor dem Hochzeitstermin, der Partner lebt zu weit entfernt, sie haben schon die nötigen Verhandlungen geführt und dies wäre nur eine unnötige Wiederholung.

Wenn die Paare mein Angebot annehmen, plane ich vier bis sechs Sitzungen mit ihnen von je eineinhalb Stunden Dauer. Gewöhnlich nutze ich den Rest dieser ersten Sitzung dann dazu, Daten über sie zu erfragen und die notwendigen Details für die eigentliche Hochzeitszeremonie selbst zu klären.

Bei unserer zweiten Sitzung beginnen wir mit der Vor-Hochzeits-Arbeit. Wenn das Paar keine bestimmten Schwerpunkte hat, beginne ich mit Paarübungen. Ich fordere sie auf, aufzuschreiben, was jeder am meisten und am wenigsten leiden kann an seinem zukünftigen Partner. Sie teilen sich das dann anschließend abwechselnd mit. Dabei schauen sie sich in die Augen, sitzen Knie an Knie und einer von ihnen beginnt, sich mitzuteilen. Der andere kann reagieren, Verständnisfragen stellen, doch soll er sich nicht rechtfertigen. Der beobachtende Partner wird ermutigt, zu schauen, ob die Worte des anderen der Energie und der Körpersprache entsprechen. Ich machen ihnen deutlich, daß sie dabei sind, eine Verhandlungskunst zu erlernen, die sie hoffentlich in regelmäßigen 'Familienkonferenzen' später in der Beziehung nutzen werden. Ich erkläre, daß es sinnvoll ist, in einer dafür eigens reservierten Zeit einander positives und negatives Feedback zu geben,statt dies nur in Momenten des Ärgers oder Krisen zu tun. Wenn wir in diesem Austausch auf eine kritische Stelle stoßen, unterstütze ich die Erkundung dieses Bereiches, um so zu neuer Klarheit zu kommen.

Mirjam: Ich mag nicht, wie du dich mit deinem Vater zusammenrottest, um dich über meine Kleidung lustig zu machen. Du weißt, daß ich mir keine teuren Kleider leisten kann.
John: (entschuldigend, verteidigend, lachend)
Therapeut: (zu John) Hör auf, dich zu entschuldigen, deine Aufgabe ist es,

Mirjam zu hören und sie wissen zu lassen, daß du weißt, wie sie sich fühlt.

John: Mirjam, ich höre, wie verletzt und verlassen du dich fühlen mußt, wenn ich mich mit meinem Vater zusammentue. Ich wußte nicht, daß ich dich damit verletze.

Wenn Zeit und Raum passend zu sein scheinen, können wir miteinander einige alternative Möglichkeiten, mit den Alltagssituationen umzugehen, herausfinden. Sie können auch eine Hausaufgabe erfüllen und alternative Möglichkeiten, mit dem Vater umzugehen, ausprobieren. Wenn das glückliche zukünftige Paar lernt, miteinander schwierige Situationen anzupacken, dann lernen sie auch, ihr Unbehagen eindeutig zu erkennen und dem anderen als einem Partner zu vertrauen und nicht – in schwierigen Zeiten – als Gegner.

Andere Aufgaben für eine solche Paarübung können sein:
Beendet abwechselnd die beiden Satzanfänge:
Ich bin erfreut wenn du... Ich bin ärgerlich und aufgeregt, wenn du...
Ich bin dir ähnlich darin, daß... Ich bin anders als du hinsichtlich...
Ich sehe... Ich stelle mir vor...

Erwartungen aussprechen und bewerten

In einer der nächsten Sitzungen soll jeder eine Liste der Erwartungen aufstellen, die er an den anderen hat und die er sich nicht selbst erfüllen kann. Diese Listen sind ein Teil der Erwartungslisten, die laufend ergänzt werden sollen, wenn ihnen zusätzliche Erwartungen bewußt werden. Bei unserem gemeinsamen Treffen bitte ich jeden der beiden, seine Erwartungen einzeln mitzuteilen. Der andere kann nachfragen: Wie oft? Wie viel? usw.
Oft schlage ich vor, die Erwartungen, die der Partner zu erfüllen bereit ist, zu unterschreiben. Ich bitte auch jeden, die aufgelisteten Erwartungen in eine Rangreihe zu bringen. Will ein Partner eine dem anderen besonders wichtige Erwartung nicht erfüllen, muß sorgfältig verhandelt werden. Besonders häufig genannte 'wichtige Erwartungen' sind zum Beispiel: „Ich möchte nicht, daß du mit jemand anderem schläfst." „Ich möchte auf jeden Fall Kinder haben mit dir." „Ich möchte, daß wir bald ein eigenes Haus haben." „Ich möchte erst mit dir um die Welt reisen, ehe wir uns Kinder anschaffen." „Ich möchte, daß du keine Drogen mehr nimmst."
Sind die beiden Partner über eine Sache ganz unterschiedlicher Meinung, suchen wir gemeinsam verschiedene Alternativen und handeln Kompromisse aus. Jeder wird daran erinnert, daß er von seinem zukünftigen Ge-

fährten eine klare Aussage hat, und ich erkläre, daß jeder Versuch, ein Nachgeben nach der Hochzeit zu erreichen, nur zu größeren Problemen führen kann. Ich halte es für meine Aufgabe, beiden zu helfen, daß sie klar erkennen, wo sie in bezug auf wichtige Themen stehen und daß sie ihre Erwartungen publik machen, d.h.„Ich möchte wirklich keine Kinder", so daß der Partner nicht erst nach zwei Jahren Ehe erfährt, daß der andere keine Kinder will, und sich dann getäuscht fühlt.

Ich schlage vor, daß die Erwartungsliste im privaten Bereich ihrer Wohnung an die Wand gehängt wird. Bei gegenseitiger Übereinstimmung kann etwas hinzugefügt oder weggestrichen werden. Übertretungen können aufgeführt und bei einem der regelmäßigen Familienkonferenzen besprochen werden.

Mirjam: (reuevoll, dieser Wunsch war schon eine ganze Weile da) Ich möchte, daß du die Wochenenden mit mir zusammen verbringst.
John: Wir haben das noch und noch besprochen. Ich surfe so gern. Und ich möchte in den Sommermonaten weiter an drei Wochenenden pro Monat weggehen. Ich kann es nicht leiden, wenn du dann rumschimpfst, wenn ich mein Lieblingshobby während eines Teils des Jahres betreiben will. Es verdirbt mir den Spaß.
Mirjam: Du weißt, daß ich einfach nicht so oft surfen will. Ich möchte, daß du mehr zu Hause bleibst.
Blockierung!

Auf einer Skala von 1 bis 1o überlegt sich nun Mirjam, was sie sehr wünschen könnte als 'quid pro quo' im Austausch dafür, daß sie diese drei Wochenenden im Monat während des Sommers akzeptieren muß ohne zu schimpfen. Schließlich entschließt sie sich, Mitglied in einem Tennisclub zu werden und Stunden zu nehmen, eine Top-Priorität. Außerdem wollen sie sparen und ein Haus kaufen, und zwar innerhalb von 18 Monaten und nicht erst innerhalb von 4 Jahren, wie sie ursprünglich geplant hatten. Während der Wintermonate, wenn er nicht surfen kann, werden sie fast jedes Wochenende zu Hause sein. Sie wird ihn einmal monatlich zum Surfen begleiten. Er wird zweimal im Monat allein oder mit Freunden gehen. Sie will nicht mehr dauernd über sein Surfen schimpfen, sondern ihrerseits etwas finden, das ihr Spaß macht, wenn er fort ist. Beide schienen sehr erfreut über die gefundene Lösung.

Manche Themen sind eindeutig die eigene Entscheidung eines jeden, wie ich mich zum Beispiel kleide, welche Freunde ich wähle, welche persönlichen Gewohnheiten ich habe. Wenn sie zu einem Engpaß führen, kann es ebenso nützlich wie vergnüglich sein, zur Überwindung des toten Punktes eine Münze zu werfen und abzuwechseln.

Wut – oder wie du deinen Partner verrückt machen kannst

Es ist wichtig herauszufinden, worüber sich wohl ein Paar streiten wird, wenn es erst längere Zeit zusammen ist und wie sie dann fair streiten können. Ich fordere jeden auf, den anderen zu lehren, wie er ihn am besten verrückt machen kann, und dies dann auf die Liste der verbotenen Dinge zu setzen.
Gleichzeitig lehre ich gewöhnlich, wie ein Lächeln oder ein Glücksgefühl hervorgerufen werden kann. So bekommen die beiden allmählich ein Gefühl dafür, welche Wirkung sie aufeinander haben.

Ich verspreche dir, daß ich, wenn ich wütend und verletzt bin...
John:... ich mich nicht in mich selbst zurückziehen und dich mit Schweigen bestrafen will. Mir ist klar, daß dies mein bestes Mittel ist, dich zu verletzen. Ich verspreche dir, daß ich stattdessen lieber mitteilen will, worüber ich wütend bin und dich damit zu konfrontieren, was ist, jetzt oder bei unseren wöchentlichen Konferenzen.

(unterzeichnet)

Mirjam: Dafür verspreche ich dir, daß ich, wenn ich wütend oder verletzt bin durch etwas, nicht weglaufen und nicht für Stunden oder Tage verschwinden will, um dich zu beunruhigen. Lieber verspreche ich dir, dich mit meinem Ärger und meiner Verletzung zu konfrontieren bei unseren wöchentlichen Konferenzen oder einem Extra-Treffen zu diesem Zweck.

(unterzeichnet)

Frühere Gefährten gehen lassen

Mirjam: Ich rege mich auf, wenn du in einer Bar einen Drink bestellst. (Unausgesprochen: Ich habe Angst, daß du zu trinken anfängst wie mein erster Mann, der so oft betrunken war.)
John: Ich trinke selten mehr als einen Cocktail vor dem Essen.
Therapeut (zu Mirjam) Kannst du John deutlich wahrnehmen? Worin ist er deinem ersten Mann ähnlich und worin unterscheidet er sich von ihm?
Mirjam: Ja... er ist ähnlich... indem er...

Die Familie wird größer

Da die meisten Leute in meiner Stadt eigentlich Neuankömmlinge sind aus allen möglichen Orten in den USA und auch aus verschiedenen Kulturen und ethnischen Gruppen, mache ich klar, daß vom Augenblick ihrer Hochzeit an alle Leute ihrer ausgedehnten Familien auf beiden Seiten zu Verwandten werden. Ich biete den engsten Familienmitgliedern Gelegenheit anzufangen, ihre Beziehung miteinander zu klären. Ich stelle fest, daß viele junge Paare dies zunächst heftig ablehnen. Einige akzeptieren dann ein solches Treffen schließlich voller Furcht und Zittern. Jedesmal jedoch, wenn ich es tat, waren die Ergebnisse eines solchen zweistündigen Treffens dramatisch positiv.

John: Mein Vater kommt sicher nicht. Es ist zu weit, von Florida herüberzukommen. Ihm ist es egal. Er wird sich nicht freinehmen. Es ist zu teuer.

Therapeut: Frag sie. Das, was du eben sagtest, ist das schlimmste, was eintreffen könnte, wenn du sie bittest, dabei zu sein... Wollen sie bei der Hochzeit ihres Sohnes dabeisein, und wenn sie sich das Geld dafür leihen müssen.

John: Ich glaub's nicht. Aber ich werde sie einladen (um dem Therapeuten einen Gefallen zu tun).

T: Bist du sicher, daß du sie wirklich nicht hier haben willst? Ich habe nicht das Gefühl, daß es so ist.

John: Ich möchte meinen Vater wirklich da haben (die Stimme wird leise)

T: Du scheinst Angst zu haben, daß es dir doch wichtig sein könnte.

John: (mit Tränen) Ja.

John berichtete beim nächsten Treffen, daß er seinen Vater eingeladen hat. Er teilte ihm mit, wie wichtig es für ihn sei, ihn und die Mutter da zu haben. Der Vater kam nach Arizona. Die Familie sprach seit Jahren zum ersten Mal darüber, wieviel sie einander bedeuteten. Sie weinten und lachten miteinander. Jeder hatte anscheinend Angst vor dem Risiko gehabt, sein Interesse zu äußern und hatte sich gewünscht, daß der andere davon anfangen möge. Hochzeiten können eine vergnügte, hoffnungsvolle und energiegeladene Zeit für den Neuanfang der Familien sein.

Verschobene Kontrakte

Manche Paare (5 von 64) machen ihren Vertrag vor der Hochzeit fertig. Oft wird der Vertrag auf ungewisse Zeit verschoben. Selten verschieben Paare ihren Hochzeitstermin, weil sie noch mehr Bereiche entdecken, die

sie vorher noch klären möchten. Nie ist es vorgekommen, daß ein Paar beschloß, auf die gemeinsame Ehe zu verzichten, obwohl eine solche Möglichkeit während der Gespräche bei mir oft ins Auge gefaßt wird.
(Ein Paar sah aus, als würden sie sich nicht auf eine Hochzeit, sondern auf eine Beerdigung vorbereiten. Bei der Diskussion entdeckte ich den Vater, der im Wartezimmer mit dem Gewehr in der Hand dasaß; er hatte herausgefunden, daß sie zunächst so miteinander gelebt hatten und drohte, sie zu töten, wenn sie nicht heiraten würden. Das Paar selbst wollte jedoch nicht heiraten. Wir sprachen über andere Möglichkeiten: den Staat zu verlassen, um Polizeischutz zu bitten etc. Das Paar lehnte alle Alternativen ab. Ich war zu weiteren Arbeitssitzungen mit ihnen bereit, lehnte es jedoch ab, sie zu trauen. Sie heirateten später dann doch, und sie ließen sich drei Monate danach wieder scheiden, als der 'Dampf' raus war.)

Zusammenfassung und Schluß

Wie kann ich ein heiratswilliges Paar innerhalb von vier bis sechs Stunden am besten auf ihre Ehe vorbereiten?
Anfangs pflegte ich mit dem mitzugehen, was die beiden vorbrachten, wie ich das auch mit den Klienten in meiner Praxis tue. Ich stellte jedoch fest, daß wir dabei viele Hauptbereiche verpaßten, während wir unser Abenteuer miteinander genossen.
Ich war auch unglücklich über die Hochzeit-Scheidungs-Statistik in unserer Gemeinde und über die Tatsache, daß die meisten, die zu mir kamen, bereits einmal verheiratet gewesen waren. (Bei 64 Hochzeiten waren von 33 Paaren einer oder beide schon einmal verheiratet, manche mehr als einmal.)
Aus meinem Wunsch, bei unseren wenigen Sitzungen effektiver zu sein, begann ich mit strukturierten Paarübungen und sprach Themen an, die für Paare in unserer Kultur von Bedeutung sein könnten. Ich begebe mich mit den beiden auf eine gemeinsame Suche der spannendsten Themen. Wir untersuchen miteinander, was vorgeht und suchen nach Alternativen. Oft führt die Arbeit dazu, daß sie regelmäßige Familienkonferenzen einrichten und einen neuen Heirats-Kontrakt schreiben.
Die ganze Arbeit – und das ist wichtig – wird unterstützt durch die offene und liebevolle Position, die die beiden jetzt noch haben.

Präventive Beratung vor der Ehe wird also vielleicht eine verbreitete Möglichkeit werden, eine Ehe- und Familienbeziehung zu stabilisieren in einer Zeit, in der es anscheinend nicht allzu gut funktioniert, wenn man lediglich 'nach Gehör spielt'.

DIE SCHEIDUNG ALS PROZESS

James Cole, M.A.

Beziehungen sind wie Blumen. Es gibt viele Wachstumsmuster, und in jeder Phase wird eine neue Art zu leben entdeckt. Beziehungen geht man ein voller Liebe und Erwartungen. Eine Beziehung endet oft mit Haß und Verletzung. Der Bruch kann das traumatische Ereignis im Leben eines Menschen sein.

Ich möchte mich der psychologischen Scheidung zuwenden. Dabei ist es der gleiche Prozeß, ob die beiden Partner 'nur so' miteinanderleben oder verheiratet sind. Der erlittene Schmerz scheint in direktem Verhältnis zur emotionalen Verbundenheit in der Beziehung zu stehen.

Die von der Gesellschaft ausgestrahlte Botschaft, die viele zu hören bekommen, lautet:„Geschiedene sind Verlierer". Aber man kann die Scheidung auch anders betrachten. Eine Scheidung kann eine positive Erfahrung sein. Menschen können aus ihren Fehlern lernen und dann ein Leben ohne Einschränkungen führen, die sie sich auferlegt hatten. Es kann eine Zeit des Wachstums und der Selbstbefreiung sein.

Scheidung ist ein schrittweiser Vorgang, und die Schritte sind für beide Partner gleich. Manchmal werden die Schritte schon gemacht, während die beiden noch zusammenleben, mehrere Jahre lang, während der eine insgeheim die Scheidung plant und darauf wartet, daß die Zeit reif ist. Diese Person hat den Vorteil, während dieser Schritte vom Partner emotional und finanziell noch unterstützt zu werden. Manche leben vielleicht in einer toten Ehebeziehung, während sie inzwischen einen Titel erwerben, bis die Kinder aus der Schule entlassen sind oder bis sich ein guter Job anbietet.

Die Männer und die Frauen, die zu mir kommen, sind meistens die, die vom anderen verlassen wurden. Sie sind von dem Schock überwältigt, daß alles endgültig vorbei sein soll. Die Entscheidung traf der andere. Für manche ist es eine Zeit des totalen Gefühlsverlustes, eine taube Zeit. Obwohl sie ihre Gefühle nicht kennen, stellen sie fest, daß andere Teile ihres Lebens mitbetroffen und scheinbar sinnlos geworden sind. Nur mühsam suchen sie sich einen Job und sehr apathisch werden die alltäglichen Pflichten erfüllt.

Wenn ich sie in die Therapie kommen sehe, sind ihre Körper verspannt, und ihre Atmung ist flach. Werden sie sich erst einmal ihres körperlichen Prozesses bewußt, mit dem sie ihre Gefühle unterdrücken, und merken sie, was sie sich damit antun, dann werden sie in der Regel von einer Woge aus Wut und Trauer überwältigt. Dieses Stadium kann mehrere Tage andauern, und ich ermutige sie, alles herauszulassen an Wut und Trauer und sich selbst dessen bewußt zu sein, wann sie sich auf welche Weise stoppen.

Als Ruth zu mir kam, sah sie ganz verwirrt aus. Sie hatte zwei Tage zuvor die Scheidungsklage bekommen. Ihr Mann sei am Morgen wie gewöhnlich zur Arbeit gegangen und sie sei wie immer mittags nach Hause gekommen und habe dann die Papiere gefunden. Zwei Tage lang saß sie im Hause, aß nichts, schlief kaum und hing meistens Tagträumen nach.

In der Sitzung bei mir sprach sie mit kontrollierter Stimme und erzählte von den gemeinsamen Jahren mit ihrem Mann. Ihr Atem ging flach und ihre Faust war geballt. Ich bat sie, sich vorzustellen, wie ihr Mann in die Tür käme und wie sie ihm das alles erzählt. Immer noch kontrolliert fing sie an, ihren Mann anzusprechen und ihm zu erzählen. Ich machte sie auf ihr flaches Atmen aufmerksam und forderte sie auf, einige Male tief Luft zu holen. Sie tat es, und als sie dann fortfuhr, zu ihrem Mann zu sprechen, veränderte sich ihre Stimme und ihre körperliche Haltung, bis sie schließlich vor Wut explodierte und dann leise vor sich hinschluchzte. Wut und Schluchzen wechselten einander ab eine ganze Stunde lang. Auch zu Hause dauerte diese Gefühlsverfassung an. Als sie wieder zur Therapie kam, erzählte sie, wie schlimm es gewesen sei und daß sie nun froh sei, ein gutes Stück vorangekommen zu sein; sie könne jetzt auch schon ab und zu lachen. Sie berichtete auch, die Tage der Wut und des Weinens seien nicht so schlimm gewesen wie die fast leblose Zeit der Taubheit vorher, unmittelbar nachdem sie die Scheidungsklage bekommen hatte.

Viele Menschen, die ihre Gefühle unterdrücken, verlängern diesen ersten Schritt und berichten von vielerlei Arten, die Gefühle während dieser Zeit zu vermeiden, indem sie zum Beispiel trinken, Drogen nehmen und Tagträumen nachhängen.

Im nächsten Schritt folgt dann das Klagen über den Tod der Beziehung. Die meisten Menschen können intellektuell zwar begreifen, daß sie vom

Partner getrennt und geschieden sind, doch im Gefühlsbereich können sie noch nicht glauben, daß sie nun allein sind und die Ehe endgültig vorbei sein soll. Oft jagen sie dem kleinsten Hoffnungsschimmer nach, der ihnen vorgaukelt, sie könnten wieder mit dem Partner zusammenkommen.

Jetzt kommen in der Therapie oft alte, unerledigte Konflikte zum Vorschein, an denen gearbeitet werden muß. Sehr häufig wird sich der Klient jetzt bewußt, daß schon vor dem Abbruch der Beziehung eine Veränderung eingetreten und etwas Schlimmes geschehen war, was er damals geleugnet hatte und nicht wahrhaben wollte. „Jetzt sehe ich, was wirklich passiert ist damals.“ Diese Erkenntnisse beziehen sich jedoch nicht nur auf die Beziehung zum Partner, sondern auch auf Ereignisse in der Kindheit und auf elterliche Botschaften.
Auch beginnt der Klient jetzt, an seiner Angst zu arbeiten, an seiner Angst davor, allein zu leben, an mißverstandenen Abhängigkeiten, an der Angst vor der Situation eines alleinerziehenden Elternteils. Und er arbeitet auch an den ambivalenten Gefühlen für den früheren Partner, an seiner Liebe und seinem Haß. Beginnt ein Klient dieses Stadium voller Mitleid für den früheren Partner, so wird er jetzt schnell intensive Gefühle der Wut entwickeln, wenn es Zeit ist, loszulassen. Umgekehrt gilt dasselbe: Beginnt ein Klient dieses Stadium voller Zorn und Wut, so wird er jetzt dahinkommen, Mitleid für den anderen zu empfinden.
Dieser Schritt ist dann der Hinweis für mich, daß der Klient bereit ist, das Trauern zu lassen und den Partner innerlich zu verabschieden.

Dieses Verabschieden wird sehr gut erfaßt von Tobin in seinem Artikel 'Gestalt Is'. Ich will sie kurz umreißen für diejenigen, die nicht damit vertraut sind:
T(herapeut): Bist du bereit, dich zu verabschieden?
K(lientin): Ja. (meistens zögernd)
T: Kannst du zu der Zeit und zu dem Raum gehen, in dem dich dein früherer Mann verlassen hat?
K: Ja, ich kann ihn jetzt sehen, wie er vorn aus der Tür geht.
T: Ruf ihm laut nach, daß du ihm noch etwas zu sagen hast.
K: Halt, Mark! Ich habe dir noch etwas zu sagen.
T: Sag ihm, was du an ihm mochtest.
K: Mark, ich denke so gern an den Spaß, den wir während unserer ersten Ehejahre miteinander hatten.
T: Willst du ihm auch sagen, was dich geärgert hat?
K: Oh ja! Mark, (sie wird wütend) ich ärgere mich, daß du gegangen bist, ohne mich zu warnen. Und ich bin wütend, daß du die Dinge nicht bearbeiten wolltest. Du bist ein Scheißkerl!

T: Gibt es noch etwas anderes, was dich geärgert und was du ihm noch sagen möchtest?
K: ...(Pause)... Nein.
T: Willst du dich verabschieden?
K: Ja. (holt tief Luft)... Adieu, Mark!
T: War das ein wirklicher Abschied?
K: Ja!

Meistens tritt danach eine Stille ein, und die Tränen der Trauer kommen. Diese Tränen beenden das Trauern, und der Klient ist bereit, einen neuen Lebensabschnitt zu beginnen.

In der nächsten Phase wird neues Verhalten ausprobiert, Verabredungen werden getroffen, Einkäufe werden getätigt, eine neue Lebensweise wird begonnen und ganz allgemein lernt der Klient, sich seiner selbst zu erfreuen. Die meisten Klienten verlassen jetzt die Therapie. Dennoch kommen manche noch einmal zurück, um mir zu sagen, daß sie noch nicht das Gefühl haben, mit ihrer Scheidung wirklich einen Abschluß erreicht zu haben, auch wenn sie sich nicht nach der alten Beziehung mehr sehnen und meistens recht vergnügt sind. Mit dem neuen Lebensstil ist die alte Sache auch wirklich noch nicht beendet. Ein weiterer Schritt ist noch zu machen: das Scheidungsritual.
In dem Kontinuum von der Geburt bis zum Tod haben wir jede Art von Ritualen, die mit den Veränderungen einhergehen. Die Veränderung wird besonders betont mit Geschenken, einem Essen und Trinken.
Geburt, Geburtstage, Schulabschlüsse, Promotionen, Hochzeiten und sogar Begräbnisse — sie alle haben ihre Rituale. Unsere Gesellschaft bietet uns jedoch kein Ritual für eine Scheidung, und doch ist Scheidung für so viele ein Teil des Kontinuums geworden.

So habe ich festgestellt, daß für die Personen, die eine Scheidung auch psychisch vollziehen wollen, der letzte Schritt der ist, ein persönliches Ritual dafür zu finden. Persönliche Rituale können hier in einer Scheidungsparty bestehen, mit oder ohne den früheren Partner. Ich war auf vielen solcher Parties, und meistens waren sie sehr fröhlich und ausgelassen. Eine Menge Toasts wurden ausgesprochen auf die veränderte Lebenssituation und viele ermutigende Sätze gesprochen.
Auf einer Scheidungsparty schrieb der frisch geschiedene Mann „Ungültig" auf seine Heiratsurkunde.
Auch Geschenke an den früheren Partner können ein gutes Ritual sein. Eine Frau, die bereits seit einem Jahr geschieden und deren Mann inzwischen wieder verheiratet war (was sie besonders ärgerte), suchte noch im-

mer nach ihrem persönlichen Abschluß. Da eines der Probleme während ihrer Ehe sein Trinken war, fand sie schließlich ein persönliches Ritual. Sie schenkte ihm zwei Weingläser und eine Flasche Wein. In diesem Geschenk war das alte Problem enthalten und in den beiden Gläsern seine Wiederheirat. Sie berichtete, daß sie, als sie ihm ihr rituelles Geschenk überreichte, innerlich sagte: „Jetzt bin ich wirklich fertig mit dir."

Wenn ich jemandem helfe, sein Scheidungsritual zu finden, schaue ich auf seinen Widerstand. An diesem Punkt läßt sich meistens das Ritual finden. Ein Mann hatte noch immer den Namen seiner geschiedenen Frau in seinem Scheckbuch stehen. Ich bemerkte das, als er mir einen Scheck gab und sprach ihn darauf an. Er sagte, er hätte es noch gar nicht bemerkt, es würde aber außerdem 5 Dollar kosten, das zu ändern, und dann fuhr er fort: „Selbst die Kassenmädchen im Supermarkt wüßten dann, daß ich allein lebe." Während er das sagte, wurde ihm klar, wie lächerlich das war, und er ging nach Hause und zerriß die übrigen Schecks. Ich bekam einen Brief von ihm, indem er mir das erzählte und daß er bei jedem Scheck eine Träne vergossen habe. — Das war sein Scheidungsritual.

Oft ist Außenstehenden deutlich, was das Scheidungsritual ist, ohne daß es dem Betreffenden selbst klar ist. Eine seit einem Jahr geschiedene Frau suchte noch immer nach einem Ritual. Eines Tages erwähnte sie, wie sehr es sie noch immer schmerzte, einen Blick auf das Hochzeitsalbum zu werfen, das sie auf ihrem Kaffeetischchen liegen hatte. Als ich sie fragte, warum es noch immer dort läge, wußte sie keine Antwort. Unnötig zu sagen, worin ihr Scheidungsritual bestand. Als sie das Album entfernt hatte, berichtete sie von einer lange nicht erlebten inneren Ruhe und Gelassenheit.

Sich selbst ein Geschenk zu machen, ist auch ein geeignetes Scheidungsritual, besonders dann, wenn es sich um ein Geschenk handelt, das während der Ehe tabu war. Susanne durfte während ihrer Ehe 'aus Sicherheitsgründen' keinen kleinen Wagen fahren: Ihren Buick gegen einen Fiat zu tauschen, war ihr Ritual.

Manchmal kann das Ritual auch nur in der Phantasie stattfinden, wenn man zum Beispiel im Stillen einen Trinkspruch auf den Tod der Beziehung ausspricht, doch sind nach meiner Erfahrung die sichtbaren Rituale wesentlich kraftvoller.

Diese Rituale löschen die guten und schlechten Erinnerungen nicht aus, aber sie führen zu einem Abschluß. Das Ritual ersetzt nicht die anderen Schritte. Es ist jedoch das 'Fest der Veränderung'.

BÜCHER BEI ISKO--PRESS

In der Reihe LEBENDIGES LERNEN UND LEHREN:

Band 1 K.Vopel, INTERAKTIONSSPIELE, Teil 1 (DM 16,5o)
Band 2 K.Vopel, INTERAKTIONSSPIELE, Teil 2 (DM 16,5o)
Band 3 K.Vopel, INTERAKTIONSSPIELE, Teil 3 (DM 16,5o)
Band 4 K.u.R.Vopel, ICH UND DU. Ein Kommunikationstraining für Partner (DM 26,5o)
Band 5 K.Vopel, INTERAKTIONSSPIELE, Teil 4 (DM 16,5o)
Band 6 K.Vopel, INTERAKTIONSSPIELE, Teil 5 (DM 16,5o)
Band 7 K.Vopel, INTERAKTIONSSPIELE, Teil 6 (DM 16,5o)
Band 8 K.Vopel, HANDBUCH FÜR GRUPPENLEITER. Zur Theorie und Praxis der Interaktionsspiele (DM 29,5o)
Band 9 H.Böschemeyer u.K.Vopel, KOMMUNIKATION IM ERSTEN SCHULJAHR (DM 26,5o)
Band 10 K.Vopel, INTERAKTIONSSPIELE FÜR KINDER, Teil 1: Kontakt, Wahrnehmung, Identität (DM 26,5o)
Band 11 K.Vopel, INTERAKTIONSSPIELE FÜR KINDER, Teil 2: Gefühle, Familie und Freunde (DM 26,5o)
Band 12 K.Vopel, INTERAKTIONSSPIELE FÜR KINDER, Teil 3: Kommunikation, Körper, Vertrauen (DM 26,5o)
Band 13: K.Vopel, INTERAKTIONSSPIELE FÜR KINDER, Teil 4: Schule, Feedback, Einfluß, Kooperation (DM 26,5o)
Band 14 R.de Mille, SETZ MUTTER AUF DEN TIGER. Phantasieexperimente für Kinder und Erwachsene (DM 16,5o)
Band 15 K.Vopel u.B.Wilde, GLAUBE UND SELBSTERFAHRUNG IM VATERUNSER. Ein Kurs für lebendiges Lernen im kirchlichen Unterricht (DM 26,5o)
Band 16 K.u.R.Vopel, SELBSTAKZEPTIERUNG ... Interaktionsspiele zur Persönlichkeitsentwicklung. Teil 1: Selbstbewußtsein, Selbsterhaltung, Selbsterkenntnis (DM 32,-)
Band 17 K.u.R.Vopel, SELBSTAKZEPTIERUNG... Interaktionsspiele zur Persönlichkeitsentwicklung, Teil 2: Selbstakzeptierung, Selbstveränderung (DM 32,-)
Band 18 K.u.R.Vopel, SELBSTAKZEPTIERUNG... Interaktionsspiele zur Persönlichkeitsentwicklung, Teil 3: Selbstverantwortung, Selbstbehauptung, Selbstbestätigung (DM 32,-)
Band 19 K.Vopel, ANWÄRMSPIELE IN LERN- U.ARBEITSGRUPPEN Experimente für die Anfangsphase (DM 26,5o)
Band 2o K.Vopel, INTERAKTIONSSPIELE FÜR JUGENDLICHE Teil 1: Werte, Ziele/Interessen, Schule/Lernen, Arbeit/Freizeit
Band 21 K.Vopel, INTERAKTIONSSPIELE FÜR JUGENDLICHE Teil 2: Körper, Identität, Fähigkeiten und Stärken (DM 26,5o)
Band 22 K.Vopel, INTERAKTIONSSPIELE FÜR JUGENDLICHE Teil 3: Ablösung aus der Kindheitsfamilie, Liebe und Freundschaft, Sexualität (DM 26,5o)
Band 23 K.Vopel, INTERAKTIONSSPIELE FÜR JUGENDLICHE Teil 4: Lebensplanung, Probleme lösen,Kooperation(DM 26,5o)